73년생 한동훈

73년생 한동훈

보수 정치의 복원과
대한민국의 미래

심규진 지음

도서출판 새빛
SAEVIT

586의 퇴장은 필연적이다.

586의 생물학적 퇴장은 좀 시간이 걸리겠지만 586의 정치적 퇴장은 이미 시작됐다. 그들이 숭배하는 이념이 역사적 사망선고를 받은 지 오래이기 때문이다. 586의 폐허위에 피어날 새로운 꽃들에 주목한다. 한동훈도 그 꽃 중의 하나이리라.

고성국 | 정치평론가, 정치학박사

대한민국의 보수는 언제까지 낡고 무식하다는 소리를 들어야 할까. 이념에 갇히지 않고 능력 있고 세련된 보수를 기다리는, 그래서 한동훈에게 시선을 보내는 사람들을 위한 책이다.

유창선 | 정치평론가, 사회학박사

대중 심리와 정치 소비자 행동 연구의 전문가인 심규진 교수는 명확한 메시지와 실행 가능한 전략을 탁월한 스토리텔링으로 풀어낸다. 정치 문화에서 '콘텐츠 소프트파워'의 중요성을 강조하는 이 책은, 현재 우리 사회가 직면한 혐오와 갈등의 정치 문화를 날카롭게 고발하며, 선진 정치 문화의 확립을 위한 핵심 아젠다들을 새로운 보수 담론으로 제시하는 문제작이다.

박수영 | 국민의힘 국회의원

대구 방문 때 같이 사진 찍자는 인파로 떠날 시간을 세 시간이나 늦춰야 했던 분, 이를 가리켜 한동훈 신드롬이라 해도 지나친 건 아니다. 정치혐오가 만연한 한국 사회에서 장관이 신드롬의 주인공이 되는 건 이례적인 일, 이 신드롬의 근원은 대체 무엇일까. 국민의힘 싱크탱크인 여의도연구원에 있다가 지금은 스페인에서 마케팅을 전공 중인 심규진 교수는 자신의 첫 책인 〈73년생 한동훈〉을 통해 한동훈 신드롬의 근원을 정확히 분석하며,

여기서 더 나아가 한동훈이라는 뉴보수의 아이콘을 통해 보수진영의 승리를 위한 혁신적인 전략을 제시하기까지 한다. 한동훈을 좋아하는 이가 주요 타깃이겠지만, '한나땡'을 외치며 애써 그를 폄하하는 분들도 이 책을 한번 읽어보시기 빈다. 한동훈을 제대로 알아야 그에 대한 대책을 세울 수 있을 테니까.

서민 | 단국대 의대 교수

이 책은 한국의 급소를 때린다. 긴장감 속에 묘한 울림과 떨림을 준다. '한국 정치'는 갈라파고스다. 586의 권력 도착증에 따라 한국 정치는 아수라판이 됐다. 난세에 영웅이 난다고 했다. 73년생이자 92학번인 한동훈은 '서태지 시대' '신인류' 정치 꿈나무다. 지금 한국 정치는 '분노장애', 경제는 '공황장애', 그리고 교육은 '인격장애'를 앓고 있다. 변곡점이 필요하다. '양'이 아니라 '시스템'이다. 이 책은 그 변곡점을 찾기 위해 '한동훈 사용법'을 제시한다. 신뢰와 경제와 법치는 하나다. 신뢰 시스템이 갖추어져 부패가 사라지고, 모두가 존중받고 재밌게 일한 결과 생산성이 높아지며, 신지식 창출 속에 '신성장 동력'이 만들어지는 진짜 선진국. 바로 '한동훈 사용법'의 나라이다.

이양승 | 국립 군산대 무역학과 교수

심규진의 〈73년생 한동훈〉은 중도층의 정치 혐오와 맞물려 급부상한 '한동훈 신드롬'의 원인과 의미를 해부한다. 무엇보다 과거 진보와 저항의 아이콘이었던 586 정치의 민낯이 낱낱이 드러난 상황에서 '이후'의 보수 정치가 나아가야 할 방향을 구체적으로 제시한다. 특히 진보 정치의 퇴행을 고발하는 것을 넘어 지금의 한동훈 신드롬이 보수정치의 미래와 연결될 수 있는 방안을 논의한다는 점에서 반드시 읽어보아야 할 책이다.

전지현 | 변호사, 전 대통령실 행정관

대한민국 보수는 과거 한나라당 전성기 시절의 세련됨과 엘리트주의를 복원하고, 다시 한번 청년 세대의 마음을 다잡기 위해 노력해야 한다. 어쩌면 한동훈 현상은 그 두 가지 목표를 향한 시작점이 될 수 있지 않을까. 저자는 강렬하고 직설적인 언어로 한동훈 신드롬을 분석하고 더 나아가 보수가 추구해야 할 방향을 제시한다.

저스틴 킴 | 정치블로거 '윈브라이트'

민생 부재, 책임 부재, 소통 부재…
이제 부재와 선동의 정치는 청산해야 할 때이다. 새로운 정치력으로 매력적인 보수를 만들어 갈 인물로 한동훈을 떠올리는 분들에게 권하는 책이다.

송서율 | 청년활동가, 정책연구단체 대표

73년 한 씨 성 대통령 예언의 근거를 물으신다면

정권 교체가 이루어진 2022년 하반기 즈음부터 주위 사람들에게 농담 반 진담 반으로 이런 말을 하고 다녔다. "다음 대통령은 한 씨 성 가진 73년생이라는 점괘가 나왔어요. 내가 21년 재보궐 선거, 22년 대통령 선거, 지방 선거 결과 다 맞춘 사람이라 돗자리 깔라는 말 듣는 거 아시죠?"라고. 그럴 때 누군가 나에게, "73년생 한 씨 성 다음 대통령 예언의 근거가 뭐요?"라고 물어오면, 나는 "내 감이 그래요. 내 감은 확실해요. 왜냐하면 내 감이니까." 라는 우스개로 대충 뭉갰다.

그랬는데 앞으로는 심규진 교수의 〈73년생 한동훈〉을 읽어보시라고, 그 안에 내 예언이 맞을 수밖에 없는 근거가 다 있다고 권하겠다. 이 책에서 제시하는, "윤석열 정부가 왼쪽으로 기울어진 운동장에서 보수의 기틀을 다지며 한동훈을 성공적으로 대권 주자로 출격시킬 수 있다면, 한국 정치는 보스정치와 팬덤정치의 해악을 극복하고 새로운 '엘리트 관료시대'를 상징할 한동훈 시대를 열어갈 수 있다"는 전망을 들어보라고 권하겠다.

40대 동양철학자 임건순 씨는 민주당 좌파에 대한 거부감이 심한 사람들이 60년 대생 여자들, 그중에서도 아들 둔 엄마들이라는 말을 한 적 있다. "민주당이 계속 해쳐먹고 좌파들이 계속 득세하면 내 아들 인간답게 살긴 틀렸다"라는 아들 가진 중년 여성들의 본능적인 촉이 작동했다는 얘기였다.

80년대에 대학 다닐 때는 학생운동에 우호적이었고 50대 중반까지 항상 진보 정권에 투표했던 사람인 나는 친구들 사이에서 '좌빨'로 분류되던 사람이었다. 그런 내가 2019년 하반기부터 보수정권 지지자가 된 것은 임 씨의 말대로 '중년여성 엄마의 촉'이 우리 아이가 살아갈 세상에 다가오는 암울한 기운을 감지해서였나보다.

나는 민주당이 서민과 약자의 편이기 때문에 지지한다면서 자기 자식들은 한국에서 살게 하기 싫다며 일찌감치 미국으로 유럽으로 유학 보내고 취업 보낸 586 운동권 출신 동창들과 달리 기술노동자 이발사 아들을 둔 엄마다.

심규진 교수의 이 책을 보니 내가 그동안 페이스북에서 윤석열 지지 발언을 많이도 했던데 윤 정권이 성공하고 한동훈 법무부장관이 다음 정권을 이끌기를 내가 바라는 이유는 하나밖에 없다. 한국 사회에 살면서 우리 세대가 누렸던 안정과 풍요로움을 내 아들도 누리며 살아가길 소망하기 때문이다.

한동훈 장관은 이 나라의 앞날이 그렇게 될 수도 있다고 믿게 해 주고, 내 아들이 살아갈 세상에 대한 희망과 기대의 끈을 놓지 않게 해준 정치인이었다. 심규진 교수의 〈73년생 한동훈〉의 출간에 기쁜 마음으로 축하를 전한다.

오진영 | 작가

차례

CHAPTER 2

마지막 586, 윤석열: 극좌 적폐청산의 소명과 과업

CHAPTER 3

586, 도취와 오만, 청산 대상으로 전락한 퇴행적 선민의식

CHAPTER 4

승리하는 보수의 콘텐츠 전략, '뉴보수'의 선명성과 쿨함으로 승부해야

CHAPTER 5

'청년보수' 없이 승리는 없다 '펨코' 선동 정치와 쿨한 결별하고 '현실' 청년들의 꿈과 열정을 품어라

CHAPTER 6

급변하는 세계,
사대주의 버리고 전략적 변용으로

"집단에 파묻히면 양심은 가려지는 법이지
뭔 노력을 펼쳤고 어떤 수모를 겪었든
출세는 네가 다시 욕먹을 자격을 줬어
네 교만함의 뿌릴 뽑아 인생을 휘청이게 할 거야"

힙합 뮤지션 지코의 '안티'라는 노래의 가사 중 일부분이다.

집단에 파묻히면 양심은 가려진다는 말이 참으로 와닿는 요즘이다. 이 노래는 혐오를 내 뿜는 인터넷의 캔슬 문화에 대한 연예인의 심정으로도 읽힐 수 있지만, 정치권에 대입해도 충분히 무리 없는 해석이 가능하다. 여기서 집단에 파묻힌 양심은 '고질적인 진영 논리'이다. 출세를 했다는 이유로 죄없이 마녀사냥의 교수대에 끌려온 이들은 능력있는 사회 엘리트 정치인들 아닐까. 성공을 열망하고 성취를 했다는 이유만으로 실패하고 낙오된 이들에게 더럽다고 저주받는 정치인들 말이다.

나는 요즘 극단으로 치우쳐 서로 죽일 듯 인격을 말살하며, 국가의 안위는 안중에도 없이 내전을 획책하고, 자신들의 정치적 이득만을 위해 탄핵을 남발하고 국정을 마비시키며, 법과 제도 따위는 아랑곳하지 않은 채 수많은 범죄 혐의를 받는 인물들이 국회의원 뱃지를 달고 있는 이 현실이 두렵다. 이런 이들 중 대다수는 다음번 총선에서도 또 뱃지를 달겠다고 나설 것이다.

그래서 첫 대중서를 내는 일은 나에겐 매우 큰 용기가 필요한 일이었다. 지난 15년간 학자로만 살아온 내가 첫 책을 정치적인 내용으로, 그것도 지지율이 낮고 인기가 없는 보수 정권의 성공을 위한 분석과 제언으로 글을 쓴다는 것이 말이다. 특히나 요즘처럼 담론 지형이 왼편으로 기울어지고, 선거철을 앞두고 각종 명예훼손 소송이 잇따르는 민감한 시기에는 더더욱 그렇다.

좌편향된 정치 지향을 드러내며 "박근혜 나와!"를 외치거나, 반미감정에 기반한 광우병 선동에 "미국 소를 먹느니 차라리 청산가리를 먹겠다" 선언하거나, 일본 정부의 오염수 방류에 대해 "지옥"이라고 코멘트를 하는 연예인은 소신 발언이라며 좌파 진영의 영웅이 된다. 반면 학자적 양심에 기반해 위안부의 실상을 분석하는 책을 발표했다가 정의연으로부터 고발당해 수년간 고생을 한 박유하 교수나, 좌파들의 구미에 맞지 않는다는 이유로 순식간에 국민작가에서 분서갱유의 희생양으로 전락한 이문열 작가 등의 케이스를 보면 자유 우파의 가치를 설파하는 것은 이 세상의 금기를 깨는 것 같은 느낌을 갖게 된다.

한 유명 보수 유튜버는 '세월호'나 '동성애' '백신' 같은 민감한 주제의 단어를 언급하기만 해도 노란딱지가 붙어서 사실상 표현과 발언의 자유가 금지되고 있는 세상이라고 일갈한다. 그래서 아예 세월호는 "그 배"라고 지칭해서 말해야 한다는 웃지 못할 이야기를 들려주기도 한다.

나는 이 이야기를 듣고 중국 네티즌들이 중국 정부나 지방 정부를 지칭하는 은어를 통해 중국 정부의 검열을 피한다는 어느 중국 내 반정부 운동가의 말을 떠올렸다. 그렇다. 지금 대한민국의 표현의 자유는 건강하지 않다. 다른 이야기를 한다는 이유로 정치적으로 올바르지 않다거나 극우라는 주홍글씨가 씌여져 인터넷 상의 얼굴없는 집단들에게 모욕과 조리돌림을 당하는 일이 일상적으로 벌어지고 있다.

그래서 보수적 사상을 가진 지식인들이 자기 이름과 명예를 걸고 정치라는 주제를 논하는 것 자체가 커다란 리스크가 됐다. 그래서 '샤이보수'들이 생겨나고 담론의 영역은 좌파들이 독점하다시피 하는 현실이다.

내가 '73년생 한동훈'이라는 책을 쓴다고 하니 우파 책은 팔리지도 않는다며 말리는 사람들도 제법 많았다.

그럼에도 나는 이 책을 내야만 했다. 지인인 서민 교수님의 격려가 큰 힘이 된 것도 사실이다. "인생은 짧다. 하고 싶은 말은, 해야만 하는 말은, 하고 살아야 한다"고. 집단속에 얼굴을 파묻은 좀비떼들이 나의 글과 생각을 얼마나 물고 뜯을까 덜컥 겁이 났지만, 그래도 할말은 하자는 생각에 글을 토해 냈다.

첫째로, 이재명, 조국, 이준석 같은 이들이 대중 선동에 기대 국민의 열망으로 탄생시킨 이 정부를 모욕하고 무력화하는 것을 한 사람의 국민으로서 그냥 두고 볼 수는 없었다. 이런 자들을 옹호하는 사람들은 그렇게 털어서 먼지 안 나오는 사람이 어딨냐고 옹호한다. 그래서 자문해 봤다. "내 핸드폰을 탈탈 털면 나는 조국이나 이재명 같은 사람과 다를 바 없을까?" 내 답은 "절대 아니올시다"였다. 그 자문자답이 이 책을 쓸 수 있도록 나를 독려해주었다.

둘째로, 증오와 혐오의 선동 정치를 일삼는 민주당의 뻔뻔함과 저열함에 돌을 던져야 한다는 생각이 들었다. 그것이 설령 계란으로 바위치기라 해도 말이다. 김의겸, 장경태, 최강욱 류의 처럼회 정치인들, 그리고 김어준 같은 사이비 선동가들이 주류로 득세하는 정치판은 볼 수 없다는 위기감이 들었다. 최근 국민의힘에 합류한 조정훈 의원은 이번 총선의 성격을 586 운동권 정치의 청산이라고 정의했다. 함량 미달의 586 적폐들이 계속 기득권으로서 득세하는 것은 국가 경쟁력에 엄청난 저해 요소가 될 것이라고 생각한다.

셋째로, 현재 한쪽으로 기울어진 여론과 담론 지형에서 지지부진한 모습을 보이는 정부 여당의 총선 전략에 답답함을 느껴서다. 운동장 안에 난입해 선수로 뛸 수는 없는 노릇이지만, 정치와 기업 커뮤니케이션을 오래 연구한 학자로서 나름대로 생각한 승리 전략과 비전을 제시해 보고자 했다.

넷째로는 한동훈으로 대표되는 새로운 정치세력, 즉 실용적 파워 엘리트 계층에서 희망을 봤기 때문이다. 좌파 적폐 청산이라는 시대적 소명을 안고 탄생한 윤석열 정부가 그 소임을 성공적으로 완수해 정권을 재창출한다면, 이 새로운 정치세력은 한국사회가 가진 고질병적 문화 사대주의를 벗어나 진정한 민생 중심 개혁 정치 시대를 열 수 있을 것으로 믿는다.

"집단 속에서 사람들은 쉽게 악인이 된다"는 말을 뒤집어 보면 우리는 개인일 때 가장 창의적이며 가장 용기있는 정의로운 주체일 수 있다는 뜻이 된다. 내 나름 용기를 내어 쓴 책이 어느 누군가에게 당당한 개인이며 주체일 수 있도록 영감을 줄 수 있다면 더 할 나위 없는 만족이 될 것 같다.

여러모로 거칠고 미흡한 점이 많아 부끄럽지만, 보수정치의 복원을 염원하고 국가의 미래를 걱정하는 독자들이 이 책을 통해 한줄기 희망이라도 발견한다면 그보다 더 큰 기쁨이 없을 것이다.

CHAPTER 1

73년생 한동훈: 정치혐오가 낳은 '능력주의' 현상과 한동훈의 등장

국내시사주간지 <시사저널>은 매년 '한국을 움직이는 가장 영향력 있는 인물'을 전문가집단과 일반국민의 표본을 조사해 선정해 오고 있다. 2023년 조사 결과를 보면 현직에 있는 한동훈 법무부장관이 윤석열 대통령, 이재명 더불어민주당 대표, 이재용 삼성전자 회장과 함께 '톱4'에 꼽혔다. 2022년의 순위 7위에서 3계단이나 수직 상승한 것이다. 이것은 어떤 의미를 가지는 것일까. 사실 일개 부처 장관이 한 국가에 지대한 영향을 미치는 인물로 꼽힌 것은 이례적인 일이다. 이를테면 대통령 부인 김건희 여사, 직전 대통령 문재인, BTS, 손흥민 선수, 고故 노무현 전 대통령 등 대한민국 국민이라면 이름을 대면 누구나 아는 쟁쟁한 인물들이 한동훈 장관의 영향력에 못 미친다는 것이다. 이것을 우리는 일시적인 현상으로 봐야 할까. 아니면 의미를 읽어내야 하는 정치적 상수로 봐야 할까.

대한민국 최고 아웃풋,
신세대-신개념 엘리트 정치인의 등장

한동훈의 인기는 여러 면에서 관찰을 요할 정도로 흥미롭다. 그는 최고의 엘리트 코스를 밟아온 검사 출신이고, 40대 나이에 현 정부 초대 법무부장관에 발탁되었지만, 기존 영화나 드라마에서 묘사되는 권력과 유착해 출세 길만 탐하는 부패한 탐관오리의 이미지와는 거리가 멀다. 만인이 만인을 감시하는 초밀착사회인 한국에서 관료의 부정과 비위는 이제 숨길래야 숨길 데가 없다. 한동훈 장관은 이런 환경에서 이원석 검찰총장과 함께 드물게도 '클린' 이미지를 확보하고 있다.

극좌 세력에게는 절대적으로 악마화되고 있지만, 중도층을 포함한 보수층은 한동훈 장관을 상당히 긍정적으로 보고 있다. 1970년대생(1973년)으로 강남 8학군 출신이고, 경제적, 문화적, 지성적인 결핍없이 유복한 환경에서 바른 가치관과 반듯한 매너를 체화한 듯 보이는 그의 배경은 분명한 강점이다. 한마디로 대한민국 교육 시스템의 최고 아웃풋이라고 할 수 있는 지덕체를 갖췄다는 것이다. 요즘말로 풀어보자면, 비판적 지성과 젠틀한 인품, 세련된 스타일 모든 면에서 빠질 것이 없는 '엄친아'의 끝판왕이라고 할 수 있을 것이다.

이런 인물이 정치권에서 주목받는 셀럽을 넘어 우리 사회에 가장 큰 영향력을 미치는 인사로 주목 받고 있는 것은 그 자체로 패러다임의 전환을 시사하는 것이라고 볼 수도 있다. 기존의 한국 정치 지형은 소위 산업화 세력과 민주화 세력이 양분해 주도해 왔는데, 어느 사이 시대적 소명을 다해버린 이들은 이권 카르텔을 형성하며 사익 추구에만 몰두해 우리 사회의 구태, 적폐 세력으로 변질되었다. 이는 이미 정치학자 및 시사 평론가들뿐만 아니라 많은 국민들이 공통적으로 지적해오고 있는 뼈아픈 사실이다.

그러나 한동훈 장관은 기존 정치 세력, 그 어느 곳에도 부채가 없는 개인의 매력과 능력으로 정치 셀럽이 된 새로운 현상을 상징하고 있다. 전에 본 적 없는 신선한 정치적 자산으로 자신을 어필하고 있는 것이다. 즉, 정치 시장의 매력적 '신상'이라 할만하다.

그렇다면 한동훈을 이런 중량감 있는 인물로 키운 건 누구일까. 우선적으로 문재인 정권으로 대표되는 586 구태 정치 세력,

민주당 초선 모임인 '처럼회'로 대표되는 선민의식과 배타적 부족주의에 빠진 시대착오적 좌파 카르텔이라고 할 수 있을 것이다.

윤석열 정권의 주요 인물이자 젊은 스타장관인 그의 정치적 동반자는 당연히 윤석열 대통령이라 할 수 있다. 윤석열 검찰라인의 핵심 멤버로서 그는 좌우 양진영의 비위와 부정에 추상 같은 칼날을 들이댔던 대한민국 국정 시스템의 최후 보루격인 검찰집단의 핵심 인물이다.

이는 그의 검찰 커리어가 그대로 증명하는 것으로 정치적으로 그를 반대하는 쪽에서도 이렇다할 흠을 잡을 명분이 없는 것이다. 이렇게 비정치적 커리어를 쌓아온 그가 민주당 이재명 대표의 카운터 파트너격으로 나서게 된 국면도 흥미롭다. 이재명은 자칭 '인권변호사 출신'인데 성남시장 시절 온갖 추악한 지자체 부패 스캔들에 연루되어 있을 뿐 아니라, 개인적으로도 검사사칭이나 음주운전으로 전과4범의 전적에 더해, 위증교사 의혹까지 더해지며 도무지 정치를 할 자격이 안되는 도덕적 논란이 많은 인물이다. 이처럼 한동훈과 이재명은 여러 면에서 매우 이질적이다.

구시대적 순혈주의를 타파하는 보수정치의 실용노선

한동훈이 새 정치를 바라는 국민들에게 어필하고 있는 지점은 기존의 정치적 순혈주의를 '능력주의'로 전환하고 있다는 것이다. 이 자체로 정치 문법의 새로운 전환이라고도 할 수 있다. 현재 능력주의라는 사회적 아젠다는 전 세계적으로 주목받고 있으며, 유럽, 캐나다, 뉴질랜드 등의 젊은 정치인들이 실용노선과 함께 매우 중요시하는 전술이라고 할 수 있다.

우리나라의 경우, 능력주의는 대개 '정치혐오'를 그 뿌리에 두고 있다는 게 특징이다. 그간의 한국 정치는 정파적 네트워크를 중심으로 자기계파의 사람을 밀어주고 챙겨주는 생리에 의해 움직여 왔다. 그 과정에서 얼마나 많은 부정부패와 불공정이 배태되었는지는 우리의 정치사가 입증한다. 역대 정권 중 실용주의적 능력주의를 가장 노골적으로 표방했던 정권은 이명박 정권이었다. 이명박 대통령은 현대그룹의 CEO 출신으로서, 도전하는 '기업가 정신'을 바탕으로 무에서 유를 일군 전력을 가진 인물이다. 한국 보수 지형의 한 축을 안보 보수 그리고 다른 한 축을 경제 보수가 양분했다고 하면, 이명박은 정주영 같은 기업가 정신을 계승한 경제 보수의 적자였던 셈이다. 그래서 이명박 본인 스스로 여의도 정치에 대한 혐오가 심했다는 게 이미 확인된 중론이다. 이명박 정권의 태동은 노무현 정권의 극심한 불안정함과 무능, 윤리적 모순으로 인한 자체 붕괴에 원인이 있었다고 할 것이다. 당시 국민들의 좌파 진영에 대한 총체적 불신은 실용주의를 표방하는 이명박 정권에 대한 압도적인 지지로 발현됐다.

현재 한동훈이 한국 정치의 새로운 대안으로 대두되고 있는 정치 상황도 그때의 상황과 크게 다르지 않다. 사실상 노무현 정권의 그림자 정권이라 할 수 있는 문재인 정권이 남긴 유산은 극심한 국민 갈라치기와 이념적 배타성, 부동산 가격의 급등으로 인한 양극화 심화 등이다. 이는 국민적인 정치 혐오와 불신을 초래했고 진영에 구애받지 않고 공정의 칼날을 들이댔던 윤석열에 대한 국민적 기대와 지지로 나타난 것이다.

우리나라 국민의 정치 혐오는 그 뿌리가 상당히 깊다. 일단 냉전 시기에 형성된 반공주의에 대한 트라우마가 여전히 상존하고 있다. 또 민주화 과정에서도 그 방법론에 대한 입장이 다른 국민들에게 상처를 안겨주었다. 민주화의 성취를 등에 업고 정권을 잡은 좌파 정부도 국민들에게 신뢰받는 대안세력으로 인식되는 데 실패한 것이다. 유재수 감찰 무마 사건, 김의겸 등 청와대 인사들의 부동산 투기 의혹, 결정적으로 조국 일가의 입시비리와 사학 재단비리 및 사모펀드 사건 등 정작 진보층 내부의 부패와 위선이 드러나면서 윤리적 권위가 와르르 무너져 내린 것이다.

우리나라 국민들은 정치에 대해 상당히 즉자적인 측면이 있어서 비효율적이고 무능한 정치와 이념적 사상적 팬덤적 편가르기를 강요하는 정치에 강한 불신과 혐오를 드러낸다. 근년의 정치가 그저 비효율적 갈등만을 양산하고 그 갈등을 동력삼아 이득을 취하는 행위에 불과했다는 것이 기존 정치 세력에 실망한 대다수 국민들의 생각이다.

싱가포르에서 4년 동안 교수로 일하면서 나는 한국 사회와는 전혀 다른 극강의 능력주의를 제대로 경험할 수 있었다. 당시 학과장은 내게 “우리 학교에는 일반적인 대학에서 으레 나타나는 파벌주의나 사내 정치가 없다. 그래서 오로지 논문 성과에만 집중할 수 있다”고 자랑처럼 말했다. 즉, 아부를 하거나 눈도장 찍으려 애쓸 시간에 논문을 한 줄이라도 잘 쓰면 실력을 인정 받을 수 있다는 얘기였다.

극심한 경쟁 속에서 취업난에 시달리며 ‘똥팔육’ 민주노총 카르텔에 불만이 쌓일 때로 쌓여 있는 젊은 세대는, 순수한 능력주의가 정치적 편향성으로부터 자유로운 솔루션이라는 믿음을 갖고 있다. 수치화되는 실적과 능력에는 출신 지역, 인종, 성적 성향, 정치적 라인 등 그 어떤 꼬리표도 달리지 않기 때문이다. 능력주의는 그래서 그 어떤 잣대보다도 공평무사한 솔루션이며 소수자나 '언더독'에게도 강고하게 구축된 기득권을 뛰어 넘을 수 있는 기회를 제공한다고 여겨진다. 마치 조선시대 과거시험에 기반한 관료제가 그랬던 것처럼 말이다.

한동훈의 '능력주의'는 세련됨이다

그런데, 새로운 개념이라고 말할 수는 없는 이와 같은 능력주의가 왜 한동훈이라는 이름과 함께 새삼스레 각광받고 있는 것일까. 내가 생각하기에는 한동훈이 쓰는 능력주의의 서사는 쿨하고 세련됐다는 차별화된 특징이 있다. 기존의 능력주의가 가지고 있는 촌스러운 '짠내', 동정과 눈물을 요구하는 신파가 없다는 것이다. 정치권에서 숱하게 봐왔던 노무현식이나 이명박식의 자수성가 스토리가 없다. 찢어지게 가난한 집의 아이가 초인적인 인내심으로 죽어라 열심히 공부해서 사법시험에 합격해 입지전을 쓰며 입신양명한다는 그런 스토리 말이다.

핏이 좋은 '수트발'로 멀쑥한 왕자님을 연상시키는 강남 신사 스타일의 한동훈 장관은 감정에 호소하지 않고도 자신만의 '능력'으로 586 정치 카르텔의 부당한 탄압에 맞선다. 정적의 탄압에 굴복하지 않고 자신이 직접 나서서 위엄을 지켜내는 모습을 대중에게 보여준 것이다. 그런데 이것은 정치적 계파나 특정 팬덤이 지켜준 것이 아니다. 오로지 자신이 가지고 있는 개인기, 즉 탁월한 전문성과 시대를 읽어내는 남다른 직관과 혜안으로 돌파한 것이다.

시사저널의 조사와 갤럽의 여론조사를 보면, 한동훈은 상당한 이대남 팬덤을 거느리고 있는 이준석을 제치고 2030 남성층에서도 차기 보수 진영의 유력한 차기 주자로서 가장 큰 지지를 받고 있는 것으로 나타났다. 역설적이지만 '몰정치적'인 개인화된 능력으로 정치기득권인 민주당의 집단 공세에 홀로 맞서는 능력과 돌파력을 보여주었기 때문일 것이다.

상기한 바와 같이 운동권 정치 세력에 대한 실망과 피로감으로 등장한 윤석열 정권은 과거 노무현 정권 후 등장한 이명박 집권과 상당히 유사한 점이 있다. 그러나 이명박은 윤석열처럼 좌파 정권으로부터 탄압과 고난을 받으며 성장한 정치인이 아니다. 대학시절 운동권이었다가 보수화된 가치로 경제계에 투신해 성공신화를 쓴 기업인이었다. 그것은 그의 시대가 신화를 쓰는 것이 가능한 시대였기 때문이다. 그렇게 신화적인 층위에서 개인적 성취와 출세를 향해 질주하는 동안 상처와 그림자가 켜켜이 쌓였고, 그런 이면의 어두운 과거는 퇴임 후 이명박의 수난으로 이어졌다. 말하자면 이명박은 586 기득권 세력 입장에서는 손보기 쉬운 '순진한 구세력'이었던 셈이다.

그러나 최고의 사정 기관인 검찰의 수장으로 정권과 정면으로 맞서면서 고난과 역경의 서사를 탑재한 윤석열 정권과 한동훈 장관은, 이명박과는 달리 여론전을 임하는데 있어 강화된 전투력과 맷집, 즉, '정치력'이라는 이전의 보수가 취약했던 약점을 보완하고 있다.

이재명의
'싸구려' 능력주의

능력주의에 대한 우리 사회 구성원 일반의 지대한 관심은 비단 보수 우파 진영만의 얘기는 아니다. 사상 최악의 지지율 하락을 보이면서 대선 패배 이후 좀처럼 방탄정당 오명에서 벗어나지 못했던 민주당 또한 어떤 식으로든 능력주의에 대한 우리 사회의 요구에 답을 내놔야 하는 상황이다. 게다가 이재명 민주당 대표는 능력주의라는 키워드가 생소하지 않은 사람이다.

결국 정치라는 정글에서는 생존 본능이 강한 자가 최종적으로 선택되어지게 마련이다. 방송인 전여옥 씨는 이재명의 성정을 묘사하면서 "보통 사람들은 땅에 떨어진 것을 먹지 않지만, 이재명은 먼지 탈탈 털어 살기 위해 집어 먹을 사람"이라고 말했는데, 이재명식 능력주의의 본질을 집약적으로 설명해주는 묘사가 아닐 수 없다. 좌파 진영에서 '역대급 빌런 캐릭터'라고 공격을 받는 이재명 대표를 쉬이 버릴 수 없는 이유가 여기에 있다. 그의 생존 본능이 비상하기 때문이다.

이재명 대표의 경우, 민주당 적장자들의 근본인 민주화 운동이라는 '족보'가 없이, 오로지 능력주의로 인정받은 정치인이라고도 할 수 있다. 즉, 좌파 버전 '이명박'처럼 짠내 나는 전형적인 흙수저 자수성가 스토리를 가지고 있는 것이다. 또 기본소득이나 지원금 전면 지급 같은 패스트 행정의 실행과 이슈파이팅을 통해 '탈이념적 행정가형 정치인'으로 중도층에게도 어필하는 매력이 있다.

그러나 이재명이 구축한 이미지는 여러 측면에서 한동훈 장관에 비해 '싸구려' 느낌이 난다. 예를 들면, 조폭 출신에 입도 걸은 핸드폰 가게 사장님과 비슷하달까? 안 사고 나오면 뒤에서 쌍욕을 퍼부울 듯 공격적이고 사나운 측면도 있지만, 호의적인 손님에게는 할인 쿠폰 같은 것도 살뜰이 챙겨주고 애프터 서비스에도 친절하게 응대하는 등 고객관리에는 달인인 장사꾼 같은 인상이 이재명에게는 있다. 즉, 착한 사람이 아닌 것은 분명하지만, '친하게 지내면 나쁠 게 없는, 나에게 도움될 게 있을 것 같은 사람'이 정치인 이재명의 이미지다.

문재인 정부를 거치면서 국민들은 이제 더이상 정치가 순수하거나 선할 것이라고 기대하지 않으며, 정치인들의 웃는 낯이 진심일 거라고 생각하지도 않는다. 다만 나를 지켜줄 강한 집단, 실력 있는 리더가 나타나길 바라고, 가성비 높은 행정 서비스와 정치적 보상으로 위안을 얻길 바랄 뿐이다. 그 결과 우리 시대가 요구하는 대안으로 '능력주의'가 다시 부상하게 되었다.

좀처럼 쓰러지지 않을 것 같은 악마적 카리스마를 가진 이재명의 카운터 파트너로, 한동훈이 등장한 것은 이와 같은 시대적 배경을 가진다. 정치적 커리어나 파벌, 계파가 전무한 '법과 수사밖에 모르는 바보' 같은 인물, 오로지 한·동·훈이라는 이름 석자와 자신이 가진 '무해'한 실력만으로 그는 전국민적 리더로 떠오른 것이다.

한, 차기 대권 가능할까?

내가 만나는 적지 않은 사람들은 한동훈 장관의 정치적 미래와 그의 차기 대권 가능성에 대한 궁금증을 숨기지 않는다. 여의도의 호사가들도 한동훈이 과연 윤석열 정권의 후계자가 될 수 있을까에 대해 벌써부터 이런저런 견해들을 쏟아내고 있다.

개중에는 윤석열 대통령의 지지율이 굉장히 낮은 상황에서 한동훈이 과연 정치에 나설 수 있을 것인지 의구심을 표하는 사람도 있고, 한동훈이 검찰 출신이라는 점 때문에 확장성에 뚜렷한 한계가 있을 것으로 보는 사람도 있다. 최근 이재명의 구속이 기각되며 한동훈이 정치적인 데미지를 입는 것 아니냐는 시각도 있다. 모두 근거가 있는 분석이다. 2023년 여름쯤, 사석에서 만난 한 정치권 인사는 "한동훈은 윤석열 정권과 거리를 두면서 독자적인 길을 모색하려고 한다"며, "총선에도 나가지도 않고, 총리 자리도 사양할 것이며, 다음 지선에서 서울시장을 노릴 것"이라고 예상했다.

그러나 이런 다양한 의견들은 결국 정치권의 다양한 열망이 한동훈이라는 인물을 통해 강력하게 투사되고 있음을 증명하는 사례에 불과하다. 선거 때마다 수백 개씩 등장하는 그럴 듯한 총선 시나리오가 각자의 정치적 열망을 투영한 희망회로에 불과한 것처럼 말이다.

한동훈의 확장성,
중도층의 우호적인 기대감

한동훈의 향후 정치적 행보에 대해 단언한다는 것은, 결국 자신의 정치적 지향을 노출하는 일이지만, 주목할 만한 것은 진중권이나 김경률처럼 강성 보수 지지층과는 어느 정도 거리가 있는 중도 성향의 화이트칼라 엘리트 지식인 층이 한동훈에 대한 우호적인 태도를 보이고 있다는 점이다.

'모두까기'를 하는 듯 하면서도 대중 여론에 따라 미세하게 자신의 정치적 스탠스를 보정하며 여론 지형의 '캐스팅보트' 역할을 자처하고 있는 듯한 진중권은, 노골적으로 대통령에게 아부를 하는 '친윤'들에 대해서는 반감을 드러내지만, 한동훈은 논리로 정파적인 민주당 의원들에 맞서는 확실한 자기만의 캐릭터와 컨셉을 갖고 있다고 치켜 세운다. 한마디로 "난 놈"이 나타났다는 것이다.

용산 대통령실에 출입하는 몇몇 언론사 기자들도 사석에서 비슷한 시각을 드러낸 바 있다. 여러모로 '정치초보'인 윤 대통령이 강한 정치적 그립을 쥐려 하니 실수가 나오는 것이 아닐까라며 현 정권에 다소 우려섞인 시각을 드러내는 기자들도 한동훈 장관에 대해서는 "아무래도 새로운 세대인만큼 세련되고 설득력이 좋으며 말이 잘 통하는 합리적인 사람이라는 느낌을 받았다"며 우호적인 인상평을 내놓았다.

검찰총장으로 취임 후 조국 수사 등을 거치며 정적들의 거친 공격과 음해, 보수 기득권의 저항을 정면으로 돌파해 온 윤 대통령은 태생적으로 야성의 칼잡이, '무인'이기에 정치 기득권세력이나 언론과 필연적으로 불편한 관계에 처할 수밖에 없다.

여기서 주목해야 할 점은 야성적이고 돌출적인 승부사형의 대통령을 '허장성세'라며 못마땅하게 보는 지식인층 및 보수의 냉전시대적 이념지향에 거부감을 보이는 중도층에게도 한동훈 장관은 윤 대통령과는 차별화되는 이미지를 생성하며 대안으로 '먹혀들고' 있다는 것이다. 달리 말하면, 정치적으로 한동훈은 윤석열의 세력 기반과 지지층의 자장 안에서 움직일 수밖에 없지만 한동훈 자체가 가지는 시대적 트렌드 세터로서의 영향력이나 캐릭터의 매력은 결코 윤석열 정권에 갇히지 않는다는 것이다.

윤석열은 태종, 한동훈은 세종?
아무도 주목하지 않는
'태종'과 '세종'의 정치적 거래

오랫동안 양대 기득권 세력의 뻔하디 뻔한 정치문법에 실망한 유권자들이 한동훈 장관에게 기대하는 것은 정치보복이나 이념 지향적 정파성을 과감히 표백해 버리고 진정한 좌우 통합의 다이내믹한 태평성대를 열어보일 수 있지 않을까 하는 것일 테다.

사실상 보수진영의 적자, 윤석열의 후계자로 입지가 굳어지고 있는 상황에서 한동훈의 차기 집권은, 역사적인 전례를 찾아보자면, 태종의 유훈을 물려받은 보수의 '세종시대'를 예감케 하기도 한다. SNS에 정치 관련 글을 쓰는 Intelligenckor의 파트너 김석현은 "한동훈은 말의 포인트는 예리해도 말투 자체는 점잖다"면서 언행이 투박한 윤석열과 차별화된다고 평가한다. 부모-자식 사이라도 고려 사람이었던 이방원과, 조선 사람인 세종(1397년생)의 차이가 분명히 존재하듯이 윤석열(60년생)와 한동훈(73년생)을 구분 짓는 엄연한 세대차이라는 것이 있다는 것이다.

그는 윤은 정치적으로 미숙하고 준비된 액션 플랜이 빈약한 반면, 자신의 세대인 586 운동권 세대와 결별해 대한민국을 새로운 시대로 이끌었다는 큰 공적을 이루었다고 평가한다. 또 "한국은 한동훈 시대에 완전히 상전벽해"할 거라는 전망을 내놓는데 그 근거는 한동훈에게는 윤석열의 586 세대가 가졌던 '변방의 우물 안 국가'라는 냉전 시대의 컴플렉스가 없다는 것이다. 따라서 국제 사회에서 우리 만의 경제 및 문화의 영토를 확장할 수 있는 비전과 능력이 펼쳐질 수 있다고 본다.

세간에서는 노무현 대통령 이후로 한 세대에서 2명의 좌우파 대통령이 배출됐던 '10년의 법칙'을 거론하기도 한다. 노무현-이명박 대통령은 40년대생, 박근혜-문재인 대통령은 50년대생이었고, 윤석열 대통령은 첫 60년대생 대통령이라는 것이다. 그러나 개인적인 견해로는, 또다른 60년대생을 건너뛰고 70년대생 대통령으로 직행할 가능성도 커보이는 것이 사실이다. 현재로서는 한동훈의 존재감이 워낙 크고, 당장 구속은 면했다고는 하나, 야당 대표인 이재명의 사법 리스크나 당내 리더십이 시간이 갈수록 위태로워질 가능성을 배제할 수 없기 때문이다.

확실히 많은 화이트칼라 지식인층이 한동훈을 우파 진영의 일원이라기보다는, 586 세대 정치인들과는 다른 새로운 느낌의 인물이라고 평가한다. 방송언론 관련 국내 유력 학회장을 지낸 한 교수는 사석에서 한동훈의 메세지에 대한 동의여부를 떠나, 그의 언변을 보면 "국민정서와 동떨어지는 한심한 얘기만 늘어놓는 기존 보수 우파 정치인들과는 확연히 다르다는 느낌이 든다"고 평한다. 논리적으로 빈틈이 없고 순발력이 좋은 한 장관의 화법이 신기할 정도라는 것이다. 비논리적인 억지 선동과 자기 변명, 정치적 구호에 지친 국민들에게는 한동훈의 돌려 말하지 않는 명쾌함과 몰입감을 주는 촌철살인의 비유, 그에 더한 깎듯하고 쿨한 매너가 신선한 반향을 일으키는 것이다.

지금 한동훈은 강성보수층과 중도층 모두에게 점수를 얻고 있다. 강성보수층에게는 우파적 이념과 윤석열의 정치적 후계자로서의 이미지가 각인돼 있지만, 중도층들은 그를 진영을 넘어서는 새로운 세대의 정치인으로 인식한다. 여러모로 젊은 보수의 탄생에 목말랐던 보수층에게 한동훈은 4050 보수 정치인이라는 희소 가치를 구현하는 인물인 것이다.

좌파와 우파의 정치적 대립 및 586 세대의 교체 이후 권력 공백을 한동훈이 이어받을지는 누구도 확신할 수 없다. 그렇지만 현 시점의 좌파가 한동훈을 뛰어넘을 수 있는 무기를 가지고 있는지는 의문이다. 좌파는 한동훈을 윤석열 정부와 연결시켜 그의 존재감을 무시하려 하지만, 윤석열과 한동훈의 커플링이 강화될수록 한동훈의 보수 내에서의 입지만 단단해질 뿐이다. 사실상 보수 우파의 핵심 지지층에서 한동훈이 보수의 '적자'로 인정받은 상황에서 오세훈, 홍준표, 안철수 등의 보수 인사들이 한동훈의 원톱 체제에 균열을 낼만한 파괴력을 발휘할지도 미지수다.

한동훈은 최고 권력인 대통령과의 두터운 브로맨스 서사, 1970년대생의 젊음, 이준석이 보여줬던 어떤 말싸움에도 지지 않는 민첩한 언변, 오세훈처럼 신사 같은 매너와 태도, 그리고 홍준표와 같은 확고한 이념적 선명성과 대야투쟁력을 모두 겸비하고 있다. 아마 그 자신도 누구보다 자신의 강점을 잘 알고 있으리라 생각한다.

세종이 견뎌내야 했던 아버지 태종의 정치적 담금질

그렇다면 한동훈의 차기 대권가도에 걸림돌 같은 것은 없을까? 걸림돌이 있다면 그것은 무엇일까. 물론 민주당의 거센 정치적 공격과 루머 살포 등은 민주당 지지층을 중심으로 한 장관의 안티층을 형성하는 데 한 몫한다. 그러나 청담동 사건이나 김남국과 최강욱의 이모나 3M 발언 등의 민주당의 헛발질은 오히려 한동훈의 존재감과 스타성만 부각시켜준다. 각종 루머에도 의연한 한동훈을 보며 지지층은 오히려 안심하고 굳건한 신뢰를 보내고 있다.

그래서 일부러 위기를 찾아보자면 그것은 외부의 공격보다는 내부의 갈등에 있지 않을까 싶다. 즉, 현재권력과 미래권력의 패권 다툼이다. 권력은 부자간에도 나눌 수 없다는 말이 있다. 태종 이방원 또한 아버지 태조 이성계와의 목숨을 건 사투 끝에 권력을 쟁취할 수 있었다. 말년의 김일성은 이미 권력을 장악한 김정일의 눈치를 보는 신세였다고 한다. 여러 기업들의 "왕자의 난"에서 보듯, 후계를 놓고 살벌한 골육상쟁이 일어나는건 인간 사회에서는 흔한 일이다.

그렇다면 윤과 한의 관계에 비견되는 태종과 세종의 관계는 어떠했을까. 세종은 과연 아버지 태종으로부터 안전하고 무탈하게 권력을 상속받은 것일까? 역사적으로 부자간에 원할한 권력 승계가 이루어져 부국강병을 이룬 케이스는 그 자체로 대단히 드물다. 실제로 이것은 왕권이 상대적으로 강건한 개국 초기 때에나 가능한 일이기도 했다.

우리의 역사교육은 태종 치세는 강력한 왕권을 다진 시기, 세종 치세는 강력한 왕권을 기반으로 경제 문화적으로 태평성대를 맞은 시기로 가르친다. 그렇다면 세종에게 태종은 그저 자애롭고 헌신적인 아버지이기만 했을까? 세종은 아버지에게 반항하지 않고 잘 따르기만 하는 '파파보이'였을까?

권력이든 재산이든, 상속자는 자신의 상속을 가장 소중히 여길 후계자와 그 상속의 의미를 극대화해줄 후계자를 찾는다. 태종 역시 첫째 아들에게 왕위를 넘기지 않고, 지성이나 인성 면에서 뛰어난 세종을 선택했다. 삼성의 이병철도 장남 대신 삼남인 이건희에게 대권을 넘겼으며, 현대의 정주영도 장남보다 삼남이나 오남인 정몽헌이나 정몽준을 더 선호했다고 알려져 있다. 보편적으로 차기 권력자로 주목받는 장자는 아버지와 권력 경쟁의 구도를 형성할 가능성이 높아져, 역사적으로 아버지와 장남 간의 불화나 갈등은 필연적이었다고 볼 수 있다.

태종은 권력에 대한 집착과 측근들에 대한 의심이 깊었다. 세종은 태종이 그의 외가, 민씨 집안의 형제들을 '토사구팽'하는 것을 직접 보며 성장했다. 그렇게 여러 사건을 통해 잔혹한 정치적 현실을 어려서부터 보고 자란 세종은 왕관의 무게를 이겨낼 수 있는 정치근육을 길러냈을 것이다.

태종은 상왕으로 물러나 세종에게 권좌를 물려주면서 끊임없이 세종의 충성심과 능력을 테스트했다. 그걸 몰랐을 리 없는 세종은 세 번이나 요식적인 석고대죄를 하면서 태종의 이선 후퇴를 반대해야 했다. 태종은 내치는 세종에게 전권을 주었지만 권력의 핵심인 '병권'은 물려주지 않았다.

병조참판 강상인은 태종의 최측근인 군부 실세였음에도 이 정치적 전환기의 억울한 희생양이 되어 끔찍하게 처형되고 만다. 강상인은 병조의 일을 세종에게만 보고했다는 이유로 탄핵을 받아 유배되고 결국 역적으로 몰려 거열형을 받았다. 태종은 세종에게 권력을 이양했다는 사실을 정치적 '함정' 또는 미끼로 이용했다. 강상인 뿐 아니라, 이 사건과 아무런 연관이 없는 세종의 장인 심온까지 엮어 세종의 처가를 멸문했기 때문이다.

태종은 세종이 왕이 된 후, 세종의 장인인 심온의 집안이 왕권을 넘어서는 너무 큰 권력을 갖게 될 것을 우려하였다. 그래서 심온이 명나라 사신으로 간 동안 음모를 꾸민 끝에 그를 처형하려는 작정을 했다. 심온의 동생을 강상인의 옥사사건에 연루시키고, 이를 통해 심온을 함께 연루시켰다. 심온은 귀국 후 체포되어 조사를 받고, 강상인과의 연루를 인정한 뒤 사형당하였다. 하지만 실제로는 심온에게는 죄가 없었다. 그의 죽음은 태종과의 정치적 거래의 결과였다. 그는 죄를 자백하고 자결하는 조건으로 "더 이상의 억울한 죽음은 여기서 그치게 할 것"과 "중전의 지위를 보장할 것" 두 가지를 요구했다고 한다.

심온이 사망한 후, 권력을 탐하는 조정 세력들은 세종의 비인 소현왕후 심씨의 폐위를 주장하고 나섰다. 그러나 태종은 새로운 집안에서 왕비를 선정하면 그 집안을 다시 숙청해야 할 것이기 때문에, 그 의미가 없다고 판단하여 이를 반대하였다. 강상인과 장인 심온의 죽음에도 피바람을 묵묵히 견디던 세종은 자신의 아내만큼은 단호하게 지켜냈다.

자신이 세자로 책봉됐다는 이유만으로 사랑하는 아내의 고통을 지켜보는 세종의 심정은 어떠했을까? 세종은 정치적 위치를 떠나 아버지인 태종을 깊이 존경하며 따랐다고 한다. 억울하게 죽은 장인의 복권 또한 태종의 권위를 위협할까봐 주저했고, 그 결과 세종의 아들인 문종 때에야 이뤄질 수 있었다.

종합해 보면, 세종은 태종의 정치적 잔인함을 왕권 강화와 통치 질서를 위한 필요악으로 보았다는 해석이 가능하다. 이런 해석이 전혀 무리는 아니라고 생각한다.

세종은 태종이라는 벽 앞에서 어린 왕으로서의 한계를 몸소 느꼈을 것이다. 그러나 아버지의 권력을 향한 단호한 결단과 주변인들의 희생을 견디지 못하는 유약한 존재였다면, 그래서 정치적으로 고립됐다면 세종 역시 사도세자나 소현세자처럼 비극적인 결과를 맞았을지도 모를 일이다. 이처럼 그 어떤 경우에도 권력엔 공짜가 없다.

물론 조선시대와 지금 현대의 정치 문화를 동일시 할 수는 없다. 그런 골육상쟁이나 피바람나는 숙청은 민주화된 대한민국에서는 일어날 수 없는 일이지만, 중요한 건 예나 지금이나 권력의 비정한 속성은 변치 않는다는 것이다. 윤석열과 한동훈의 정치적 파트너십과 역할분담을 논하면서 내가 굳이 왕조시대의 피바람 난 살육을 예로 들고 있는 것은 그 때문이다.

태종은 단순히 세종을 애지중지하는 것이 아닌, 정치적으로 엄격한 훈련을 시켰다고 해석될 수 있다. 이는 태평성대의 표면 아래, 타협하지 않는 엄격한 권력의 질서가 작동했음을 시사한다.

세종은 자신에게 병부의 일을 보고했다는 죄로 죽은 강상인과 장인의 억울한 죽음에도 할 수 있는 게 없었다. 중전은 결사항전으로 지켜냈지만 그마저 많은 후궁을 들이는 조건부였다고 한다. 심온이 만약 태종의 거래를 받아들이지 않고 명나라로 망명해 목숨을 부지하고 맞섰다면 중전은 폐위됐을 것이다. 조정은 복수와 또다른 복수로 피바람이 그칠 날이 없었을 것이다. 심온은 자신의 희생으로 딸인 중전과 사위인 세종을 지켜낸 것과 다름 없었다.

세종대에 세종 부부는 역모를 조작한 일당들에게 정치 보복을 하지 않고 피의 정치를 본인대에서 끝냈다. 그리고 화해와 용서의 시대를 열었다. 당연히 과거세력과 미래세력의 상생을 위한 포석이 깔린 것이다. 세종대의 태평성대는 여러 사람의 한 서린 죽음과 세종 장인의 헌신과 희생, 권력의 잔인함을 이겨낸 세종의 인내를 댓가로 피어난 결과물이다.

우리가 아는 왕권과 신권이 조화된 '이상적인 유교정치' 시대는 수많은 피를 흘리고서야 이루어낸 승리 후의 짧은 '평화'와 같다고 보는 게 합리적이다.

태종은 개국 공신이자 상왕의 측근이며 군부의 최고 실세인 강상인이 세종보다 더 위협적인 권력이 될 수 있음을 본능적으로 간파했을 것이다. 그가 아무 죄없이 극형인 거열형으로 다뤄진 이유다. 중전의 집안 또한 마찬가지다. 세종이 절대 왕권을 기반으로 내치를 다지고 개혁을 할 수 있었던 것은 추상같은 국가 기강을 태종이 다져놓았기 때문 아닐까. 신하들과 기싸움을 하고 권력 다툼을 하는 왕이 할 수 있는 일이란 극히 제한적이니 말이다. 설사 강상인이나 심씨 일가가 그런 야심이 없었다 하더라도 권력의 주위를 불나방처럼 맴도는 파리떼들과 이간질에 능한 승냥이 떼들에게 왕실이 잠식될 것은 불보듯 뻔한 이치였던 것이다. "평화를 원한다면 전쟁을 준비하라"는 말은 어찌보면 태종대가 없었다면 세종대는 오지 않았을 거라는 말과 같다.

태종-세종 부자의 이야기가 다소 길었는데, 다시 화제를 현재로 돌리면, 지금은 좌우 진영의 내전 상황이 맞고, 내 관점에서 이것은 586 내부에서 세포분열이 일어난 것으로 보인다. 586 기득권과 586 기득권에 저항하는 586들의 전쟁인 것이다.

586의 종교 전쟁은 이 정권에서 종식되어야 한다. 새로운 시대의 한동훈의 시대에는 좌도 우도 적어도 대한민국 체제 안에서 합의하고 설득되는 생산적인 정치가 열렸으면 하는 희망을 가져본다. 그리고 그 주역은 산업화 민주화 그 어느 쪽의 정치세력에게 빚도 한도 없는 한동훈이 유망하다고 보여진다.

한동훈의 정치적 전략, '불가근 불가원'

그렇다면 한동훈이 이 시대적 열망을 오롯이 자신의 품으로 담아내며 앞으로도 숱하게 펼쳐질 정치적 위기들을 이겨낼 수 있을까? 현재 한동훈은 정치적으로 고립되지 않는 현명한 처신을 하고 있다. 바로 정치와 '불가근 불가원'의 원칙을 지키는 것이다. 한동훈의 언행을 보면 정적인 민주당과는 결사항전을 불사하지만, 현 정권의 '보스'는 윤석열임을 인정하고 항상 자신의 역할과 중심을 지키는 처신을 보인다.

한동훈이 대통령실이든 당이든 어떤 인사에 개입하거나 자기 사람을 키운다는 말을 들어본 적이 없다. 개인주의 능력으로 이 자리까지 커리어를 지켜온 한동훈의 스타일과 정통적인 방식의 자기계파, 자기사람, 자기조직 챙기기 구태정치는 맞을래야 맞을

수가 없다.

대정부질의에서 민주당 의원이 언급한 윤석열 대통령이 해외 순방시 했던 "아랍에미리트UAE의 주적은 이란"이라는 발언에 대해 한동훈 장관이 한 코멘트는 눈여겨볼 만하다. 한 장관은 민주당의 문제 제기에 "대통령이 말한 내용이 특별히 잘못됐다고 생각하지 않는다"고 답했다. 법무부장관으로서의 직을 수행함에 있어서는 허술함이 없지만, 자신의 영역을 벗어나는 정치적 의사결정에는 개입하지 않는다. 그러나 부당하거나 과도한 민주당의 공격으로부터 단호하게 선을 긋고 윤 대통령을 서포트 하는 스탠스는 정권의 후계자에게 요구되는 적절한 처신으로 볼 수 있다.

한동훈 시대의 의미,
광기의 정치 종식하고 합리적 이성의 시대로

윤석열-한동훈은 이미 문재인 정권의 탄압을 함께 겪어낸 브로맨스를 공유하고 있다. 아마도 윤석열은 보수 내의 강력한 보스형 리더십을 장기간 유지할 가능성이 크며 비정치적인 방식으로 정치를 하는 신세대 한동훈과 자연스럽게 역할 분담을 할 가능성이 크다.

젊은 남성층이 주류인 한 보수 커뮤니티에서는 심심치 않게 한동훈이 윤석열의 진화된 버전이 아니냐는 품평글도 올라오는데, 회자되는 것처럼 소년급제, 세련된 패션센스와 동안 외모 등, 개인적인 스펙이라는 측면에서 한동훈이 워낙 인상적인 캐릭터를 구축해서 그런 품평도 가능한 것이라 본다.

그런데, 전통적인 보수 지지층은 한동훈의 스펙과는 다른 윤석열만의 야성적 카리스마와 친화력과 단호함을 겸비한 리더십에 큰 점수를 주고 있다. 윤석열이 기존의 정치 지형을 허물고 보수당의 체질개선을 하고 있는 점을 감안하면, 한동훈보다 능력적으로 못하다라는 주장엔 결코 동의할 수 없다는 반응도 다수다.

이런 것들을 종합해보면, 윤과 한의 캐릭터는 상호 보완적이며 순망치한의 관계라는 표현도 가능하다. 전통적인 조직 관리와 정치적 진지구축의 윤석열, 행정-홍보-미디어 정치는 한동훈으로 한국 정치의 전환기가 이뤄질 가능성이 크다.

피바람나는 선대의 집권기를 견뎌낸 세종이 억울한 죽음이 없는 정치 보복이 없는 용서와 화해의 시대를 열었듯, 종교적 광기에 휩싸여 사실상의 내전을 방불케 하는 대한민국 정치 현실이 종식되길 바란다. 한동훈이라는 인물이 상징하는 '합리적 이성' 의 시대가 열리기를 많은 이들과 함께 기대해본다.

이재명 구속기각,
한동훈의 정치적 성장은 이제 시작이다

2023년 9월 국회에서 체포 동의안이 가결된 이재명이 정작 유창훈 판사의 구속영장 기각으로 기사회생했을 때, 언론과 정치 평론가들은 '한동훈 위기론'을 띄워올렸다. 한동훈에 대해 우호적이었던 진중권 역시 "지지층의 기대감이 실망으로 바뀌어 어느 정도 타격이 있을 것"이라고 전망한 바 있다.

사실, 한동훈은 윤석열 정권 출범 이후 정치적으로 '꽃길'을 걸어왔다고 볼 수도 있다. 법무장관에 발탁된 후 야당 의원들과 당당하게 맞서는 과정에서 견실한 지지층이 형성되는 과정을 거친 한동훈에게 있어 이재명 구속영장 기각은 어찌보면 최초의 '정치적' 의미의 시련이라고도 볼 수 있다. 일각에서는 이제 이재명에 대한 영장을 청구할 수도 없고, 총선 시기 민감한 정치인의 수사를 추진하기 어려운 것이 상례인 만큼, 검찰이 이재명을 상대로 완패를 한 것이 아니냐, 한동훈 책임론의 역풍이 불 것이라고 호들갑을 떨기도 한다.

검찰이 이번 구속영장 기각을 예상하지 못하고 의외의 복병을 맞아 당황하는 것은, 박근혜 정권 당시 잘먹혔던 '사정정국'의 칼이 대중들에겐 조자룡 헌칼처럼 보여진다는 사실을 간과했기 때문이다. 이재명 수사에 대한 여론의 지지는 과반이 넘는 수준인데 박근혜 정권 당시는 5%의 지지율로 민심이 바닥난 탄핵된 전직대통령이라는 죽은 정권이었다. 이재명은 어찌됐던 0.7%차의 대선 석패로 어느 정도의 동정론을 받고 있고 현직 야당의 수장이라 살아있는 권력이라고 봐야 한다.

개인적으로 지적하고 싶은 건, 한동훈이 판사의 판결을 너무 '나이브'하게 예단했던 것 아닌가 싶다. 그러나 일반적인 상식 선에는 대체적으로 정치권과 언론 모두 구속을 유력하게 봤었다는 점을 잊지 말자. 이재명 자신조차 구속을 우려해 당내를 단속하고 명분없는 단식 농성을 하지 않았나. 그래서 한동훈이 여론을 읽지 못하고 특별히 상황을 과신하고 오판했다고 뒤집어씌울만한 사안은 아닌 것이다. 야당 내에서 반란표가 나와 체포 동의안까지 가결된 마당에 판사가 범죄 혐의 관련 정황들과 검찰의 제출 증거들이 차고 넘치는 이재명을 구속 기각 시킬 파격을 보일거란 생각을 미처 못한 것이다. 더구나 권순일의 50억 클럽 사건

등이 터지며 이재명 세력이 판사를 매수하거나 포섭할 가능성이 낮기 때문에 더더욱 그러했던 것이다.

문제는 현재 사법부 내에 검찰과 현 정권에 대해 비판적 성향의 비주류 진보 성향의 4050 판사들이 즐비하다는 점이다. 이미 이준석의 가처분 신청 때도 한 번 겪어 보지 않았는가. 판사가 뜬금없이 작정하고 나선다면 여당의 정치적 판단에 제동을 걸어 정국을 한순간에 경색시킬 수 있다는 것을.

게다가 박근혜 국정 농단 때부터 사법부내 정치 수사에 대한 반감은 누적돼 왔다. 판사와 검사들은 애초에 성향과 조직 문화가 다르다. 결론적으로 말하자면, 한동훈은 '여론'은 잘 다뤘지만, 판사들이 가지고 있는 검사들에 대한 내재적인 반감, 즉, '한동훈을 한번 엿먹여 보겠다'는 돌발 변수 같은 것들을 예상치 못한 감은 있다.

물론 판사의 판결이 법조계의 반발 여론을 부를 정도로 자의적이고 주관적이었다는 점, 이재명 자신조차 구속 기각을 예상하지 못해 체포동의안 포기라는 자신의 말을 뒤집고 단식쇼를 벌이고 판사에게 살려달라는 투의 읍소를 하는 등의 자충수를 생각하면 구속 기각이 됐다고 해서 이재명의 리스크가 본질적으로 사라진 것은 아니다.

그러나 정치적인 의미에서 여권이 구상하던 정치 스케줄상 한동훈이 큰 복병을 만난 것은 틀림없어 보인다. 정권의 지지율이 낮은 상황에서 이재명의 대항마로 사실상 한동훈 장관이 나선 것인데 이재명의 사법적 처단이 지연되고 총선 국면에서 대통령과의 영수회담을 주장하면서 역공에 나서고 있으니 말이다.

진중권은 또 "단기적으로는 구속기각이 민주당에 호재로 작용하겠으나 그리 오래 갈 것 같지 않다"고 논평하기도 했다. 나의 관점 또한 이와 비슷하다. 일부 보수층과 좌파 언론에서 "한동훈 끝났다" 호들갑을 떨고 있는데, 내가 보기엔 이제부터 한동훈의 진짜 승부가 시작된 것으로 보인다.

정치인은 시련과 위기를 극복하면서 체급을 키우기 마련이다. 이제 한동훈은 (정치적 의미에서) 죽기를 각오해야 살 수 있는 시험대에 든 것이라고 볼 수 있다. 이재명의 정치적 행동은 정치적 금도와 관행을 한참 벗어난 반칙이다. 애초에 계양에 알박기성 출마를 하고 당대표가 되어 예상되는 체포동의안을 당을 장악해 방탄을 하고, 말을 바꾸는 등 치졸하고 저열한 행위로 자기 살 길만 찾는 정치인은 일찍이 없었다. 그런 이재명을 기존의 관행대로 조심조심 살살 다루라는 것은 말이 안 된다.

이제 검찰과 이재명 사이에 신사협정 따위는 없어 보인다. 검찰은 정석대로 있는 죄대로 수사를 하고 영장을 치고 기소를 해야 할 것이다. 지금과 같은 상황에서 쭈뼛쭈뼛 여론의 눈치를 보고 정치적인 고려를 하고 이미지 관리를 하면서 주저한다면 오히려 이재명 수사에 대한 정당성을 검찰 스스로 해치는 결과가 올

것이다.

한동훈 또한 법무부장관으로서의 자기 역할을 묵묵히 하면서 우직하게 정도를 걷는 모습을 보여주며 이 같은 위기 상황을 돌파해야 지지층은 물론 중도층으로부터도 더 단단한 신뢰를 얻을 수 있을 것이다.

“감옥 갈 수도 있겠다고 생각”
한동훈의 비장함

상당수 정치평론가들이 윤석열 정부 출범 후 한동훈이 정치적으로 화려한 스포트라이트를 받으며 꽃길을 걸었다고 평가한다. 그러나 한동훈은 내 눈에는 이미 정치적 시련에 꽤 단련된 인물로 보인다. 윤석열 총장 체제에서 한동훈은 윤사단의 핵심으로 꼽혀 네 차례나 좌천이 됐을 뿐 아니라, 채널A 검언유착 사건에 휘말려 고초를 겪었다. 본인 스스로 정의와 양심을 지키다가 억울하게 옥살이를 할 수도 있겠다고 마음속으로 다짐했다고 할 정도로 거센 평지풍파였다. “조작과 선동으로 내가 감옥에 갈 수도 있겠다는 생각이 들었지만 그 또한 대한민국 검사로서 많은 것을 누린 사람이니 그런 부당한 일에 대해서도 설사 감옥을 가더라도 자신이 감당해야 할 몫이라고 생각했다”는 말에서 그의 정치적 근육은 그다지 약하지 않다는 걸 확인할 수 있다.

그는 채널A 시건 당시 조선일보와의 인터뷰에서 추미애 장관과 민주당의 거센 공격에 대해 이렇게 말한 바 있다.

"당시 전방위 공작에 당해 감옥 갈 수도 있겠다고 생각했어요. 그렇게 되더라도 상식이 통하지 않는 시간들을 기록에 남겨두자는 거였습니다. 가족들에게도 험한 일 생길 수 있는데 같이 이겨내자고 부탁했죠. 거짓 선동에 맞서서 대한민국 시스템의 틀 안에서 싸워도 이길 수 있다는 것을 보여 주자는 책임감 같은 게 있었습니다."

한평생 모범생 엘리트로만 살아왔을 한동훈에게 네 차례의 좌천과 범죄자로 자신을 몰아가는 정치권의 공격은 전에 경험해 보지 못했을 시련이었을 텐데 꽤 담담하고 결연하게 역경을 버텨냈다는 평가가 가능한 멘트가 아닐 수 없다. 법무연수원으로 좌천됐을 시절엔 출퇴근까지 트집잡아 정권의 공격과 감시가 살벌했다고 하는데, 책 잡히지 않으려 더 칼같이 근무시간을 지켰다고 한다. 소년급제하여 꽃길만 걸어온 자 치고는 굴욕과 스트레스를 감내하는 멘탈이 매우 강하다고 하겠다. 그리고 그 강한 멘탈의 힘은 바로 "나는 불의에 맞서도 꺾이지 않는, 내가 곧 정의다"라는 굳은 자기 확신일 것이다.

특히 이 세상엔 법대로 되지 않는 억울한 일이 많은데 혜택받고 살아온 입장에서 굳이 징징대고 싶지 않다고 말한 것도 인상적인 대목이다.

"세상에 억울한 사람들이 참 많고 저는 지금까지 운이 좋아 억울한 일 안 당하고 살아왔습니다. 역사를 보면, 옳은 일 하다가 험한 일 당할 수도 있는 건데요, 그렇다고 저같이 사회에서 혜택받고 살아온 사람이 억울하다고 징징대면 구차합니다. 상식과 정의는 공짜가 아니니 감당할 일이죠."

그의 담담함 말투 속에는 강력한 의지가 느껴진다. 그렇다. '정의' 또한 공짜가 없고, 그걸 누구보다 잘 알고 있는 한동훈이기에 어떤 시련이 온다해도 크게 흔들릴 거 같아 보이진 않는다.

윤석열이 한동훈을 독립투사에 비유한 이유

이런 한동훈의 결기를 감안해 보면 왜 윤석열 대통령이 한동훈을 독립투사에 비유했는지 고개가 끄덕여진다.

윤석열 대통령은 후보 시절인 2022년 2월 9일 중앙일보와의 인터뷰에서 한동훈을 독립운동가에 비유한 바 있다. "거의 (외압에도 정권에 대한 수사를) 독립운동처럼 해온 사람"이라며 "(한 검사장이) 중앙지검장이 되면 안 된다는 얘기는 일제 독립운동가가 정부 중요 직책을 가면 일본이 싫어하기 때문에 안 된다는 논리랑 똑같은 것"이라는 게 그 당시의 윤 대통령 워딩이다.

윤석열의 이 같은 비유는 나의 호기심을 자극하기에 충분했다. 독립운동사에 대해 문외한이었던 나로서는 막연히 독립운동가나 독립운동의 의미에 대해 사회 기득권이었던 친일파에 저항한 무장세력이나 동학농민운동가 같은 하층민의 봉기 같은 이미지를 가지고 있었었기 때문이다.

당시 야당은 윤석열의 이 발언이 독립운동을 폄훼한 것이라며 강력하게 반발한 바 있다. 윤석열의 레토릭이 누군가에게는 다소 거친 감이 있을 수도 있겠지만, 독립운동사에 대해 찬찬히 공부를 해보게 된 나는, 확실히 한동훈이 독립운동가의 기개를 가지고 자기 확신적 역사와 이념관을 가졌다는 점에서 서로 유사한 점이 많다고 느끼게 됐다.

좀더 구체적으로 말하면, 독립운동을 사회 하층민들이 주도한 것이 아닌 양반가 자제 엘리트층이 주도했다는 점이 그러했다. 노동운동이나 반정부 친북 조직을 전태일 같은 노동 계층만이 아닌 서울대 등 명문대 출신 엘리트 주류 운동권들이 주도한 것과 유사하다고 할까.

안중근의 이력 중 흥미로운 것은 동학농민혁명을 진압한 공적으로 일본군에게 호평을 받았다는 사실이다. 좌파들이 보수를 '토착왜구' 프레임으로 공격하고, 동학혁명도 독립운동으로 예우하자는 것을 감안하면 참 아이러니한 역사적 사실이라고 할 수 있겠다.

안중근은 양반집 자식으로 아버지 안태훈 또한 개화파 청년그룹이었다. 그는 계획했던 일본 유학이 갑신정변으로 좌절되자 황해도로 은둔했다고 한다. 기록에 따르면, 1894년 동학농민운동이 일어나자 16살의 안중근은 우수한 지도력을 발휘하여 박석골 전투 등에서 동학군을 상대로 승리를 거두었고 일본군의 축하까지 받았다고 한다.

안중근 자신이 기술한 사료는 다음과 같이 기술하고 있다.

"그 무렵 한국 각 지방에서는 이른바 동학당이 곳곳에서 벌떼처럼 일어났다. 이들은 외국인을 배척한다는 핑계로 군현을 가로질러 다니면서 관리들을 죽이고 백성의 재산을 약탈했다. 이것이 이후 우리나라를 위태롭게 한 바탕이 됐으며, 일본·청국·러시아가 우리나라에서 전쟁하게 된 원인이 됐다.

관군은 그들을 진압할 수 없었다. 이 때문에 청국 군인들이 들어오고 또 일본 군인들도 건너와 일본과 청국 두 나라가 서로 충돌해 마침내 큰 전쟁이 일어나고 말았다.

당시 나의 아버지는 동학당의 폭행을 견디기 어려워 동지들을 모으고, 격문을 뿌려 의병을 일으켰다. 나아가 포수들을 불러 모으고, 처자들까지 대열에 편입시켰다. 이렇게 모인 정예 병력은 70여 명이 됐으며, 이들은 청계산 속에 진을 치고 동학당에 항거했다.

… (중략) …

적병의 사상자는 수십 명이었으나 우리의 의병들은 한 사람의 부상자도 없었다.

우리는 하늘의 은혜에 감사하고 만세를 3번 부르며 본래의 마을로 개선해 황해도의 관찰부에 급히 승전 보고했다. 당시 일본 하급 장교인 스즈키란 자가 군대를 이끌고 지나가다 우리가 동학당에 승리했다는 소식을 듣고, 서신을 보내어 축하의 뜻을 표한 적이 있었다.

이후 적병들은 소문을 듣고 멀리 달아나 다시는 더 싸움이 없었고, 차츰 잠잠해져서 나라 안이 다시 태평해졌다."

민주당 정권이 동학혁명을 독립운동으로 격상시키려는 와중에, 정작 독립운동가의 대표성을 지니는 그 시대의 안중근은 오히려 동학혁명의 후과인 사회질서 파괴와 혼란이 우리나라가 외세의 격전장으로 전락하는 시초였다고 지적하고 있는 것이다.

분명히 짚고 싶은 것은 안중근은 개인적 신념과 역사관에 의거해 이토 히로부미를 제거했지만, 그가 일본이라는 국가 자체, 그리고 일본인 자체를 모두 악마화했던 '배타적' 민족주의자가 아니었다는 점이다. 안중근은 오히려 한-중-일 평화공존을 주장한 평화주의자였고 이토 히로부미는 말하자면 개인의 권력 남용으로 동아시아 국가간의 반목을 부추긴 '이간세력' 또는 '개인의 일탈'이라는 판단 하에 그를 저격한다.

그의 논리는 일본의 천황도 그 정통성을 인정해야 한다는 논리였다. 한마디로 말해 안중근은 동학혁명을 일으킨 농민 세력을 명확히 반국가적 세력으로 규정하고 천왕의 권위는 인정하고 일본 자체를 부정하지 않으나 제국주의적 책략으로 주변국가에서 폭력적 수탈을 일삼는 범죄자 이토 히로부미를 처단했다는 정치적 논리 구조를 가지고 재판에 임한 것이다.

이런 안중근의 확신과 논리구성에 일본인 변호사까지 감화되어 많이 도왔고 일본 내 양심적 지식인들이 안중근을 변호하는 목소리도 적지 않았다고 한다. 즉, 항일독립운동의 성격은 체제 전복적 성격이 아니었고 오히려 기존의 질서와 도덕적 통치의 정당성을 세우려는 사회 지도층과 엘리트 양반들의 저항에 더 가깝다고 볼 수 있다.

따라서 항일독립운동을 사회적 약자의 저항으로 등치하면서 현재의 보수 세력을 기득권으로 몰고 친일세력의 잔재로 등치하는 민주당과 좌파들의 정치적 선동은 참으로 어이가 없는 일이라고 할 수 있다.

사회적 부조리와 허위에 저항하는 것은 좌파들의 주장대로 무산계급 대중들만이 아니었다. 일제가 들어서면서 가장 저항이 심했던 것은 몰락한 기득권을 빼앗긴 양반층이었고 오히려 사회 밑바닥의 하류층은 일본의 개혁을 환영하는 기류도 있었다고 한다.

나치 히틀러에 저항했던 독일 내 반란 세력도 역사적 맥락에서는 마찬가지다. 히틀러 암살 미수 사건을 다룬 영화 〈작전명 발키리〉의 주인공인 실존 인물 '슈타우펜베르크'와 반란군 조직이던 '검은 오케스트라'는 모두 독일의 귀족 세력들이었다. 히틀러는 독일의 경제 불황기에 선전 선동으로 인기를 끈 깜짝 벼락

스타, 포퓰리즘 정치인의 원형으로서, 히틀러의 집권은 히틀러의 인기를 바람잡이처럼 이용해 집권을 하려고 했던 기회주의 보수파 귀족들의 지지가 있었기에 가능한 것이었다. 이들은 히틀러의 인기를 이용하고 버리려고 했지만 정작 히틀러에 의해 버려지고 숙청당하는 신세가 됐다. 그러나 히틀러가 러시아를 공격하면서 전황이 망가지자 군부 내에 반히틀러 세력이 모여들게 된 것. 이들은 국가 운명의 정상화에 목숨을 걸고 히틀러의 폭주를 저지하기 위해 나섰는데, 이것이 바로 안중근의 결기와 같은 것이다.

슈타우펜베르크는 나치의 몰락이후, 유태인이 패권을 잡은 서구 미디어에 의해 국가적 영웅으로 추앙받았다. 그런데, 정작 이들 군국주의 귀족 세력 또한 애초부터 반유태인주의가 심했었다. 이들이 거사를 일으킨 주요 동기는 엄밀히 말해 히틀러의 폭주로부터 독일을 구하고 자신들이 정권을 되찾아 연합군과 종전협상을 한다는 것이었지 유태인에 대한 인권적 고려가 주된 이유는 아니었다. 유태인 박해에 대해서 주변 유럽국들 또한 사실상의 방조를 하거나 동조하고 있었다. 또 이들 귀족 세력들 또한 애초에 나치를 열렬히 지지했던 독일민족주의자들이었다. 물론 도를 넘는 무자비한 학살이 지속되면서 인간적인 양심의 가책은 느낀 것도 반히틀러 노선에 서게 한 이유가 됐겠지만 말이다.

슈타우펜베르크가 마치 유태인 학살에 반대하여 정치적 이유보다는 인간적 양심 차원에서 히틀러 암살을 기도했듯 인식되는 것은, 안중근의 이토 히로부미의 암살의 의도가 현대의 정치 지형 속에서 왜곡되어 해석되는 것과 비슷하다. 그러한 이념 전쟁에서 좌파들의 선전 선동이 극심한 것과 비슷한 양상이라고 할 수 있겠다.

이처럼 대의를 위해 자신의 '목숨'을 걸수 있는 결기나 거사는 환경적으로 유복하게 자라 생존의 두려움을 겪어보지 못한, '귀족의식'을 가진 집단들이거나, 혹은 어려운 환경 속에서 자라났다 하더라도 자신이 '귀족적인 정의감과 특별함'을 지녔다고 생각하는 강렬한 나르시시즘을 가진 사람만이 가능할 것이다. 적도 사랑하라고 했던 예수의 말처럼 자신에게 다가오는 고난마저도 받아들이고 피하지 않는 의연함과 당당함은 먹고사니즘에 연연하는 범인이 가질 수 없는 어떤 것일 테니 말이다.

한동훈에겐 자신이 일반인보다는 사회적 혜택을 누려온, 예외적인 삶을 살아온 특별한 존재라는 자의식이 있다. 남보다 좋은 학교, 유복한 가정에서 자란 사람들 중에는 남을 무시하고 갑질하는 것을 특권으로 여기는 사람들이 많은데, 한동훈에겐 그런 오만이 보이질 않는다. 한동훈은 자신이 누린 예외적인 환경을 세상에 대한 부채감으로 받아들이고 그래서 억울한 일을 당해도 감당해 나가야 한다고 스스로를 다독인다.

그러나 흙수저로 자수성가를 했다는 이재명의 자의식은 한동훈과는 너무나도 상반된 것처럼 보인다. 보색대비도 이런 보색

대비가 없다. 이재명은 본인 스스로 공장에 취직했을 때 텃세를 부리는 여공에게 폭력을 휘둘러 기선을 제압했다고 밝히는가 하면, 형수에게 입에 담지 못할 욕설을 한 것을 두고, 형이 어머니를 폭행했기 때문이라며 자기 합리화를 한다. 더욱 충격적인 건 그 변명 또한 측근이던 유동규가 "이재명을 보호하기 위해 자신이 허위사실을 퍼뜨렸다"고 고백했다는 것이다.

이재명의 언행을 보면 항상 자신의 삶의 역경에 대한 자기 연민에 빠져 있고, 타자와 세상을 악마화하며 자신의 일탈적 행동과 초법적·불법적·편법적 행동을 합리화하는 것처럼 보인다. 책임감과 죄책감이 없는 유형의 인간들이 점점 많아지는데, 이들은 타인과 세상은 이해관계와 권력적 위계에 따라 움직이는 악의적 대상이라고 치부한다. 또 일평생 무시당하고 제대로 존중받지 못했다는 적개심이 깊이 내면화된 경우도 많다. 추측컨대, 이재명이 이해찬의 측근이던 이화영을 경기도 평화부지사로 고용한 뒤 그의 부정 행위에 눈감고 쌍방울 김성태를 이용하는 무리한 행태를 보였다면 그러한 맥락에서 이해 가능하지 않을까 싶다. 문재인의 북한 순방 당시, 자치단체장 중 자신만 노골적으로 배제되자, 자신을 따돌리는 친문 세력에 대한 적개심과 '뭔가 내가 보여주겠다', '증명해 보이겠다'고 하는 초초함 때문에 무리수를 둔 것은 아닐까.

그래서 이 세상에 대한 적개심이 많은 '루저' 집단이라면 혹은 자신의 성공의 과정에서 세상과 불화하고 미움을 많이 받는 그늘지고 상처 많은 사람일수록 이재명에 감정적으로 이입할 수 있는 공간은 많아질 것이다. 마치, 많은 사람들이 위선자에 불과하다고 굳게 믿고 사람들의 내면 깊은 곳의 악마성을 꺼내 놓으며 즐기고, 자신처럼 모두가 악하고 불행해지길 바라는 영화 속 '조커'가 연상되기도 한다.

이런 류의 인물들에겐 일말의 자존감도 책임감도 기대할 수 없다.

나의 인생은 축복이고 혜택을 받았다고 생각하며 세상에 대한 책임감이 있는 자와 나의 인생은 고난과 역경 뿐이었기에 세상에 대한 적개심을 드러내는 자의 차이는 엄청나게 크다.

한동훈과 이재명은 정반대 의미에서 '천상천하 유아독존'의 세계를 보여준다. 한동훈의 천상천하 유아독존은 이타적인 공익과 대의를 향하고 있다는 측면에서 이재명의 그것과 완전히 반대다. 한동훈의 확고하고, 도덕적이며 귀족적인 자의식은 자신보다 낮은 곳에 있는 자들에 대한 책임의식, 즉 '노블레스 오블리주'로 연결된다. 반면, 이재명은? 이미 그는 민주당을 방패 삼아 염치도 체면도 없이 정치인으로서 최악의 밑바닥을 보여주었다. 주변의 조력보다는 극악의 환경에서 혼자만의 힘으로 성취를 이뤄낸 그의 뒤틀린 자의식은 타인에 대한 공감도 공존도 어떤 책임도 용납하지 않는 것 같다. 배임과 권력 남용 같은 온갖 의혹을 불러

일으키며 성남시를 아수라판으로 만들고, 여러 지인 측근들이 줄줄이 사망했는데도 자신은 억울하다고만 할 뿐, 단 한 번도 자성하고 책임을 지지 않는다. 말 그대로 '나만 살고 보겠다'며 과거의 동지들을 사지로 몰아 넣는 불사조 악당의 생존본능이 연상되는 지점이다.

진정한 내면의 '귀족성'이 있는 대통령을 바란다

"젊었을 때 보수는 가슴이 없고, 나이 들어서도 진보라면 머리가 없다"라는 말이 있다.

개인적으로 꼭 나의 정치적 가치관의 변화를 정확하게 묘사한 말 같아서 무척 공감이 됐던 언술이다.

나이가 들수록 경험이 많아질수록, 그리고 한국을 벗어나 전 세계 곳곳에서의 삶이 쌓여갈수록, '정치'는 생계형 정치인들의 수익모델이 되어서는 안 된다는 생각이 굳어졌다. 즉, 경제적이고 세속적인 욕망에서 벗어나 '봉사'의 마인드를 가진, 이미 다른 분야에서 리더십과 품성과 능력이 검증된 자가 정치를 해야 한다는 생각이 확고해진 것이다.

최근 조선일보 칼럼에서는 좌파진영은 생계형 정치가들이 주류라서 권력에 대한 치열함을 보이는데 우파들은 부업 정치인들이라 낙선하면 본업으로 '리턴'하면 된다는 생각을 갖는다고 일갈했다. 즉 우파 정치인들은 좌파에 비해 전투력이 부족하고 체면만 차리려고 한다는 것이다.

그러나 나는 역으로 그렇기에 좌파들은 반칙을 일상화하고 금도를 벗어나는 행태를 보인다고 생각한다. 예컨대, 한동훈 장관을 위시해 원희룡, 한덕수, 이상민, 박수영 등 보수 정치의 주요 구성원들은 어느 누구도 부정하기 힘든 국가 최고 엘리트들이다. 박수영 의원만 보더라도 행정고시 출신에 서울대 법대, 하버드 대학 석사, 버지니아 공과 대학 박사에 경기도 부지사를 지낸 최고 정책통이다. 사실 보수 정치권에는 당장 민간으로 이직할 경우 엄청난 연봉이 보장된 파워 엘리트들이 적지 않다. 영화나 드라마에서는 검사나 관료 등 전문가 집단을 탐욕의 화신처럼 묘사하며 국회의원 뱃지를 다는 것을 일확천금의 기회인 양 드라마타이즈를 하는데 이는, 굳이 엄밀히 따지자면, 생계형 정치인, 정치낭인이 즐비한 좌파 쪽 상황에 더 적합한 묘사가 아닐까.

진정한 애국심 혹은 공명심을 가지고 정치에 뛰어든 이들은 정치 활동을 자신의 명예와 평판을 쌓기 위한 자산으로 여기지 수익모델로 삼지 않는다. 이들은 낙선을 하더라도 정치낭인으로 전락하는 이들과 달리 자신의 전문적인 능력으로써 갈 곳이 많다. 그렇기에 굳이 법인카드로 알뜰살뜰하게 생활비를 아끼고 측근들의 비리 구조를 형성하면서 이권 카르텔을 조직하는 리스크를 질 필요가 없는 것이다. 반칙하지 않고 정석대로 살아와서 성취를 이룬 파워 엘리트들이 정치의 주류가 돼야 하는 이유가 여기에 있다고 본다.

좌파와 우파의 차이는 '인간의 부에 대한 열망'을 어떻게 보느냐에 따라 갈리는 것 같다. 사실 부에 대한 욕망은 인간의 본성이랄 수 있다. 그런데 그런 열망을 당당히 건강하게 받아들이면 우파가 되거나 그닥 정치성향을 갖지 않고 실용적인 성향을 띠지만 스스로 그 열망 자체를 수치스럽게 생각한다면 좌파가 되는 경향이 있는 것 같다.

특별한 금수저가 아닌 이상, 모두가 물질적인 욕망을 자연스럽게 가지게 될 텐데, 그 과정에서 돈에 대한 인간의 욕망, 자신의 욕망을 더럽다고 저주하는 건, 정작 자신의 물질적 열망이 좌절된 "열패감"의 발로 아닐까. 나는 기득권과 비기득권의 이분법적 대립구조, 그리고 기득권은 악하고 비기득권은 선하다는 도식이 한낱 좌파의 프로파간다라는 것을 나이를 먹을수록 실감하고 있다.

그래서 윤석열-한동훈에 더 기대를 갖게 되는 것인지도 모르겠다.

혹시 누군가 나에게 "정치하실 건가요?"라고 묻는다면 나는 "정치를 안 하는게 아니라 못합니다"라고 답할 것 같다. 그만큼

나는 신념을 가지고 정치를 하는, 나와는 다른 길을 걷는 정치인들을 존경한다.

누가 내 밥벌이 생업을 가지고 장난치고 공격할 때 "그러라고 하십시오"라고 당당하게 외칠 수 있다는 것, "감방을 갈 수도 있으나 세상의 혜택을 받은 사람으로서 징징대지 않고 각오하겠다"고 할 수 있는 담담함. 그게 유복한 환경이든, 아니면 자기 자신에 대한 강력한 믿음이든, 그 천상천하 유아독존 마인드가 존경스럽기도 하고, 또 그들을 응원하는 입장에서 다행스럽기도 하다. 그렇게 남들보다 '정의를 추구한다는 자기 확신'이 강한, 세상이 아무리 모욕하고 조롱해도 스스로를 혜택 받은 이로 여기는 그 우아한 귀족의식이 부럽다.

어릴 적 나는 자기 주장이 강해 이따금식 조직생활에서 윗사람이나 정적에게 부당한 박해를 받는 경우가 종종 있었다. 그럴 때 엄마는 나에게 "엄마가 뒤에 있으니 절대 어떤 불의에도 굴복하지 말라"고 하셨다. 윤석열과 한동훈에게도 그간의 고난과 역경의 서사를 함께 한 지지자들이 있다. 그리고 상식적인 국민들과 대한민국의 시스템이 있다. 그들이 정치적 난국을 돌파하고 사회 질서와 기강을 세워 국가를 정상화해주길 응원할 뿐이다. 간절히, 두려움없이.

한동훈 팬덤의 특별한 가치

보수 진영에 '팬덤'을 확보하고 있는 정치인을 꼽으라면 윤석열 대통령을 제외하고는 한동훈이 유일하다. 이준석 전 국민의힘 대표가 '이대남' 팬덤을 가지고 있다고는 하나, 퇴출 당시 드러난 장외 동원력을 보면 조국 전장관이나 보수 유튜버인 가로세로연구소만도 못한 형편이다. 냉정한 현실이 그렇다.

한동훈 팬덤은 여러면에서 이전 보수 정치판에서 아니, 한국 전체 정치판을 봐도 유례 없는 현상이다. 내가 그렇게 본 이유 중 첫째로는 '정치'에 본격적으로 데뷔하기도 전부터 팬덤이 생겨났다는 것이며, 둘째로는 팬덤을 주도하고 있는 세력이 박정희 신드롬이나 노무현 신드롬을 계승한 고관여 '정치세력'이 아니라, 비정치적인 계층, 즉 아이돌이나 연예인 팬덤 커뮤니티 같은 곳에서 주도하고 있다는 점이다. 매우 각별한 주목을 요하는 대목이라 할 수 있다.

기존의 정치인 팬덤은 정치고관여층이 대중들에게 '정치적 아이돌'을 스타 마케팅을 통해 상품화함으로서 자신들의 정치적 입지와 기반을 넓히는 프로세스였다면, 한동훈 팬덤은 정치에 관심이 없던 연예인을 좋아하던 여성층들이 자연스럽게 특정한 개인의 스타성이나 대중성을 발굴하고 정치적 고관심층이 되었다는 점에서 분명한 차이가 있다. 이런 점에서 한동훈 팬덤은 정치적 이념에 대한 충성심이 아닌, 개인의 매력에 대한 순도가 강하다는 점을 시사한다.

이같은 관점에서 보면, 한동훈 팬덤은 한동훈의 정치적 스케줄이나 성공 여부와 다른 방식으로 작동해 나간다는 점을 알 수 있다. 이재명 구속영장 기각이라는 적지 않은 '정치적' 타격에도 불구하고 한동훈 팬덤이 흔들리지 않는 것은 이 때문이다. 앞에서도 시사했듯 한동훈 팬덤은 정치적 대의를 위한 결사체라 볼 수 없고 한 인물에 대한 응원과 지지의 성격이 더 강하다. 법무부장관이자 셀럽으로서 인간 한동훈의 매력과 캐릭터가 굳건하기 때문에 이들의 한 장관에 대한 믿음도 흔들리지 않는 것이다.

이재명의 구속영장 기각 후, 한동훈 팬덤의 본진이라 할 수 있는 한 인터넷 커뮤니티에 올라온 글을 한번 살펴 보자. "한동훈, 기각 이후에도 지지율 올라간 이유는"이라는 제목의 글은,

그 이유로 한동훈의 태도가 의연하기 때문이라는 분석을 하고 있다.

"새벽에 기각되고 언론 민좆 날뛰고 한동훈한테 이목 집중됐는데 법무부에 기자 오지 말라고 할 수 도 있는데 의연하게 대처함. 그동안 정치인들 보면 곤란한 상황오면 잠수 타거나 기자들 피하면서 '다음에 합시다'가 늘 봐오던 장면인데 기자들 질문에 의연하게 대처함. 그러니 더 응원하고 싶어지는 거임. 기각 이후에 타격 염불이 안먹힌 이유라고 생각함"

짧은 글이지만, 한동훈 팬덤을 이루는 정서의 요소들이 잘 나타난다고 볼 수 있다. 정치적 감정은 원래 정념과 비슷한 것인데, 정치적 유불리에 따라 말을 바꾸거나 태세전환하지 않는 한동훈의 강직한 태도에 여성들이 정서적 든든함을 느낌과 동시에 지켜주고 싶은 모성애를 느낀다고 볼 수도 있다. 그리고 정도를 걷고 꼼수를 부리지 않는 모습에서 결국은 안티들로 인한 모진 고난을 뚫고 승리할 것이라는 '소년 영웅' 서사까지 공유하고 있다.

하드코어적인 스타일로 아이돌 덕질을 해온 이들이 모인 디시인사이드의 커뮤니티가 '한동훈'이라는 인물이 가지는 '천상천하 유아독존' 캐릭터에 큰 매력을 느끼는 건 우연이 아니다.

2030 젊은 여성층은 물론이고 아이돌이나 연예인을 좋아하는 커뮤니티 이용자 계층 중에는 보수 여성이 소수나마 당연히 존재한다. 그러나 이들은 지금껏 자신들의 정치적 욕구를 대변하거나 투사할 만한 매개체로서의 보수 정치인을 만났던 경험이 없다. 그런데 그들 앞에 자신들이 그동안 동경했던 연예인이나 아이돌보다 매혹적인 스타성에 소년미와 미중년의 매력을 탑재한, 거기에 정치적 성향까지 일치하는 한동훈이 나타난 것이다. 그러니 완벽한 피사체를 발견했다며 환호하는 것이다.

주지의 사실이지만, 팬덤이 확장되려면 결국 해당 스타의 상품성이 경쟁력이 있어야 한다. 흥미로운 점은 본래 각종 연예 분야의 '덕후'들이 집합해 '신상발굴'을 하고 팬덤을 확산시키는 메타 갤러리 성격의 한 인터넷 커뮤니티가 한동훈 등장 이후 자연스럽게 사실상 '한동훈 갤러리'로 변모했다는 사실이다. 이들은 노골적인 '영업질'이나 '홍보'를 혐오하며 철저히 자신의 정체성을 숨기는 '익명성'을 추구해왔다. 이런 갤러리에서 한동훈이 대세 콘텐츠로 자연스럽게 자리잡았다는 건 과연 무엇을 의미하는 것일까?

여기서 짚고 넘어가야 할 점은, 이 인터넷 커뮤니티는 가장 하드코어한 경력을 가진 이들이 모인 커뮤니티로 유명하다는 것이다. 일본에서 유입된 아이돌 팬덤은 기본적으로 '가족 서사', '의리 서사'를 바탕으로 하는데, 아이돌의 완전무결한 "완벽함"

에 끌리기보다는 '내가 키운 아이돌'의 정서에 방점을 두기도 한다. 자발적이면서도 능동적인 팬덤의 근본 동인이 어디에 있는지를 알 수 있는 대목이다. 즉, 아이돌 팬덤이 백마탄 왕자와의 유사 연애를 넘어서, "시작은 미약했으나 창대한 끝"을 목표로 하는, '유사 육아'나 '유사 프로듀싱'의 특성을 띈다는 것이다. TV의 오디션 프로그램이 팬덤을 손쉽게 끌어 모으는 강력한 마케팅 수단인 것도 그래서다. 때문에 BTS의 사례처럼 그룹이 중소규모 소속사의 무명 일때부터 함께해 온 초기 팬덤은 웬만한 시간이 흐르거나 자잘한 '벙크'(부정적인 스캔들을 일컫는 아이돌 팬덤 은어)가 터져도 흔들리지 않으며, 아이돌 시장에 다른 신상품이 출시돼도 좀체 이탈하는 경우가 없다.

"변심하지 않고 의리를 지키며 죽음까지 오래도록 함께 한다"는 정서는 특유의 일본 정서에 기인하는데, 우리나라의 아이돌 덕후 문화도 이같은 일본적 아이돌 문화를 상당부분 흡수한 것이다. 보통 여성 아이돌보다 남성 아이돌의 수명이 더 긴 것도 이 때문이다. 대개 남성 소비자들은 순간적인 오락적 효용을 위해 아이돌 콘텐츠를 소비하는 경향이 농후하기 때문에 신상품, 즉 신규 걸그룹들이 시장에 진입하기가 상대적으로 용이하다. 반면 남성 아이돌의 주류 팬층인 여성들은 '오래도록 변치 않는 헌신의 관계'를 희구하는 성향이 강하기 때문에 신규 남자아이돌 그룹에게는 기득권의 진입장벽이 상당히 존재하는 셈이다.

문제는, 남성 아이돌들이 여성 아이돌들보다 병크, 즉 스캔들이나 리스크가 많다는 점이다. 2세대 대표 아이돌인 동방신기나 빅뱅 같은 그룹만 보더라도 각종 사건 사고에 연루되었던 멤버들이 많고 팬덤도 그에 따라 약화되었다. 1세대 아이돌 HOT와 젝스키스, 2세대 동방신기와 빅뱅, 3세대 엑소와 방탄소년단 등 한국의 아이돌 문화도 이제는 상당한 역사를 축적하게 되었는데, 그 과정에서 십년에서 이십년이라는 적지 않은 시간 동안 아이돌에 대한 '덕후력'을 장착한 여성들은 더더욱 진화된 아이돌을 희구하는 경향을 보이게 되었다. 즉, 능력적으로도 뛰어나지만 인성도 완벽해서 병크 걱정이 없는 완성형 아이돌을 고대하게 된 것이다. 이들은 아이돌이 뽐내는 성적 매력을 소비하면서 동시에 그들을 자신들의 '집단화된 여론'으로 통제하고자 하는 욕구가 강하다. 아이돌 팬덤이 대부분 가수의 소속사와 사이가 좋지 않은 경우가 이 때문이다. 아이돌에 대한 정신적 지분을 놓고 소속사와 팬덤은 견제와 긴장 관계에 놓인다. 한마디로 아이돌의 소속사는 '내 새끼'가 다니는 회사 같은 존재다. 회사의 사세가 크면 대기업에 다니는 자식을 자랑하지만, 그렇지 않은 경우엔 항상 보상과 근로 환경에 대한 불만이 있는 것이다.

한동훈 팬덤 또한 그런 관점에서 이해하면 이들의 정치적 태도와 정서를 이해하는 데 도움이 된다. 여기서 간과하지 말아야 할 것은 한동훈을 아이돌에 대한 팬심으로 좋아하는 이들은 한동훈 개인을 좋아하는 것이지 한동훈이 속한 정치집단이나 의회 세력에 대해서는 선을 긋고 있다는 점이다. 그리고 그들은 늘 배후의 정치 집단이 한동훈 개인에게 도움이 될지 아니면 짐스러운 존재가 될지를 따진다. 한동훈의 2024년 총선 차출론에 대해서도 한동훈 팬덤 내부에서 부정적인 기류가 감지되는 것도 그런 맥락에서 이해할 수 있다.

아이돌이든, 배우든 연예인에 대한 환상을 갖고 '덕질'을 하다가 소위 말해 병크로 '현타'(현실을 자각하고 환상에서 벗어난다는 의미의 은어)가 와서 '손절' 및 '탈덕'을 거치며 덕질에 있어서는 산전수전 공중전까지 거치게 된 게 현재 한동훈 여성 팬덤의 주류이다. 따라서 자기관리가 철저한 모태 모범생 캐릭터인 한동훈이 '병크' 걱정이 없다는 점은 이들에게는 무시할 수 없는 지지 요인이 된다.

또한, 이들은 어떤 아이돌이나 멋진 배우에게서도 찾을 수 없었던 아우라를 한동훈에게서 발견했다며 열광하는데, 한마디로 드마라 주인공이 이런 캐릭터라고 해도 "설정과다"로 비현실적이라는 욕을 먹을 것이라는 주장도 있다. 한 한동훈 팬의 글을 보자.

"공직자로서 보여주는것도 미쳤는데 휴일에 즐기는 취미까지 진짜 넘나 넘나다.

게다가 사복 패션까지 매번 내 상상의 한계를 훌쩍 뛰어넘음

실존인물 맞나 아직도 안 믿김

모든 설정이 초초초과다야.

근데 보여준게 반도 안된다는게 또 미침

한동훈드 넘넘 재밌음

마 이게 대한민국 장관이다 우리나라 좋은 나라"

언뜻 보면 단순한 소녀 감성의 환상적 선망 정도로도 보일 수 있지만, 아이돌 팬덤은 스타의 일거수 일투족을 소비한다는 걸 간과하지 않아야 한다. 즉, 대중이 보는 건 아이돌 가수의 노래와 춤이지만, 팬덤의 동력은 '내가 그 스타의 모든 것을 안다'는 일체감이다. 여기서 중요한 포인트를 짚자면, 인간 한동훈 자체가 한동훈 팬덤의 미디어이자 콘텐츠인 셈이다.

한동훈의 넘사벽 스펙, 소년 급제 및 화려한 검사 경력이 팬덤의 '뽕'을 차오르게 하며 '선민의식'을 구성하며 팬덤의 골조를 형성한다. 동시에 한동훈의 스타성은 '훔쳐보기' 콘텐츠를 '떡밥'으로 제공하며 팬덤의 주요 동력이 되고 있다.

한동훈 팬덤은 완벽해 보이는 한동훈이 정작 길치라는 점, 휴일에 예술의전당에서 음악회를 즐긴다는 점, 아낌없는 팬서비스와 애민정신, 자기관리가 철저한 프로의식, 유시민이나 민주당 등 정적을 비판할 때 쏟아내는 드라마 대사 같은 언변 등에 환호한다. 한동훈이 착용한 안경, 만년필, 다이어리, 스카프, 가방 등은 완판 행진을 한다. 이처럼 이들은 스타가 쓰는 물건이나 컬렉션 등의 취미를 공유하면서 일체감을 충족하는데, 한동훈의 경우, 공부만 잘하는 고리타분한 모범생이 아니라, 뛰어난 패션 감각은 물론 바둑, 피규어 수집, 일렉트릭 기타, 클래식 음악 등 예체능에도 뛰어난 취향과 문화적 안목을 갖춘 것 등이 그 일체감에 이상적으로 부합한다. 예민하고 섬세한 감성과 까다로운 안목을 가진 아이돌 덕후층은 이같은 '과다설정'적 한동훈의 캐릭터가 흥미롭다고 느끼는 것이다. 정치적 효용감 이전에 '가상의 관계'를 통한 정서적 일체감, 대리만족, 훔쳐보기와 공유하기 등의 예능적 요소로 "한동훈 한다"라는 말이 의미하듯, 한동훈을 지지하고 경험을 공유하며 자신의 라이프 스타일의 일부가 된다.

아이돌 팬덤의 문화 중 하나는, 스스로 '드라마 작가'가 되어 써내려가는 가상의 '팬픽' 등으로, 아이돌 팬덤은 문학적 서사에 몰입하는 집단이라고도 할 수 있다. 한동훈이 네 차례나 좌천을 당하고 정권교체 후 스타 장관으로 부활한 뒤 차기 보수의 가장 강력한 후계자로 등장하는 역경, 고난 극복 서사에 몰입한다.

여기서 "내가 한동훈줌(한동훈 지지자의 은어)이 된 이유"라는 제목으로, 커뮤니티에서 회자되는 글을 보자.

"이를테면, 내가 드라마 작가라고 치자 나는 어느날 이런 아이디어를 떠올린다.

대한민국에서 가장 나쁜놈을 잘 잡는 검사가 주인공인 드라마는 어떨까?

남주는 검사 중에서도 독보적인 에이스라서 동료들이 붙여준 별명도 '조선제일검'이다. 이게 이 드라마의 제목이다.

이 드라마의 기본적인 와꾸는 이렇다.

"지나치게 유능한 검사가 권력의 탄압에 맞서 홀로 싸우는 이야기"

그런데 뭔가 이걸로는 성에 차지 않아 추가한다

"남주는 결국 탄압을 이겨내고 법무부장관이 되어 빌런들이 망가뜨린 사법질서를 바로잡아 위기에 빠진 대한민국을 구한다"

… 이제 좀 마음에 든다.

주인공 이름은 간지나게 '한동훈'으로 짓는다.

이제 남주 캐릭터를 만들어보자.

그동안 찌질한 남주에게 실망했던 작가는, 그동안의 분노를 승화시켜 조선제일검 남주의 설정에 모든걸 몰빵해 넣어본다.

- 키는 180전후

- 황금비율 8등신에 두상이 작고 슬림한 체형, 하지만 등빨은 쩔어

야 한다.

- 남성잡지 표지모델 스러운 수트빨과 패션감각을 가지고 있다.

- 술담배는 전혀 하지 않고, 어디서도 눈에 띄는 뽀얀 피부를 가지고 있다.

- 눈동자는 선명한 블랙이고 눈빛이 항상 살아있어야 한다.

- 상당한 동안이지만, 나이에 맞는 중후함도 있어야 한다.

- 목소리는 깨끗한 미성이지만 듣기 좋은 저음도 가지고 있어야 한다.

- 자세가 바르고 손이 예쁘다.

- 꾸준한 운동으로 단련된 신체를 가지고 있다.

- 아이큐가 178인 천재다.

- 애국심이 강하고 범죄로부터 국민을 보호해야한다는 사명을 가지고 있다.

- 20대 초반에 소년급제해서 초임검사 시절에 대기업 총수를 잡아넣었으며 최연소 검사장이자 40대에 이미 경력 20년이 넘은 베테랑이다.

- 아나운서 못지 않게 막힘없는 언변을 가지고 있다 한시간 내내 이야기해도 귀에 쏙쏙 꽂히는 딕션을 자랑한다.

- 어떤 상황에서도 타인의 말을 경청하고 젠틀하게 답변한다.

- 하지만 말싸움은 절대로 지지않는다. 말 한마디로 상대방을 아닥하게 만드는 불주댕이 스킬을 패시브로 보유하고 있다.

- 권위의식이 1도 없으며 수행원이 있어도 차 문은 직접 열고 닫는다.

- 양손을 모두 사용한다.

- 예술분야 전반에 조예가 깊다.

- 미적감각이 있고 취향과 안목이 탁월하다 자신의 취향에 맞는 아이템을 직접 골라 오랫동안 사용한다.

- 독서광이다. 문학과 인문학에 관한 깊이 있는 지식을 가지고 있다.

- 음악적인 재능이 뛰어나다. 대부분의 악기를 다룰줄 알며 그중 플룻 실력은 오케스트라에 참여할 정도로 뛰어나다.

- 락 매니아이며 일렉기타를 다룰 줄 알고 락스피릿에 충만한 젊은 시절을 보냈다.

- 고양이 집사이며 동물과 아이를 사랑한다.

- 고급스러운 유머감각을 가지고 있다.

- 핵인싸이며 대인관계가 좋다.

- 인기가 많으나 정작 본인은 관종끼가 전혀 없다.

- 그냥 출퇴근만 하더라도 하루도 빠짐없이 뉴스에 나온다.

내가 쓰다가 내가 놀란다.

이런 남주 캐릭터가 과연 가능할까 이대로 드라마를 만들면 설정과다라서 현실성이 없다고 욕을 쳐먹을 것이다.

이런 캐릭터는 판타지에도 존재하기 힘들지, 나는 다시 현실로 돌아온다.

… 그 현실에는 한동훈 법무부장관이 있다"

이런 손발이 오그라들다 못해 녹아 없어지고 말 것 같은 느낌의 '찬양모드'를 엄연히 가정이 있는 생활인 남성에게 시전 한다는 것은 일견 의아할 만한 일일 것이다. 그런데 한동훈이 단란한 가정을 이루고 있는 중년 남성이라는 점은 오히려 팬덤의 환상을 자극하는 요소로 작용한다. 앞으로 여성 스캔들이 날 일이 없고 또 배우자감이 맘에 들지 않아 못된 '시어머니' 노릇을 해야 할 필요도 없는 안전한 아이돌이라는 말이다. 예측 가능 범위를 벗어나지 않는 자제력과 자리 관리력의 끝판왕! 거의 아이돌 팬덤의 신세계라 할 만하지 않은가. 특히나 한동훈이 앞으로 여성과 관련된 연애나 결혼 등의 이벤트가 없을 것으로 예상된다는 점 자체가 한동훈의 지위를 역으로 '공공재'로 만드는 요소가 된다. 아이돌이나 배우에 대한 팬덤과 한동훈 팬덤의 차이가 여기서도 드러난다. 팬덤이 가장 싫어하는 것은 팬덤 내 권력 차등이 생겨난다거나, 특정 세력이나 인물이 스타의 관심을 독점하고 안 좋은 구설에 휩싸이는 것인데 한동훈 콘텐츠는 자연스럽게 이런 문제까지 해소하고 있다.

거기에 차기 대권이라는 집단의 공통 목표가 있고 앞으로 써나갈 성장 서사가 있으니 한동훈 팬덤은 단단함이라는 측면에서 현재 활동하는 정치인 중 가장 막강한 팬덤을 가지고 있다고 보는 것이 합리와 상식에 부합할 것이다.

스타와 팬덤은 '욕망의 투사체'라는 면에서 서로 닮게 마련이다. 이런 면에서 한동훈 팬덤은 극성맞은 학부모 팬덤이나 사사건건 간섭하고 시비를 거는 시어머니 팬덤, 극악스럽게 목소리를 높이는 진상 팬덤과는 꽤 다른 모습을 보인다. 한동훈 팬덤은 능력주의와 쿨한 강남성을 기반으로 하기 때문에 팬덤 스스로 지지하는 스타에게 해가 되거나 일반인에게 반감을 살 수 있는 극성은 자제하자는 움직임을 보인다. 다년간의 팬질과 시행착오를 거쳐 얻은 교훈과 노하우들을 궁극의 현실 아이돌, 한동훈 덕질에 가감없이 쏟아붓는 양상이라고 할까.

이처럼 한동훈은 정통적인 지지층에게는 훌륭하게 성장한 든든한 아들의 모습, 주부층이나 여성 팬층에게는 자랑스러운 가장의 모습이 된다. 한동훈의 캐릭터는 반듯한 모범생과의 전형이다. 사실 우리나라 여성들이 가장 좋아하는 남성상이 한동훈 같은 냉온이 적절히 교차하며, 가정적인 면모와 프로의식과 승부근성을 탑재해 능력과 노력으로 입신양명한 인재라고 할 수 있다.

큰 인기를 끌었던 〈응답하라〉 시리즈를 보면 서사를 관통하는 한국 여성의 보편적 욕망이 잘 묘사돼 있다. 아이돌을 좋아하고 철없는 덕질을 하는 왈패 여주인공은 결국은 자신과는 달리, 의젓하고 성숙하며, 의사, 판사, 바둑기사, 군인 등으로 사회적으로 인정받는 전문직업을 가진, 동네에서 알아주는 수재나 천재형의 남성과 결혼한다. 이들은 성실하고 순정적이다. 여자라고는 부인밖에 모르며 집과 일터만 왔다 갔다 하는, 배신을 하지 않는 안심할 수 있는 남자이다.

여기에 바로 대입할 수 있는 인물이 바로 한동훈이 아닐까. 뛰어난 학업 성취, 안정적 직업, 문란하지 않고 단정한 사생활 관리 능력, 가정적인 성향 등에 대한 한국 여성들의 판타지가 반영된 것을 한동훈의 팬덤의 부정할 수 없는 특징으로 봐야 한다.

개인적인 에피소드를 덧붙이자면, 내가 한동훈에 대해 관심을 갖게 된 것은 조국 수사로 윤석열이 정국의 핵으로 부상하던 2019년 10월 즈음이었다. 국정감사장에서, 백혜련 의원이 한동훈 검사를 질책한 것이 방송으로 생중계 됐는데, 백혜련은 한동훈 검사와 송경호 3차장, 중앙지검 부장검사들이 카톡방을 운영하면서 조국 수사를 모의했다고 지적했다. 박주민 민주당 의원은 그 카톡방 이름이 JK 이고, 이는 '조국'임을 알 수 있다고 말했다. 대검이 '조국 수사'를 위해서 그 카톡방을 만들었다고 지적한 것이다. 백혜련의 질의에 대해 한동훈 검사는 수사에 필요한 정보를 주고 받았다고 답변했다. 백혜련은 그 카톡방이 언론에 보도된 이후에, 한동훈 검사가 그 카톡방을 없앴는데, 그 삭제 이유가 뭐냐고 따져 물었다. 누가 보더라도 트집잡기 식의 억지 공세였다.

나는 국회의원의 이와 같은 억지에 차분하고 쿨하게 대처하면서도, 웬지 모를 내면의 당당함과 강직함이 느껴지는 검사 한동훈의 '격'과 '태'를 인상 깊게 보았다. 보통 검사들이나 공무원들은 어딘지 모르게 위축되거나 순응적인 매너를 보이는데 한동훈의 대처는 안정감이 있으면서도 그 안정감 자체가 공세를 퍼붓는 의원을 초라하게 만드는 듯한 위엄이 있었기 때문이었다.

당시 한동훈 검사는 카톡방에서 불법적인 일을 한 것이 아니기 때문에, 왜 문제를 삼느냐는 식으로 답변했는데 그 딕션과 매너가 나에게 인상적이었던 것은, 한동훈의 비주얼이나 말투 자체가 조국 사태에서 익히 봤던 검사출신 정치인들과 사뭇 달라 보였기 때문이기도 하다. 검사라기보다는 엘리트 직장인 같은 느낌이었달까. 매우 세련되고 쿨한, 그러면서도 당당한 답변 태도는 나 뿐만 아니라 비슷한 연배의 여성들에게도 어필됐던 모양이다. 한동훈 팬덤 커뮤니티에서도 그때부터 한동훈을 눈여고 보고 챙겨봤다는 사람들이 제법 많은 것을 보면 말이다.

요란하게 눈에 띄는 미남 스타일이기보다는 단정하고 깔끔한 호감가는 인상인 것도 특이할만 했다. 당시 한동훈은 윤석열 사단이 주목 받으면서 윤석열의 오른팔처럼 언론에 회자되고 있었는데, 나는 알 수 없는 호기심에 한동훈을 검색해 보면서, 정통 8학군 출신에 최고 학부와 엘리트 경력을 쌓아온 그의 이력에 굉장히 놀라웠던 기억이 있다. 보통 검사라고 하면 가난한 집안에 태어나 이를 악물고 공부해 출세한 그런 짠내나는 캐릭터들이 익숙한데 한동훈은 전에 본 적 없는 '레알' 강남스러움과 도시적 세련됨을 장착한 신세대 검사형이었기 때문이었다.

그 당시에도 나는 한동훈이 정치를 한다면 굉장한 파급력이 있을 것이고 전례없는 희소한 캐릭터가 될 것이라고 생각했는데, 결국 지난했던 정권 교체 과정을 거쳐 스타 법무부장관으로 컴백해 한동훈 신드롬의 주인공이 되었다.

아이돌 덕후 문화에서는 '입덕' 즉, 그 스타를 본격적으로 지지하고 덕질하기 시작한 계기를 기념하는 문화가 있는데 많은 "한동훈줌" 들 중 2019년 당시 백혜련이 한동훈을 질책하면서 "장관님"으로 호칭을 잘 못한 것을 상기하며, 이미 한동훈 장관을 예언한 '짤'이라며 인터넷 밈이 회자되기도 했다. 그들은 그때부터 한동훈을 주목한 자신들의 안목을 칭찬한다며 대단한 자부심을 공유하고 있다.

그 후 한동훈은 유시민과의 본격적인 대치 국면을 만들며 언론의 카메라 앞에 설 때마다 드라마 대사급 명언들을 쏟아내며 화려한 스포트라이트를 받았고, 지금 야당 대표인 이재명과의 정치적 대결에서도 수세에 몰린 듯하면서도 당당하고 의연하고 꼿꼿한 자태를 잃지 않으면서 팬덤과 '생사고락'을 함께 하는 서사를 쌓아가는 중이라고 할 수 있겠다.

여기서 우리가 팬덤을 일종의 셀럽과 대중의 유사 연애 같은 것으로 볼 수 있다면, 범인의 연애가 그러하듯 팬덤도 여러가지 양태가 있고 리스크가 있다는 걸 인정해야 한다. 풋풋한 첫사랑, 열렬한 사랑, 희생적 사랑, 동반자적 사랑 등등 그러다가 광기가 휩싸이면 미저리 같은 치정극으로도 가기도 하는 게 팬덤이다.

조국이나 이재명의 팬덤은 '연민과 분노'에 기대는 누군가 싫어서 자신의 비루함과 짜증, 그리고 자기 연민 등을 투사한 팬덤으로 보인다. 한동훈 팬덤의 근간이 자부심과 능력, 미래에 대한 희망인 것과는 상이한 부분이다. 한동훈 팬덤은 '그 사람이 좋아서', '그 사람이 사랑스러워서,' '그 사람이 긍적적 변화를 일으켜서'와 같은 강력한 자기 확신과 행복감, 자존감에 바탕한 팬덤이지 단순한 현실 도피적 팬덤이 아닌 것으로 보이는데, 이는 분명 한동훈의 정치적 자산이다.

물론 팬덤 정치의 극단을 보여주었던 박근혜-문재인 정권을 거치면서 중도층 등 일부 대중들 사이에 팬덤 정치에 대한 피로감이 큰 것도 사실이다. 정치인에 대한 팬덤 형성은 우리나라뿐만 아니라 세계 여러 나라의 오랜 문화인 듯하지만, 근래의 우리 정치를 돌아볼 때 특정 정치인에 대한 팬덤 형성이 상당히 우려스러운 부분이 있음을 인정해야 한다. 보스에 대한 절대적 충성심이나 열렬한 팬심이 정치적 동력이 될 때 내부적 자정 기능이 마비된다는 점도 있다. 현재 집권 여당은 대통령 말 한 마디에 국정이 좌우된다는 일각의 비판을 새겨들을 필요가 있으며, 민주당은 비명계 솎아내기에 열을 올리고 있는 상황에 대한 반감에 직면해 있다.

이와 같은 맥락에서, 언론이 한동훈 장관의 팬덤 형성을 굳이 띄워주는 것에 대해 반감을 갖는 보수 내 일부 식자들의 의견도 귀기울일 필요가 있다. 윤석열과 이재명이라는 진영의 수장들의 대결 정치에 한동훈의 팬덤 정치까지 더해진다면 과연 이같은 현상이 한국 정치에 플러스가 되는 발전적 요소라고 할 수 있겠나 하는 문제 제기이기 때문이다. 결국 한동훈 팬덤 현상이 한낱 "속 빈 마케팅"이 되지 않도록 하는 요소는 결국에 한동훈의 결기와 의지, 그리고 정치적 능력에 달려 있다 할 것이다.

팬덤은 정치적 대중성과 확장성을 향하는 하나의 씨앗일 뿐이며 성공적인 정치인을 만드는 것은 결국 정치인 자체가 가지는 시대정신의 구현 능력, 내구성과 통찰력, 실력인 것이다. 팬덤에 기대는 정치가 정치의 전부는 아니지만 현대 정치, 미디어 정치에서 팬덤은 정치적 성공을 위한 '필요조건'이 됐음을 간과할 수 없는 것이 사실이다. 점차 정치적 고관여층이 줄어드는 현실 정치의 환경에서 '팬덤'의 영향력은 오히려 필수적이라고 할 수 있다. 정치인의 성공은 이 팬덤을 어떻게 사용하고 관리할 수 있느냐는 것에 달려 있다고도 볼 수 있다. 잘 쓰면 약이지만 잘 못 쓰면 독이 되기도 하기 때문이다.

기본적으로 팬덤은 굉장히 '규범적'인 성격을 갖고 있어 현대 여론 정치 지형에서 강력한 '상비군'으로 작동할 수 있다. 강력한 지지층은 가장 큰 정치적 '영업사원'이다. 그래서 영업사원 개개인의 능력치가 중요하다고 볼 때, 한동훈 지지층의 데모그래픽

Demographic, 사이코그래픽Psychographic이 굉장히 중요하다고 볼 수 있다. 중산층, 전문직, MZ, 여성, 세련되고 쿨한 그들의 문화적 정서적 배경과 특성 등이 모두 화학적으로 결합돼, '한동훈'이라는 정치 상품의 캐릭터와 품격, 퍼스널리티를 만들어 낸다. 누군가를 순수하게 지지하고 성공을 위한 동반자가 되고자 한다는 팬덤의 선한 그리고 긍정적인 영향력이 확산된다면, 한동훈 팬덤은 한동훈의 절대 우군이 될 것이다.

다시 말하지만, 트렌드를 주도하는 '젊은 세대,' '여성층,' '오피니언 리더' 계층에서 한동훈을 긍정적으로 보는 것은 트렌드가 형성되고, 팬덤이 확장되는 데 절대적 영향을 끼치며, 더 중요한 건 그 파급력이 그 절대적 '숫자'보다 훨씬 클 거라는 점이다.

이런 측면에서 정치평론가 박동원이나 오진영 등 오피니언 리더 집단들의 분석을 주목해 볼 필요가 있다. 이들은 한동훈의 '반듯함'과 '귀티'를 타 정치인과 차별화되는 핵심 가치라고 분석한다.

정치평론가 박동원은 민주당이 괜히 한동훈을 건드려주는 바람에 한동훈이 대권 주자급으로 부상했다고 진단한다. 정치의 혼란과 극단적인 양극화상황, 거기다가 이재명이 사법적으로 위태로운 모습을 보이자, 한동훈의 '반듯함'과 '안정감'이 더욱 돋보이게 됐다는 것이다. 그는 "민주당의 한동훈에 대한 비판은 그를 4년 후의 대권 주자로 만들 가능성이 있다"며 외부의 공세가 지지팬덤을 결집하게 하는 동력이 될 것이라고 진단하고 있다. 특히 한동훈과 관련된 유튜브 영상들이 수백만 조회수를 기록하면서 일반 대중에게까지 큰 인기를 끌고 있는 점에 주목한다.

이같은 측면에서 한동훈은 윤석열과 정치적 파트너 관계를 통해 주목 받는 듯 보이지만, 윤과는 완전히 또다른 캐릭터 영역을 구축했다는 것을 알 수 있다. 윤석열이 과감한 결단력으로 정국을 휘어잡았다면, 한동훈은 역으로 올곧은 예측 가능성과 안정감을 매력으로 어필하는 캐릭터라는 데 변별력이 있다는 것이다.

그럼에도 민주당은 '한동훈 스토킹을 멈추지 않고 계속된 공격과 저주를 퍼붓고 있다. 최근 현근택이 한동훈이 예술의전당 음악회를 갈때 모자를 쓰고 갔어야 했다면서 한동훈 자체를 극도로 경계하는 발언을 했다. 과거 조응천 의원은 한동훈이 장관 후보자 시절 너무 "패셔너블하고 당당해서"라고 불쾌하다고 평하기도 했다. "5년 후 어나더 윤석열"이 될 것 같아서 짜증난다는 것이다.

오진영 작가는 한동훈은 그 어떤 정치인에게서도 보지 못했던 '귀티'가 난다며 팬덤 현상의 근원적 요소로 분석한다. 오진영 작가는 노무현, 문재인 등 팬덤 정치로 성장한 민주당이 한동훈 팬덤의 실체를 꿰뚫어 보고 본능적인 공포를 느끼는 것이라고 분석한다.

과연, 많은 이들의 예상대로 한동훈은 장관 취임 이후로 더욱 강력한 팬덤을 구축하게 됐다.

오진영은 박완서의 소설 〈티타임의 모녀〉에서 특정 대목이 한동훈이 보유한 '귀티'와 연결된다며 문학적인 분석을 하기도 했는데, 고급스러운 패션 감각과 유창한 영어로, 90년대 오렌지족 세대의 대표적인 엘리트를 형상화한다는 것. 또 "이 같은 '귀티'는 70~80년대에 성장한 이명박, 노무현, 문재인과 같은 정치 엘리트들, 심지어 윤석열에서도 찾아보기 힘든 새로운 매력이다. 이러한 매력을 가진 정치인이 중심이 되어 형성되는 팬덤은 대중정치에서 강력한 위력을 발휘한다"고 분석했다. 나도 이 의견에 상당부분 동의한다.

결론적으로 계파정치와 팬덤정치를 거쳐온 한국 정치 지형은 이제 '능력주의'와 '실용주의'의 트렌드로 전환되는 시기라고 봐야 한다. 그런데 능력주의의 끝판왕 격인 한동훈이 귀족적 매력으로 단단한 팬덤을 형성하고 있다는 것은 그의 정치적 스펙트럼이 다양하다는 것을 의미한다. 동시에 팬덤 자체에 매몰되지 않을 만한 탄탄한 기본기를 갖춘 엘리트 관료의 정체성은 한동훈의 정치적 내구성을 가늠하게 하는 한 요소이기도 하다.

윤석열 정부가 왼쪽으로 기울어진 운동장에서 보수의 기틀을 다지며 한동훈을 성공적으로 대권 주자로 출격시킬 수 있다면, 한국 정치는 보스정치와 팬덤정치의 해악을 극복하고 새로운 '엘리트 관료시대'를 상징할 한동훈 시대를 열어갈 수 있지 않을까 조심스레 전망해 본다.

CHAPTER 2

마지막 586, 윤석열:
극좌 적폐청산의 소명과 과업

시대에 뒤처진 '유림보수'의 몰락

나름대로 '정치덕후'로서의 개인적인 과거 여정을 돌아보자면 나는 대선·경선 후보 모두 포함하여 김대중-노무현-이명박-안희정을 지지했었다. 김대중, 노무현, 안희정을 지지했던 건 이들이 정치적 주류라기보다는 도전자, 언더독이나 풍운아에 가까웠고, 그런 존재들에게 더 끌리는 나의 개인적 성향이 상당부분 반영됐던 게 주된 이유였다.

박근혜 대통령 탄핵이라는 전대미문의 사건을 계기로 다시 정치에 관심을 갖게 된 나는, 안희정의 중도지향적, 화합적 스탠스에 깊이 공감했다. 그러나 그가 소위 '문빠'들에게 찍혀서 민주당 대선 경선에서 낙마하는 것을 보면서 절망감까지 느꼈다. 박근혜 대통령의 탄핵으로 반쪽이 난 대한민국 그리고, 몰락한 보수의 주검이 그득하고 적폐몰이로 줄줄이 오랏줄에 손이 묶인 부역자들에게 홍위병들이 침을 뱉고 공개 재판을 하는, 마치 공산주의 체제나 전체주의에서나 일어날 법한 참혹한 문화혁명, 왕조시대의 사화 같은 것이 생중계되는 느낌이었달까. 그래서 나는 한동안 뉴스를 보지 않았다.

사실, 난 박근혜 정권의 지지자는 아니었다. 그러나 김대중이 말했던 '정치적 화해'의 정신이 실종되고 극단적인 이념과 김어준 식의 사이비 팬덤이 장악한 민주당에 대한 반감이 박근혜 정권에 대한 나의 비호감도보다 훨씬 컸다고 할 것이다. 지금 내가 박근혜 정권에게 갖고 있는 마음은 일종의 연민에 가깝다고 하는 게 정확할 것이다.

말하자면, 그들은 시대의 흐름을 쫓아가지 못한 구시대적 유림들이었고 그래서 버림받은 것이다. 박근혜 청와대에서 일하다가 적폐 수사로 만신창이가 된 지인들이 몇 분있다. 순진한 공직자 마인드를 가진 분들이다. 박근혜 정부는 너무 "올드했고 이념적 정파적 순수성에만 갇힌 듯 보였다"고 내가 논평을 하자, "박근혜 청와대에서는 몸가짐을 조심해야 했다. 핸드폰도 못 쓸 정도였고 사람도 만나지 못했다. 그래서 세상이 어떻게 돌아가는지 전혀 파악도 못하고 구중궁궐에 갇힌 정권이 돼 버렸다"고 후회하는 것이었다. 10여년 간의 유학시절 동안 한국을 방문하지 않았던 한 지인은 미국에서 시국성명하고 난리가 나서 나라가 망한 줄 알았는데, 탄핵 직후 한국을 찾았을 때 사람들은 부유하게 살고 있고 여유까지 있고 달라진 건 아무것도 없더라면서 놀라워 하던 게 기억난다.

여기서 이명박 이야길 잠시 하면, 이명박 또한 정치권의 아웃사이더로서 비주류에 가까웠고, 보수 진영의 공주처럼 비춰지던 박근혜에 비해 아웃사이더 느낌이 났던 것이 사실이다. 이명박은 워낙 능력이나 지지도에서 좌파 후보였던 정동영에 비해 넘사벽의 스펙과 사이즈를 보여줬기에 내가 열렬하게 지지해야 할 감정적 몰입의 공간이 적었던 정치인이었다. 용의주도해 보이고 머리가 좋아 보이는 이성형 지도자이기 때문에 지켜주고 싶은 마음이 들었던 언더독형 지도자들과 달리 가장 미약한 팬덤을 가지고 있었고 추후 정치적 입지나 인기도 매우 약했던 게 아닌가 싶다.

정치방관자들의 정치세포를 다시 일깨운 조국사태와 윤석열의 등장

2019년 여름의 나는 문재인 정권이 들어선 후 그리고 안희정의 정치적 몰락 이후, 정치에 대한 관심을 완전 끊은 상태였고 혐오감에 짓눌려 있던 시기였다. 문재인이 북한과 평화쇼를 하면서 지지율이 80퍼센트까지 올라갔는데 "거짓평화쇼"라고 냉철한 비판을 하는 홍준표 같은 이는 극우 할배 꼰대로 취급 받았다. 그랬던 홍준표가 2022년 대선경선에서는 조국을 옹호하고 윤석열을 비판하면서 오히려 좌파진영에 호감형 정치인이 된 것도 참 아이러니한 일이지만 말이다.

어느 정도 정치적 촉이라는게 발달한 편인 나는 김정은도 조국도 문재인도 처음부터 신뢰하지 않았다. 김대중 정권의 햇볕정책은 공과에 대한 논란에도 불구하고 그 시대적 요청에 대해서는 공감하는 편이지만, 명백히 북한은 정상국가가 아니며 문재인 정권이 국내 정치용으로 평화쇼를 하는 건 위험하다고 보았다. 두 말 할 필요도 없이 나의 예감은 현실에서 그대로 나타났다. 문재인 정권이 김정은과 벌인 이벤트는 비유를 하자면 신용도 바닥인 기업에 불량 채권을 잔뜩 사고 자신의 명운을 올인한 거나 마찬가지였으니. 문재인 정권의 성과와 지지율은 결국 '김정은 하기 나름'이 됐고, 처칠의 말대로 "호랑이 아가리에 머리를 쳐 박고서는 평화롭게 지내자고 하는 것"과 다를 바 없는 상황으로 내몰린 것이다.

조국이 인기가 한창 좋았을 때도 나의 '감'은 발동하여서 딱 몇 마디 말하는 것이나 좌파 진영 쪽에 열심히 봉사하고 다니는 꼬락서니가 '스타일 입진보'라는 생각에 너무 역겹기까지 했다. 조국에 대해서 서울대생들의 냉엄한 평가를 참고하면, 실력없고 열등감 덩어리라 학계에서도 학생들에게도 무시받는 교수가 자신의 취약한 자존감과 위축감을 저런 식의 '정치질'로 해소하는 게 아닌가 의심이 들었던 것이다. 사실 당시 조국에 대해 그닥 관심이 없어 깊이 있게 잘 알지는 못했다. 그런데 나는 일단 자기 자신을 굉장히 도덕적인 양 치켜세우고 진영논리에만 빠져 상대를 악마화하거나 적대시하는 류의 단순무식한 이분법과 선민의식에 빠져 있는 사람을 극도로 경계하는 성향이 있다. 때문에 또래 여성들이 조국의 외모나 말투에 호감을 보이고 열광할 때 나는 인상만으로도 그에게 경계심이 들었고 나의 이 같은 감은 결과적으로 정확했다. 추후에 들어난 "조만대장경" 트위터를 보고 나조차도 놀랄 정도였다. 이 정도로 형편없는 위선자였다니! 문재인 정권 내내 쇼질과 거짓 평화쇼로 점철된 뉴스를 볼 맛이 나지 않았고 한동안 나는 '정치적 비활성화' 상태로 연구와 강의에만 집중하고 있었다.

그러다가 그 사건이 터졌다. 시작은 모두들 다 까먹었겠지만 사실은 조국의 딸 조민의 의대 논문 1저자가 터진게 시발점이었다. 논문 쓰는 게 생업인 나는 조국의 딸이 의대 논문 1저자가 됐다는 사실에 분노했다. SCI급 논문 하나 쓰려면 얼마나 많은 시간과 노력이 들어가는데! 그런데 정작 많은 대학교수들이 조국 사건을 대수롭지 않게 치부하는 걸 보면서 '대학 사회의 양심이 아주 썩었구나, 조국처럼 뒤틀린 가치관을 가진 586들이 너무 많구나'라는 걸 깨달으며 한동안 자괴감과 우울증에 시달릴 정도였다.

사실 논문 사건 자체도 큰 일이었지만 그건 빙산의 일각에 불과했다, 조국의 뻔하디 뻔한 뻔뻔한 거짓말은 고구마 줄기처럼 뻗어나왔고 지금은 아무도 논문 사건에 대해 얘기하지 않게 됐다. 표창장, 인턴 위조 증명서, 장학금 허위 수령, 특히 정경심이 조교의 임금까지 빼돌려 자신들의 주머니에 넣었다는 사실은 나를 분노케 했다.

정유라의 승마 특기자 비리는 사실 과거에 흔히 봐왔던 예체능계의 비리라면, 의전원 입시까지 조작해 멍청한 아이를 부모의 마사지질로 의사까지 만들 수 있음을 보여준 조국 사건은 한창 유행하던 드라마인 〈SKY 캐슬〉보다 더 충격적인 현실이였다. 그래도 엘리트 학력주의를 공정한 성공의 발판이라고 자부하던 한국 사회의 가치관을 무너뜨리는 아주 위협적인 사건이기도 했다.

그 당시 나는 처음으로 익명으로 운영하던 블로그에 윤석열에 대한 글을 썼다.

그 글을 다시 소환해 보면 그 당시 내가 보았던 윤석열이 4년의 시간 동안 보여준 윤석열과 다르지 않구나 싶다. 처음엔 적폐 수사를 하며 문재인 좌파 정권에 부역한 그럭 저럭 많은 정치검사들 중 하나로 여겨졌던 윤석열이 조국 압수수색을 계기로 완전히 달리 보였다. 나는 직감했다. "난 놈"이 등장했다는 걸.

이게 그때 썼던 블로그 글이다.

"이제 이 드라마의 주인공이 확 바뀌었다. 〈SKY 캐슬〉 16부쯤 끝나고 〈굿와이프〉 정도로 새 시즌 시작된 거 같다.

주인공은 윤석열! 너무 흥미로운 인물이다."

일단 이 부분이 눈에 띈다.

"국정원 대선개입 사건 이후 특별수사팀장에서 좌천되어 평검사로 근무하던 시절 수많은 로펌에서 제의가 왔으나 모두 거절하면서 까마득한 후배들 밑에서 평검사로 업무를 계속 했다. 후배들과 함께 일하는 것도 곤욕이지만 후배들 밑에서 근무하는 것은 더 어려운 것이 당연한데도, 윤석열 지검장을 아는 사람들, 이를테면 연수원 동기인 강용석은 당시 썰전에서 "윤석열은 그런 상황이라고 본인이 검사직을 포기하고 나갈 사람이 아니다"라며 "검사에 대한 사명감을 지니고 있는 사람이기 때문에 정년까지 할 것"이라고 말했다.

대체적으로 윤석열은 조국과 달리, 검사집단의 인정도 받고 있고, 단순히 정치적 좌파 검사로만 볼 수 없는 만만찮은 인물이라는 점은 확실한 듯.

근데 딱 봐서 헨리 8세 닮았고 또 안철수 느낌도 나는데 공대생 또는 이과생 느낌인데 엄청 강단있고 강직하다. 우직하다 한마디로.

조국 같은 이가 상대할 수 있는 인물급이 아닌데?라는 생각이 든다.

대기업들 좌우 가리지 않고 김대중 노무현 때부터 권력 실세 다 잡아 넣어봤고 권력의 흥망성쇠 다 지켜봤고. 이 사람 성격 단적으로 드러나는 부분이 양정철이 꼬셔도 정치권에 나가지 않았다는 것 -운동권 애들이랑 몸 섞지 않았다는 것! 그리고 대형 로펌 갔을때 적성 안 맞아 때려친 것도 재밌다. 의뢰자한테 막 그렇게 살지 말라고 호통을 쳤다니. 정말 순수한 검사질 아닌가? 설사 돈은 못 벌고 후배들이랑 짬짜미를 해도 "나는 검사다"라는 완고함이 뼛속까지 박힌 인물이라는 거다.

잔재주보다는 우직함. 윤석열은 강골 원칙 주의자라서 카드로 한 사람이 계산한 뒤, 나머지 사람들이 현금 '뿜빠이'하는 것도 카드깡이라고 싫어한다는데 - 이런 모범생 원칙주의자 성격은 안철수와 비슷한 것 같다. - 그런데 또 차가워 보이는 공대생 안철수와 달리, 가슴도 넓은 사람 같다. - 고시가 늦게 되서 고시생들의 큰 형님, 백수형 같은 사람이라 검찰 내에서도 신망이 좋았다고 하고, 사실 승진이 막히고 좌천이 됐는데도 꿋꿋이 검찰을 지키는 사람, 자기 자존심보다 조직을 더 사랑하고 애착하는 사람.

이거 영화에서나 보던 주인공 캐릭터 아닌가!

국정원 수사 때 과잉 수사로 압수수색 당한 검사가 수치심에 자살했고 그 일을 떠올리며 눈물을 보이는 마음 여린 윤석열.

자살한 변창훈 검사는 사적으로 너무 가까운 후배였다고 한다. 자신이 기습 압수수색해서 구속한 후배가 수치심에 자살했다면… 변창훈 검사 어머니의 고함이 참 애처롭다. 애지중지 고이 키워 검사가 된 아들인데 그것도 불명예스러운 치욕을 안고 자살했다면… 그게 내 일이라면 난 정신 나갈 거 같다. 적폐수사하면서 그런 한들이 많이 쌓였다. 그리고 사람들은 이제 적폐라는 말만 들어도 알레르기 날 정도의 피로감이 누적되고 있다.

사람에 충성하지 않는다.

똘아이 검사 윤석열은 과연 시야가 좁고 꽉 막힌 검찰우선주의자일까?

지금 그의 정치적 의도를 놓고 짜고치는 고스톱이네 혹은 당청을 무시한 돌발행위네 배신이네 말이 많은데 그건 바로 이 인물이 정파적으로 행동하지 않았기에 속내를 모르겠다는 의미.

난 이런 인물이 꼭 우리 사회에 필요하다고 생각한다.

이번 수사를 통해 국민들이 납득할 상식적인 결과를 내 놓는다면 윤석열은 본인이 원하는 대로 검찰 조직도 지키고 국민의 신뢰도 얻고 무엇보다 정치 권력으로부터 독립적인 '시스템' 즉, 검찰 조직의 위상을 지켜낼 진짜 검사가 될 수 있을 것이다.

지금은 어떤 정치적 해석을 제쳐두고, 지금까지 성역없이 칼을 들이대온, 그것이 노무현이든 이명박이든 박근혜이든, 오랫동안 쉽지 않았을 그 많았던 포기 혹은 유혹의 순간들에도 불구하고 검찰이라는 조직을 떠나지 않고 자기 자리를 지켜온 한 강골 검사의 원칙 그리고 수사에 대해 응원을 보내야 할 때다.

지금 그가 쌓아올린 그 신뢰라는 게 단순히 정권에 대한 영합이나 혹은 출세 길만을 좇는 얄팍한 잔수로만 이뤄낸게 아니기 때문이다.

윤석열을 임명한 문재인은 지금 어떤 심정일까? 문재인의 인사는 잘된 인사였을까?

사람에 충성하지 않는다는 윤석열은 베테랑 검사이고 검사들은 누구보다 인간의 탐욕적 욕망 내로남불 표리부동을 제대로 꿰고 있는 사람이다. 그는 황교안과도 트러블을 일으킬 정도로 윗 사람의 말이라고 무조건 따르는 검사가 아니다. 자기만의 윤리 잣대가 되게 분명하고 청문회에서도 큰 소리 땅땅 칠 정도로 자기 주관이 확실한 사람이다.

윤석열의 특징은 검찰의 정치적 중립성이었다. 그가 정치에 발을 담그지 않고 일에만 몰두한 건, 자유로운 영혼으로 살고 싶어서였을 거 같다. 정치권에서 진보들의 영웅이 될 기회도 있었는데, 그런데도 발 안 담갔고, 일 때문에 결혼도 늦게 했다면 대단한 사람이다.

조국 같은 인간이 검찰을 개혁하겠다고? 사석에서 윤석열이 문재인 정권은 망할 것이라고 했다고?

처음 윤석열을 보고 느낀 것은 신재민이었다. 그리고 만약 신재민이 더 힘을 내고, 윤석열처럼 베테랑 관료가 되었다면, 정치에 휘둘리지 않게 관료 조직을 지켜냈을 것 같다.

지금은 윤석열이 주인공이 됐고, 보수와 진보를 뛰어넘어 중도의 국민들로부터 신뢰를 얻을지, 아니면 양쪽에서 모두 버림받을지, 정말로 흥미진진한 시간이 시작됐다.

윤석열은 다양한 면에서 매력적인 인물이다." -2019/08/28

딱 4년전 쓴 글인데 특별히 지금 나의 윤석열에 대한 평가와 다른 것은 없는 거 같다. 달라진 것이 있다면, 이제 윤석열에 대한 어떤 역사적 기대랄까? 더 큰 정치적 역할을 기대할 만큼 윤석열이라는 인물이 정치적인 고난을 통해 엄청나게 성장했다는 것이다. 대한민국의 국운을 좌우할 만한 거물이 된 것이다.

그간 윤석열은 추미애 장관과 맞서며 검찰을 지키다 정치에 입문했고 홍준표·유승민·이준석 등 당내 기득권들의 극심한 견제를 돌파하며 정치초보로서 단숨에 보수야당의 대통령 후보로 선출됐으며, 180석 거대여당의 이재명 후보에게 0.7%차의 신승을 거두며 20대 대통령으로 등극했다. 보수의 부활과 재건과 국가 정상화, 혹은 보수의 야생마와 좌파 기득권의 내전, 그렇게 대한민국은 윤석열 시대라는 전환기를 맞았다.

윤석열,
노무현인가 박정희인가

윤석열을 말과 행동이 좀 '깨는' 정치적으로 미숙한 인물로 보는 시각이 많지만, 나의 분석은 그것들과는 아주 다르다. 그리고 이런 나의 시각을 공유하는 전문가들도 조금씩 보이기 시작한다.

조선일보 칼럼니스트이기도 한 오진영 작가는 "나는 윤석열 대통령이 제2의 박정희가 될 거라고 봅니다. 인권탄압과 민주주의 억압을 뺀 박정희. 지금까진 확신이 없었는데요. 이번 강제징용 피해배상 해결책 내놓은 거 보고 확실히 믿게 됐어요. 박정희가 그랬듯이 윤통이 이 나라를 다시 한번 일으킬 겁니다"라고 말했다. 호남의 보수 운동가인 주동식씨도 윤석열은 보수에서 엄청난 입지를 가진 영웅이 될 것이라고 짐작하는 글을 쓰기도 했다.

윤석열은 평소 노무현을 존경한다고 하고 또 여러 면에서 비슷한 면모도 보이는데 그래서 일부지만 좌파 진영에서 윤석열 지지자로 전향한 경우도 있다. 한편, 페이스북에서 반이재명 친문 논객으로 유명한 김찬식도 윤석열이 노무현과 비슷한 점이 많다며, 민주당 김용민 의원 등이 대통령 탄핵을 운운하는 가운데서도 다음과 같이 다소 우호적인 평가를 내리기도 한다.

"윤석열 대통령이 많은 비판을 받는 주된 이유는 대통령의 태도에 있다고 말할 수 있다. 걸음걸이, 말투, 화내기 쉬운 성격 등이 '대통령 답지 못하다'는 레이블을 붙이게 한다. 이 부분은 참여정부 시절의 노무현 대통령과 비슷한 측면을 가지고 있다고 볼 수 있다."고 말한다. 또 그는 "환갑을 지난 대통령에게 근본적인 태도 변화를 요구하는 것은 무리라고 볼 수 있다"며 대통령이 추구하는 정책 방향성은 긍정적이라며 미국과 일본에 얻을 것은 얻고 있고 경제도 꽤 선방하고 있다고 평한다. 국가의 성공이 중요한 상황에서는 대통령을 끌어내리려는 노력보다는 더 좋은 후보를 내서 경쟁해야 한다는 지극히 상식적인 말이다.

좌파 진영에서는 주로 윤석열이라는 인물 자체를 구악 검사처럼 악마화하는 동시에 '정치초보' 등의 무능 프레임을 내세우지만, 실제 정치전문가들은 윤석열의 정치적 승부수나 집요함이 강력하기에 두렵다는 시각을 내비친다. 오마이뉴스 또한 윤석열의 정치력을 상당히 위협적으로 봐야 한다는 기사를 내보기도 한다.

오마이뉴스 강동호는 "민주당 진영에서는 윤 대통령을 너무 가볍게 보는 경향이 있다"며 "윤 대통령은 정치적으로 아마추어이고 선무당이 칼춤 추듯 하지만, 자신의 정치적 욕망과 목표에는 대단히 충실하고 집요한 편이다"라고 평한다. 즉, 그는 검찰총장 사퇴 후 '국민의힘'으로 들어가 빠르게 당을 접수하고 정계입문 9개월 만에 대통령이 됐으며, 청와대 용산 이전, 이준석 문제 정리 및 김기현 당대표 선출 등 자신의 정치적 목표를 이루어나가는 승부사적 기질을 간과해서는 안 된다는 것이다. 한겨레 성한용 기자는 윤석열을 악마화하면서 차라리 이명박이나 박근혜 시절이 그립다고 했다. 이명박은 겁이 많은 사람이었지만, 윤석열은 두려움이 없다는 것이다. 이런 윤석열의 강력한 이미지는 적에게는 공포를, 아군에게는 열광을 끌어내는 요소이다. 사실, 좌파 진영이 함부로 공격하기에는 윤석열이 두 전직 보수 대통령보다 만만치 않다는 고백으로 들리기도 한다.

그렇다면 윤석열은 과연 어떤 인물일까? 정치적으로 만만치 않은 뚝심과 승부사적 기질을 가진 사람은 틀림없다. 나는 개인적으로 마동석의 몸짓처럼 군더더기 없는 치명적 공격성을 가지면서도 동시에 허허실실 둥글둥글한 여유와 배짱을 가진 듯한 윤석열의 인간미와 리더십에 강하게 매료되었다.

윤석열의 징기스칸식 실리적 용병술

다음은 징기스칸의 리더십에 대한 분석을 요약한 내용인데 나는 상당부분 윤 대통령과 흡사한 점을 느꼈다.

- 가문 부족 같은 간판이나 명성보다 내가 얻은 인재를 믿는다.
- 단 한 번도 부하에게 배신 당한 적이 없다.
- 충성심을 강요하지 않고 철저한 신상필벌과 give and take
- 오히려 그런 공평무사함으로 부하들의 자발적 신뢰와 충성심 얻음.
- 기본의 제도 법통 귀족들의 겉치레를 파괴하기 때문에 바바리안이라고 혐오받음.

윤석열은 확실히 실용적이고 대중지향적 정치를 한다는 강점이 있어 보인다. 여의도 귀족 '나으리'들이 윤석열을 폄훼하는 이유가 이와 비슷하다. 윤석열의 리더십이 나는 되게 새롭다는 것이 기존에 리더십이라고 하면 3김시대, 대의를 위해 주군에 충성하는 그런 전근대적 리더십이었기 때문이다. 그런데 그 결과 한국 정치가 어떻게 됐는지는 우리가 모두는 아는 바대로다.

김대중, 김영삼, 김종필은 후계자를 만들지 못했다. "그냥 짐이 곧 국가다"인 것처럼 절대적 권위를 가진 리더 한 사람이 정치적 명분이자 정치적 승리 그 자체였기 때문에 다른 조직원이나 수하들의 정치적 미래는 개나 주고 그냥 오로지 유일한 보스의 정치적 생존과 승리를 위한 도구로 소모시킨 것이다. 대한민국 정치가 미래 인재를 길러내는 지속가능한 '시스템'을 갖추지 못하고 당장의 '대권' 쟁탈만 난무하게 되는 '떳다방식' 취약한 구조를 가지게 된 것은 역설적으로 '대권 쟁탈 게임'을 통해 민주화라는 업적을 남긴 삼김시대의 그늘이라고 보여진다.

그러나 윤석열의 리더십은 쌍무적인 계약 관계, 즉 'give and take'가 확실한 원칙에 기반한 신뢰를 바탕으로 한다. 따라서 그를 따르는 사람들은 윤석열과의 연대가 자신의 정치적 미래에 도움이 될 것이라고 확신하며 충성한다. 윤석열로부터 배신을 당하는 일은 없을 걸로 보고 있다는 것이다. 정치에서 믿음이 얼마나 중요한지는 아무리 강조해도 지나침이 없다.

그러나 윤석열은 아마도 지금 당장 인기가 높은 대통령은 되지 못할 것이다. 그는 좌파 적폐를 전투적으로 청소하고 국가 기강을 세워야 하는 매우 궂은 당면 과제를 떠안고 있기 때문이다. 그러나 이후에는 보수층이 영토를 계속 확장하고 더 많은 자원을 확보할 수 있을 것이다.

특히 최근 윤석열 정권에서 보신주의에 빠진 관료들이 전투적인 모습을 보인 건 아주 특이하다. 윤석열의 급발진하는 듯한 이념의 강조에 중도층이나 반대 진영은 뉴라이트에 포획됐다며 거부감을 드러내지만, 기존 보수층이나 윤석열 정부 지지층, 혹은 민주당에 환멸을 느낀 국민들에게 윤석열은 "눈치보지 않고 할 말은 하는 정상적 보수"를 이끌어내는 사람이다. 기존에는 좌파들이랑 싸우는게 전광훈 류의 아스팔트 보수밖에 없었는데 말이다.

한덕수, 한동훈, 박민식, 원희룡, 오세훈까지. 이들은 원래 이념적 성향이 강한 정치인들이 아니었다. 좋게 말해 합리적으로 보이고 나쁘게 말하자면 좌파적 이념에 한때 공감하는 듯 하거나 그런 정부와 친했던 사람이었으나 최근엔 헌법적 가치인 자유민주주의와 반공에 대해 더욱 확고하고 선명한 스탠스를 취하고 있다고 봐야 한다.

예전 같으면 좋은 게 좋다는 식으로 좌파들과 적당히 친한 척 잘 지냈을 중도적 이미지 추구했을 인사들이 꼴통 꼰대 극우 소리 듣던 홍준표 보다 더 좌파들과 잘 맞서 싸우는 전투모드를 보이고 있으니 정통 보수 지지자들 입장에서는 상전벽해라는 생각이 드는 것이다. 지지층에게는 눈치 보지 않고 대한민국의 주적관을 든든히 하고, 자유 시장 경제 체제의 근간을 뒤흔드려는 반정부 반헌법 세력의 눈치를 보지 않으니 든든할 수밖에 없다. 국가의 대통령으로서 여러 이념적 스펙트럼을 아우르고 통합적인 행보를 취하려면 일단 정치적 생존이 보장돼야 한다. 지금은 의회, 사법이 모두 좌파 우위의 상황이니 윤석열 정부는 일단 지지층을 확고하게 다지는 생존 전략이 선행돼야 하는 상황인 것이다.

광주의 정율성 공원 논란, 백선엽 장군에 대한 재평가 등의 국면에서 박민식 장관의 변화도 눈에 두드러진다. 그는 원래 부산에서 민주당 전재수 의원과 친밀한 모습을 보이던 중도적이고 합리적인 스타일의 정치인이었다. 박 장관은 윤이 처음 정치를 할 때부터 만났던 인사로 알려 졌는데, 대중적으로 인상이 좋고 스펙도 좋은 정치인이다. 윤의 취향이 굉장히 대중적 취향에 맞춰져 있음을 알 수 있다. 전광훈이나 황교안 같은 인물이 아니라 깔끔한 엘리트 정치인이 "인민군을 인민군이라고 하는 게 왜 색깔론이냐"고 좌파들의 눈치를 보느라 하지 못했던 상식적인 말을 한다. 그러니 더 보수가 열광하는 것이다.

이처럼 원희룡이나 박민식, 한덕수 총리까지 야당과 대치하는 즉시전력으로 만드는 윤석열의 리더십은 가히 삼김시대 이후,

최고라 할만하다. 이준석을 퇴출시키고 전당대회를 통해 당권을 빠르게 장악한 윤의 조직장악력에는 진영을 떠나 이견이 없을 것 같다.

윤석열은 자기 주변 인사들, 자기가 도움 받았던 사람들을 살뜰히 잘 챙기기로도 유명하다. 그런데 윤석열은 친소관계를 떠나 능력이 좋은 사람들을 자신이 직접 영입해서 상비군으로 키워내는 리더십도 갖춘 것 같다. 즉, 패밀리십에만 의존하지 않는 실용적 거래에 기반한 동업자 의식이 있다는 것이다.

윤석열이 중용하는 인물들의 면면을 보자. 한동훈, 이원석, 이복현 같은 인물들은 개인적으로 윤 대통령과 친소관계가 있는 인물들이라기 보다는, 뛰어난 수사 실력으로 검찰 내의 신망을 얻어온 인재중의 인재들이다. 또 윤석열은 대선 당시 자신의 유튜브 방송에서 "나는 후배들에게 잘 대해주는 선배라고 생각했는데 정작 후배들은 내가 '은근히 경쟁을 유도한다'고들 하더라"고 했다. 사적으로는 푸근하고 인정 많은 사람 좋은 상사이고 잔소리나 마이크로 매니지먼트를 하지는 않지만, 일적으로는 최고의 아웃풋을 끌어내기 위해 조직원 스스로 동기부여를 하도록 하는, 소위 말해 "똑똑한데 게으른 상사" 유형에 가깝다고 할 수 있을 것이다.

그런 면에서 더더욱 윤에게 믿음이 간다고나 할까. 권위주의 체제가 해체된 요즘 같은 시대에 맞는 리더십이다.

이같은 윤석열의 실용적이고 상호적이며 개방적인 리더십 스타일은 광활한 초원에서 생존을 위한 전쟁을 벌였던 징기스칸의 그것과도 상당히 유사하다. 내가 그렇게 보려고 해서 그렇게 보이는 건지는 모르지만 신기하게도 징기스칸의 초상도 윤과 상당히 닮아 있다.

징기스칸은 일생에 걸쳐 가문이나 부족보다는 스스로 찾은 '인재'를 더 믿는 경향이 있었다고 한다. 징기스칸은 어릴 적 아버지의 죽음으로 몰락한 귀족 가문 출신이었다. 그러나 어려서부터 같은 귀족 혈통을 공유한 친척들은 그를 여러 번 배신하고, 가까운 동생 카사르마저 반란에 가까운 움직임을 보였다.

그러나 혈연과 무관하게 맺어진 관계들은 오히려 더욱 견고했다고 한다. 그는 부하들에게 'Give & Take' 이상의 충성을 요구한 적이 없으며, 이로 인해 절대적인 충성을 얻었다. 그의 한 부하가 남긴 기록에 따르면, '그가 물을 가리키면 물에 뛰어들고 불을 가리키면 불에 뛰어들었다'고 했다.

당시 몽골 군주 중에서 징기스칸만이 'Give & Take' 원칙을 따랐다고 한다. 심지어 '전황이 불리하면 도망쳐라'는 군율까지 있을 정도로 실용적인 리더십 방식을 취했다. 결과적으로 그의 부하 중에서는 배신자가 단 한 명도 없었으며, 그들의 의욕은 당연하게도 높았다. 징기스칸 자신도 이 원칙을 철저히 지켰으며, 먼저 요구하지 않은 신하의 행동이라도 충성을 보이면 반드시 그에 상응하는 보상을 주었다. 좋은 혈통을 가지고 있음에도 불구하고 한 번의 몰락을 겪고 혈연으로 연결된 사람들에게 배신당한 후에는, 그는 핏줄에 의존하는 귀족을 무시했다.

징기스칸은 납치당한 아내를 일년 만에 구하고 찾았을 때, 아내가 임신한 아이가 자신의 핏줄이 아니라는 것을 알았지만, 그 아이를 아들로 인정하고 받아들였다. 그러면서 정치적 논란의 씨앗이 되지 않도록 미연에 방지했다. 그의 아들은 정통성 논란에 휘둘리긴 했지만, 징기스칸에게는 충성했다. 징기스칸이 사망한 후에도 그의 후손들은 영토를 계속 확장했다.

보수의 진지를 구축한 최초의 보수 대통령

정치적 계파가 없었기에 능력에 따른 'Give & Take' 방식의 용인술을 구사하는 윤은 그러나 보수 진영을 강고한 이념으로 하나로 묶어내는 시도들을 하고 있다. 그렇다면 윤석열은 문재인이 그랬던 것처럼 이념이라는 잣대를 들어서 국민들을 갈라치기 하는 것일까? 새는 좌우의 날개로 날아야 한다. 그런데 윤석열은 현재 우리나라의 정치 상황을 이렇게 진단한다. 함께 앞으로 가겠다는 "합의"가 있어야 좌우로 날 수 있는데 뒤로 가겠다고 퇴행한다면 협치할 수 없다는 것. 즉 과거의 출신이나 정치적 계파는 중요치 않지만, 향후의 목표의식과 지향점이 같아야 한 배를 탈 수 있다는 말이다.

사실 삼김시대 이후 기존의 보수 대통령 중, 아니 박정희 시대

이후로 이렇게 강력한 진지를 구축한 보수 대통령은 없었다. 이적생이나 다름없는, 귀순 용사나 다름없는 윤이, 보수의 이념을 말한다. 이명박도 박근혜도 하지 못했던 것이다. 이명박은 애초부터 탈이념적 인물이고 박근혜도 독재자의 딸이라는 이념성을 탈색하기 위해 온화한 이미지와 중도 친화적 정책으로 평화 자애로운 이미지로 브랜딩한 사람이다. 먹고 살기 바쁘고 좌파들 눈치 보느라 바빴던 보수가 이랬던 적이 있나? 리더에게 주목하고 결집하고 우리의 가치와 이념과 논리가 맞다고 철저하게 무장하는 현상 말이다.

윤석열에게 일부 인사들이 박정희 이후 걸출한 보수 대통령을 기대하는 건 아마 윤이 폐허가 되다시피한 보수지지층의 외연을 넓히고 정치적 효능감과 이념적 정립을 동시에 하고 있기 때문일 것으로 보인다.

윤이 여기 저기 전선을 치고 십자포화가 터지는 가운데, 가끔은 탈영병도 나오고 아군 오인 사격도 나오고 그럴 거다. 그러나, 이런 고통의 과정이 없다면 국정운영세력으로서의 보수는 이념적으로 취약하고 정체성의 혼란을 겪게 될 게 뻔하다. 즉, 작금의 이념적 내전 상황은 윤석열 정권에게는 당장의 위기로 보이지만, 장기적으로는 더 강력한 보수의 진지를 구축하는 결과로 이어질 거라고 보는 거다.

예컨대, 해전에서만 강하던 영국이 강력한 육군을 상비하게 된 것은 아이러니하게도 크롬웰이 일으킨 청교도 혁명과 내전 덕분이었다. 그 시절 영국은 '내전'을 거치며 강력한 육군을 갖게 됐다. 섬나라라 육지에서 전투를 치를 일이 없었던 영국군은 자기들끼리 치고 박고 죽이는 치열한 전투를 거치면서 오히려 더 강력한 현대적 육군을 갖게 된 것이다. 공화정이 폐지되고 왕정이 복고된 일련의 내전을 거치며 영국은 더 강력해진 육군에 기존 최강 해군까지 겸비해 빅토리아 여왕 시대 해가 지지 않는 대영제국을 만들게 된 것이다.

윤은 지난 경선과 대선을 통해 치열한 보수 내의 '내전'을 거쳤다. 그리고 보수내의 강력한 리더십을 세워 철학적 이념적으로 나약한 보수의 체질 개선을 하고 보수의 전투력 증강을 하고 있는 것으로 보인다. 무사안일 보신주의에 빠진 관료들, 기득권에 취해 선을 모르고 날뛰는 스피커들, 그리고 자기 살길만 찾던 보수 정치인에 대해 별다른 기대가 없었던 보수 지지층에까지 도파민을 팍팍 주입시키고 있다. 지금 보수의 입장에서는 진지를 구축하고 군사 훈련을 하는 상황인 거다. 왜냐면 군대가 정비되어야 밖에 나가 이기는 전투를 할 수 있으니까.

아무튼 지금 큰 구조 개혁을 고통스럽게 겪어 내고 나면 연말부터는 총선을 향해 기조 전환이 가능한 정치적 환경이 마련될 것이다. 삭감된 예산은 취약 계층이나 국가 경쟁력을 위한 청년과 기업 지원 등에 핀셋 지원될 것을 기대한다. 국가라는 배가

원활한 항해를 하기 위해서는 결국 배의 추진 동력 장치가 강력해야 한다. 즉 강력한 리더십이 국가 발전의 전제 조건이라는 것이다. 그리고 일단 윤석열 정권이 향후 대한민국의 운명을 키를 쥐고 항해할 선장이라면 지금 윤은 취약한 보수 진영을 더욱 강력하게 단련해 리더십을 확보하는 것이 맞다. 그래야 배에 승선한 모든 사람을 위한 정책도 펼 수 있는 것이다. 윤은 때때로 거칠고 급발진하는 성격이지만, 그런 디테일이 섬세하지 못해도 일머리가 좋은 사람이라는 것은 확실해 보인다.

고수와 하수의 차이, 윤석열 "워너비"들이 윤석열이 되지 못하는 이유

윤석열 정부 들어 류삼영 총경과 박정훈 대령이 정부와 대립하는 듯한 행동을 해서 좌우진영으로부터 거센 옹호와 비판을 받았다. 과연 이들이 경찰 버전 윤석열이나 해병대 버전 윤석열이 될 것인가? 아니면 그저 해프닝성 이슈에 편승한 '갑툭튀'한 인물들로 그칠까. 추측이지만, 내 눈에는, 이 사람들의 패턴이 보이는 것 같다.

평소 점잖고 허점 없이 공직 생활을 해왔다. => 처음에는 나름의 정의감에 소신껏 곤조 좀 부려봤다. => 정치꾼들이 달라붙어서 우쭈쭈해 주었다. => 평생 여자를 모르다가 갑자기 코인 대박이 나서 버닝썬에 가서 만수르 세트를 시켜보니 딴 세상이 펼쳐지고 뽕을 맞은 순진한 공대생 모드가 되었다.

즉, 성실하게 좋은 평판으로 살던 일반인이 정치뽕에 면역성이 없이 노출돼 갑자기 벼락스타, 깜짝 스타로 띄워졌다. 에라 모르겠다, 막 자기답지 않게 더 설쳐대고 무리를 하게 되었다. 안 그래도 정권이랑 척을 져서 불안한데, 그런 싸구려 관심이라도 붙잡지 않으면 자기가 버려질 것 같아 완전히 선을 넘고 설치게 되는 것은 아닌지 우려가 된다.

이런 깜짝 벼락 스타들의 말로는 무엇일까? 보통 그냥 예능프로 같은 데 나와서 병풍 좀 치다가 어느새 사라진다. '5-mins fame(단기간에 불과한 미디어의 관심)'을 위해 자기 커리어를 거는 무모한 결정인 셈이다.

윤석열과 이들의 차이점은 뭘까? 그건 무게감과 용의주도함일 것이다. 과거의 삶에 흠집이 없다고 해서 모두가 싸움에 이길 정도로 강한 것은 아니다. 언더독이 주류와 싸울 때는 주류 세력보다 더 민첩한 순발력과 치밀함, 전투력을 요구한다.

상대와 싸울 때 헛발질을 하면 안 되고 효율적인 타격을 가해야 한다. 당장의 화력보다는 참을성과 절제력이 중요시된다. 마동석이 주접스럽게 싸우나? 동작이 깔끔하고 힘이 있다. 윤석열이 추미애랑 맞서서 싸울 때 윤석열은 문재인을 건드리지 않았다. 철저히 추미애에 집중하고 여론을 통해 문재인의 입장과 선택을 교란시켰다. 윤석열이 여기 저기 언론에 나와서 문재인을 격노케 했던 적이 있었나. 근본없는 동네 양아치 건달처럼 쪼잔하고 저렴한 언행을 보인 적이 있었나?

그런데 지금 박정훈 해병대 수사단장의 행동은 어떠한가? 애초에 박정훈 단장의 행동에는 대의가 분명하고 정의감이 넘쳤을 것이라고 믿는다. 그런데 어떻게든 대통령을 이 사안에 끌고 들어가려는 일부 좌편향 시민단체의 언론플레이에 본인의 명예가 함께 엮여들어가는 것은 아닌지 고민해 보시길 바란다. 확실하게 '대통령'을 건드려서 엮을 수 있는 물증이 없다면 대통령을 선불리 직접 공격하는 것은 현명한 처사가 아닐것이다. 만약 그렇다면, 이미 스스로 위험한 싸움에 올인한 격이다.

상대가 흥분하여 헛발질 할때 약점을 잡아서 터트려야 임팩트가 커진다. 윤석열은 추미애에게 맞서는 동안 자신의 명분을 지키기 위해 선을 넘는 행동을 하지 않았다. 웅크리고 참으며 가장 정치적 효과가 큰 일격을 준비했던 것이다. 가처분 소송 승리라던가, 검수완박을 '부패완판'이라고 한 마디 하면서 딱 사표를 던진 게 바로 그것이다. 강약 조절이 되니까 묵직한 임팩트가 있는 것이다.

그러나 그들은 어떻게 행동하고 있는가. 외모를 꾸며서 주목을 받으려는 건지 모르겠지만, 아줌마 파마를 하고 나와서 이미지 메이킹을 한다. 녹취록 폭로라고 하여 대단한 내용이 들어있나 싶었는데, 결국에 나온 건 상사에 대한 고자질성 담화를 녹음해 놓은 수준에 불과했다. 그런 일련의 행위들이 일반적인 국민들에게 '뻔한 싸구려 정치적 호객행위'로 비춰진다면 이들이 애초에 가졌던 대의적 명분이 훼손될 가능성이 클 것이다.

애초에 정치적으로 정부 여당과 맞설 의지가 크지 않았던 비정파적 인물들이 좌파들과 좌파 유튜버들의 흥미성 보도에 부화뇌동하여 즉흥적인 호승심과 소영웅심에 휘둘린 건 아닐지 의심스럽다. 일테면, 길거리 캐스팅으로 운이 좋게 SM 같은 데 캐스팅됐더라도, 데뷔하려면 몇 년간 지옥 같은 트레이닝을 거쳐야 한다. 윤석열은 이미 애초부터 정치적으로 단련된 몸이다. 댓글 수사부터 좌천, 영전을 거치면서 산전수전을 거친 연습생이 SM에서 하이브로 이적한 것과 같은 것이다. 느닷없이 어느 순간 '민주당 엔터'의 꼬드김에 넘어가, 단기속성 헤메코(헤어-메이컵-코디)로 나온 깜짝 스타들하고는 급이 다르다. 스스로 공직자로서의 본분과 책임감에 더 집중하고 정치적 오해를 받지 않기 위해 주의한다면 더 큰 대중들의 지지를 받을 것이다.

나는 박정훈 수사단장의 애초의 문제 제기가 근거가 없다고 생각하지 않는다. 스스로의 정치적 이득을 위해 외압을 가한자가 있다면 마땅히 진상을 밝히고 사법처리를 하면 될 일일 것이다. 그러나 의혹을 정치적으로 확대재생산하여 대통령에게 흠집을 내려는 일부 정치 세력과 시민단체의 정치적 플레이에 어느 누구라도 순진하게 이용당하는 일은 없길 바랄 뿐이다.

리더십이란 스킨십, 배신을 당하지 않는 윤

리더십이란 결국 인간적 소통에 기반한 스킨십 아닐까 싶다. 완전무결한 인간이란 없다. 리더에게 맞는 사람과 아닌 사람, 그리고 시대가 필요로 하는 리더와 아닌 리더가 있을 뿐이다. 내가 특히 주의해서 보는 점은 윤석열의 인간적 리더십과 스킨십이다. 윤석열은 대체로 같이 일해보거나 지내본 사람들의 평이 좋다. 심지어 지방 근무 시절 하숙집 주인까지 잘 챙겼고 그 주인분들이 대통령 선거 당시 "너무 좋은 사람"이라고 추켜주는 미담까지 나왔으니. 함께 일해본 사람들이 인간적으로 좋아하고 따르고 좋아한다는 건 아주 중요한 리더의 덕목이다. 결국 리더십도 인간적인 소통과 매력에 기반하기 때문이다.

지금껏 숱한 정치적 고비를 넘겨온 윤에게 측근이 돌아서 비열한 위선자라고 폭로한 적이 있는가? 측근이라던 유동규부터 말단 법카 심부름을 하던 공무원까지, 온갖 더러운 폭로가 쏟아져 나오는 이재명과 확실히 다른 부분이다. 이재명은 윤석열과는 달리 사람들을 만나는 것도, 술자리를 하는 것도 달가워하지 않으며 과묵한 성격으로 알려져있다. 성장과정 속에서 뭔가 자신의 출신에 대해 자격지심을 갖고 위축된 사람들은 자기 자신을 진정으로 사랑하지 못하고 타인에게 사랑을 주지도 못하는 경향이 생기기 마련이다. 그는 사람들을 도구적 관점에서 보고 진심을 다해 대하지 않는 것 같다. 고 김문기씨를 하위직급이라 애써 몰랐다고 하지 않나 유동규씨도 자기 측근이 아니라고 노골적인 꼬리자르기를 하는 것을 보면 말이다. 유동규 씨의 폭로에 따르면, 고 이용마 MBC 기자의 사망 후에 그의 와이프에게 취직을 시켜주려고 자신에게 지시했다고 한다. 그건 바로 "억지 미담"을 만들려는 시도였다는 것이다. 이용마 씨 부인이 고상한 인격을 가진 분이라, 그마저도 실패했다지만 말이다.

반면, 윤석열이 검사 시절에 얼마나 정이 많고 사람들을 챙겼는지 특히 검찰청의 환경미화하시는 여사님들까지 살뜰하게 대했다는 미담이 많았고 그런 소소한 미담들이 쌓여 윤의 대권 가도에 큰 도움이 된 것이 사실이다. 윤이 문재인 적폐 수사로 승승장구하며 검찰 내 세력이 만들어졌을 때도 검찰 내에 반윤파도 많았다고 한다. 그런데 정작 추미애 장관과 맞서자 윤편으로 돌아선 검사들이 더 많았다고 한다. 평소 인간성이 나쁘면 정권과 맞서고 고립될 때 폭로가 나오게 마련이다.

성공할 리더인지, 그렇지 않은지는 그의 부하들을 보면 안다. 얼마나 좋은 사람들을 가려서 뽑을 수 있는지, 그리고 발탁된 이들이 리더를 얼마나 존경하고 신뢰하는지가 중요하다. 박근혜는 자신의 사람들을 못 지켜 좌파에게 휘둘렸다. 여론이 나쁘면 장관을 경질했다. 친박은 진실된 충성심 존경심이 아니라, 박근혜를 정치 아이돌로 이용만 했을 뿐이고 그래서 그 집단은 내부적으로 일찌감치 붕괴된 것이다.

윤석열의 인간미는 넉넉한 낙천성에서 나오는 것 같기도 하다. 사시 9수를 해도 낙천적이었고 친구들 술자리며 결혼식 함잽이까지 다 챙겼다는 일화들은 유복하고 화목한 가정에서 좋은 교육과 사랑을 많이 받고 자라난 사람 특유의 '안정감'을 나타내는 것 같다. 술 좋아하고 사람 좋아하는 사람, 먹는 거 좋아하는 사람을 미워할 수 없는 한국적 정서도 무시할 수 없다. 시장통을 다니면서 유세를 하던 윤의 시장 먹방을 보면서 뭔지 모르게 힐링되는 느낌을 받았다는 사람들이 많은 것을 보면 말이다.

어떤 이들은 윤석열 특유의 낙천성과 먹성을 윤의 정치적 인내의 원천으로 분석한다. 윤 같은 사람은 추미애든 이준석이든 이재명이든 아무리 상대가 열심히 약올리고 멘탈을 부수려고 용을 써도 즉각 반응하기보단 일단 참고 맛있는 밥 한끼, 계란말이 국방 한 번이면 세상만사 다 살 만해지고 괜찮아지는 사람이라는 것이다. 민주당과 좌파진영은 후쿠시마 오염수 방류를 둘러싼 친일 공세로 굉장히 거친 혐오의 말들을 연일 쏟아내고 있다. 그러나 시장 가서 회 먹방, 우럭탕 한 그릇 국물까지 다 비우는 대통령의 모습이 사실 국민들을 더 심리적으로 안심시키는 가장 효과적인 메시지와 선동 전술이 아닐까 싶다. 그냥 평소 하던 대로 잘먹고 잘자고 자기 할 일에만 집중하면서 아무렇지도 않게 낙천적 웃음을 짓는 상대에게는 싸움 건 쪽만 얄궂게 기운이 빠진다는 얘기다.

윤석열의 완급조절과 허허실실, 디테일을 갖춘 능청의 미학

어떤 사람들은 윤석열이 급발진을 하고 있다고 생각하기 쉬운데, 내가 보기에는 그렇지만도 않다. 윤의 타고난 성정이 투박하고 과한 면이 있는 것도 같지만, 상당히 너구리 같은 능청이 있기에 지지층에게 사랑받는 것이다. 정율성 공원에 대한 논란에 편승해 윤이 급발진 한 것 아니냐는 여론과 중도층의 비판이 나왔던 홍범도 건도 자세히 보면 그렇다. 윤은 슬쩍 건드리고 훅 빠질 줄 안다. "처음엔 뭥미? 왜 저래?" 그랬다가도 기본적인 논리와 자기만의 명분이 확실하니까 지지층도 결국 이해를 하게 되는 것이다. 윤의 논리에 스며든다고 할까? 나를 포함해, 꽤 많은 중도 보수적 인물들이 처음엔 왜 지금 굳이 홍범도 건을 건드리냐 타이밍이 아쉽다고 느꼈지만 흉상 철거도 아니고 '이전'이라면 육사

자체적으로 고려해 봄직한 사항인 것은 맞다는 생각이다. 또, 홍범도를 낙인 찍는 게 아니라, 육사에서 독립기념관으로 '이전'하는 것이다. 게다가 공산당 전력이니 자유시 참변이니 하는 역사적 사실은 기존에 잘 알려지지 않은 것이었다. 즉, 나같이 역사에 대해 잘 몰랐던 중도보수층이 윤의 드라이브대로 어떤 사안에 대해 '생각'하게 되고 무언가를 '학습'하며 태도 변화를 일으키게 되는 것이다.

나는 정치인의 허장성세나 태세전환은 현실 정치에 있어 꼭 필요한 정치적 기술이라고 생각한다. 그런 면에서, 윤은 상대방의 헛스윙을 유도하는 전략을 잘 짜는 것처럼 보인다. 추미애와 맞설 때부터 그랬다. 윤이 아픈 곳을 살짝 건드리며 진격하면, 좌파들은 폭격을 맞은 듯 너무 오버리액션을 한다. 오염수 처리 문제에 있어서도 윤은 그냥 가만히 있었을 뿐인데, 나라 망하는 것처럼 난리법석, 오버리액션을 한다. 그래서 상대적으로 가식적이고 짜고 치는 고스톱처럼 뻔한 쇼잉을 하지 않는 윤이 더 '상식적'으로 보이는 것이다.

아울러 윤석열이 가지고 있는 빼놓을 수 없는 장점은 요리 만드는 걸 즐기는 디테일한 감수성과 센스다. 보통 꼰대를 면치 못하는 구태 정치인들은 가부장적 사고에 젖어 있고 군대식 위계질서에 익숙해 시대 트렌드를 못 따라 간다. 솔직히 윤석열 세대 남자들, 특히 유복한 가정의 엘리트들의 경우 집안에서 애지중지 대우를 받으며 부엌에는 얼씬도 안 하고 살아온 사람들이 대다수다. 윤석열은 야구와 같은 팀 스포츠를 즐기는 승부사적 리더십과 동시에 요리라는, 즉 다양한 재료의 조합을 통해 누구나 즐길 수 있는 '맛'의 감수성을 아는 사람이라는 것이다. 프로젝트 완수 능력이나 조합 능력 즉 디테일한 부분에 있어서도 예리하다는 것이 강점이다.

그래서 정치 초보 윤석열을 이준석이나 이재명 부류가 절대 이기지 못한다는 거다. 왜냐? 윤석열은 국가와 국민을 향해 '통치'를 하지만 그들은 윤만 보고 '정치'를 하기 때문이다. 허장성세로 상대를 빡치게 한 뒤 허허실실로 헛스윙을 유도하는 윤의 강온전략과 완급조절에 저들은 판판히 당할 수밖에 없다. 권력자는 능구렁이처럼 패를 들키지 않아야 하는 법이고 때로는 변덕스러울 줄도 알아야 한다. 정치 입문 후 지금까지 우파에서 좌파식의 문법으로 동지의식과 열광을 이끌어낸 윤의 공로는 적지 않다. 우파도 굳건한 진지 구축을 할 줄 아는 리더를 얻은 것이다. 그런 면에서 윤석열을 마키아벨리즘의 화신과도 같다고 해도 큰 무리는 없을 것이다.

윤석열의 선동열식 심리전

나는 해태타이거즈 선동열 선수의 광팬이었다. 그 때문인지 야구를 좋아하는 윤석열의 비주얼이나 정치 스타일이 선동열과 유사하다고 느꼈다. 둘 다 덩치가 좋고 힘이 좋고 유연하다. 몸에 지방이 많아서 부상이 덜한 케이스다. 힘을 빼고 상대를 요리하는 것이다. 선동열이 잘하는 것은 심리전이었다. 선동열 자서전에 보면 당대의 홈런타자 A선수가 가장 상대하기 쉬웠다고 한다. A선수는 항상 선동열을 상대로 "내가 홈런 한방을 먹이고 코를 납작하게 해줘야지"하며 잔뜩 힘이 들어갔다고 한다. 그래서 선동열로선 상대의 심리를 역이용해 요리하는 게 식은 죽 먹기였다는 것이다.

선동열은 A타자를 상대할 때 터무니 없이 바깥쪽으로 공을 보내고 어깨에 힘이 잔뜩 들어간 타자의 파울볼을 유도했다. 투아웃카운트 상황에서 결정구는 가운데로 쭉 가다가 바깥으로 휘어지는 선동열의 마성의 슬라이더다. 이번에는 안 속는다 하면서 기다리고 있던 A선수는 어김없이 헛스윙으로 삼진을 먹기 일쑤였다고. 선동열은 "대선배에게 미안한 말이지만 패가 뻔한 A선수는 너무 쉬운 껌" 같은 존재였다고 회고했다.

지금 윤석열에게 각을 세우고 있는 인물들의 면면, 즉 이재명과 민주당 강성 의원들, 이준석 등은 A선수처럼 윤석열을 내가 손 봐주겠다며 어깨에 힘이 잔뜩 들어가 있는 것 같다. 사건이 터질 때마다 이번에야 말로 때가 왔구나 싶은 거다. 내가 홈런을 칠 차례구나 하면서. 국민들 80퍼센트가 오염수 반대라고? 오호라, 이제야 직구가 오는구나, 홈런 대박을 노리는 거다. 근데 정작 오는 건 바깥쪽으로 휘어지는 슬라이더다. 어김없이 헛스윙. 그러다가 어깨 탈골되어 선수 생명까지 제 손으로 끝날 판이다.

선동열이 이렇게 심리전을 능수능란하게 할 수 있었던 것은 구속 150Km을 넘는 묵직한 패스트볼을 던질 수 있었기 때문이다. 선동열은 투수가 정면승부해야 할 타이밍에 직구를 꽂지 못하면 그 어떤 심리전도 유인구도 먹히지 않는다고 말한다. 윤은 사법체계와 사정에 가장 능통한 대한민국 최고 전문가다. 그리고 깨끗하게 자기를 관리하며 살아왔다. 그래서 유인구를 팍팍 던질 수 있는 것이다. '날리면 바이든' 사태부터 이태원 참사, 후쿠시마 오염수 문제에 24시간 정부 비난에만 열을 올리는 노영 방송들까지, 지지율이 10퍼센트 대로 떨어져야 정상인데, 30퍼센트의 탄탄한 지지층이 무너지지 않으니, 윤석열의 적들의 마음은 타들어갈 것이다. 아마 윤석열이 '용용 죽겠지?' 하면서 자신들을 농락하는 것 같은 불쾌감으로 인해 오버액션은 더 커지고 자살골을 넣는 횟수도 빈번해지는 것 아닐까.

“이에는 이, 눈에는 눈”
귀순용사 윤석열의 투지와 뚝심

윤석열이 그릇이 크다고 느낀 건 그가 처음 정치를 할 때 여러 사람을 찾아다닌 행보를 보면서다. 또 이준석과의 갈등 국면에서도 자존심을 죽이고 시민들에게 머리 숙여 지하철 인사를 하고 공개된 자리에서 철모르고 무례한 에프엠코리아 커뮤니티식 정치를 하는 청년들에게 대놓고 비판당하는 수모를 당하면서도 꾹 참는 모습도 보았다. 자신을 길들이고 손 봐주려고 하는 조중동이나 종편 등 보수 언론과의 관계를 먼저 우호적으로 정립하고 아군으로 만들었다. 원희룡을 만나서는 “내가 아니라 당신 같은 사람이 대통령이 돼야 하는데…”라는 말을 했다고 한다. 대선 후 외교 행사에서 안철수를 “대선에서 가장 큰 공을 세운 사람”이라고 치켜세워주기도 했다. 이러한 일화들로 미루어 볼 때, 윤석열은 참 감이 좋고 사람 보는 안목도 좋다고 생각했다. 민주당의 탄핵시도로 자진사퇴를 했지만, 방송통신위원장 자리에 이동관을 앉힌 것도 그렇다. 극렬한 반대가 예상되는 상황에서 미리 여론에 흘려 김을 뺀 뒤 슬그머니 임명이 되었다. 아무리 윤석열에게 미숙함과 단점이 많다고 하더라도, 기존 보수 정치인들과 비교해볼 때, 원리원칙적이면서도 정치적 감각과 유연성, 투지, 뚝심, 인간미를 다 갖춘 엘리트 관료 업그레이드 버전이 윤석열이 아닐까 싶다.

문재인에 비해 윤석열의 지지율은 매우 낮다. 그렇지만 탁현민 쇼와 강성 대깨문들의 공포 정치가 이뤄낸 거품 지지율로 민주당은 정권 재창출에 실패했다. 윤석열의 지지율은 천천히 쌓아올린 '빌드업 지지율'에 가깝다. 숱한 정치공세들, 예컨대, 날리면-바이든 이슈나 청담동 술자리 같은 허튼 '억까'를 뚫고 사수하는 윤석열 대통령 지지율에는 정치적 성장과 전우애라는 지지층의 서사가 쌓여간다.

금태섭 같은 중도를 표방하는 정치인은 윤석열의 이념지향성이나 강성 지지층 결집 전략이 결국 상대 진영을 악마화하는 좌파들, 민주당과 뭐가 다르냐고 따진다. 난 그말이 틀리다고 생각하지 않는다. 문재인 정권은 보수를 악마화했고 윤석열 정권은 그같은 문재인 정권의 실패와 이분법적 혐오에 대한 반작용으로 선택된 정권이다. 즉, 문재인이 보수 적폐 척결을 사명으로 한 정권이었다면 윤석열 정권은 그동안 유예되었던 '86 운동권 기득권 카르텔'에 대한 청산을 주문 받은 정권이다. 윤석열도 이것을 모르지 않는다. 외면할 수 없는 과제다.

전통적인 사회 기득권 세력이었던 과거 보수 정권과 윤석열 정권은 다른 성격을 띨 수밖에 없는 이유가 여기에 있다. 윤석열은 전향자이면서 용병이면서 이적생이다. 그는 적기를 몰고 온 귀순용사인 셈이다. 좌파들의 선전 선동 전략과 갈라치기 전략을 다시 좌파들에게 되돌려주면서 적폐 청소를 해야 하는 소명을 갖고 있다. 좌파 우위의 여론 담론 지형에서 보수들은 생존을 걱정해야 할 처지다.

즉, "이에는 이, 눈에는 눈"이다. 다시 윤석열 정권과 문재인 정권이 뭐가 다르냐는 금태섭 류의 중도층의 물음에 답한다면, 맞다, 윤석열의 무기, 전술 즉 정치적 스킬은 문재인, 조국, 추미애를 겪으면서 단련된 것이다.

문재인 정권은 정치 '기술'적으로는 탁월했다. 간단한 공식은 보수의 악마화와 좌파의 대중화였다. 윤석열 정권의 전술도 심플하다. 극좌-세금 기생충-이념 카르텔의 악마화와 헌법가치에 기반한 능력주의 보수의 대중화다. 윤석열이 더 강력한 정치적 전술로 화력을 보여줘야 하는 이유는 단기간에 좌파 카르텔 적폐를 깨부셔야 하기 때문이다. 좌파 해체와 국가 정상화 후에는, 즉 투철한 국가안보관 및 자유 민주주의 시장의 가치에 기반한 보수 우파의 진정한 대중화는 한동훈, 원희룡 등 몇 세대 이후에게로 이어져야 한다고 생각한다. 그러니까 싸울 줄도 모르고 기득권에 취해 자신의 이익이나 탐하던 기회주의 웰빙 보수들이 "저렇게 할 거면 문재인하고 다를 게 뭐야" 같은 소리는 그만 했으면 좋겠다. 그건 마동석에게 너무나 폭력적인 "진실의 방"은 때려치우라는 말과 동급이니까. 그렇다면 날고 기는 초법적 흉악 사기꾼 범죄자들을 때려 잡을 수 있을까?

결론적으로 말하면, 윤석열이 보수에 입성했을 때, 보수는 허허벌판에 폐허나 마찬가지였다. 관군도 의병도 무기도 없었다. 보수가 내세웠던 박정희 신드롬의 그림자인 박근혜의 인기는 말하자면, 캐캐묵은 재래식 무기와 다름없었다. 먼지 투성이인 재래식 무기는 효과적으로 작동하지 않았고 내부의 배반자들이 적에게 성문을 열어주자 고지는 한순간에 함락됐다.

만약 당신이 현재 대한민국 정치현실을 사실상 이념적 정치적 분단 상황, 내전이라고 생각한다면, 윤석열이 당장 성군의 반열에 오르지는 못할지라도, 적어도 "이에는 이 눈에는 눈 전략"으로 무너진 대한민국의 한쪽을 다시 재건하고 있다는 것, 그리고 그렇게 해서 겨우 균형이 맞춰진 상황에서야만이 대한민국이 진정한 좌우 균형을 통한 정상화가 될 수 있다는 큰 전제에 동의하지 않을 수 없을 것이다.

기울어진 운동장에서는 몸을 기울여야 중심을 잡는다

솔직하게 발언하면, 나는 40대 여성으로서 흔치 않은, 꽤 확고한 윤석열 지지층으로 분류되는 사람에 속할 것이다. 그런데 내가 즐겨 보는 정치 유튜브는 '대통령 지지 채널' 보다는 '모두까기'형 유튜브 채널이 훨씬 더 많다.

이념적으로나 정파적으로 너무 치우친 유튜브는 그게 좌편향이든 우편향이든 내가 그닥 재미를 느끼지 못하기 때문이다. MBC, KBS 같은 확실히 좌편향적 지상파보다 보수 논조의 종편을 더 즐겨 보는 것도 같은 이유다. 이들 좌편향 지상파 방송들을 보면 낯이 화끈거릴 정도로 노골적이며 감정적이라는 걸 알 수 있다. 이를테면 종편은 매체 특유의 정파적 포지션을 가질 수 있지만 지상파 공영방송은 말그대로 중립을 지키면서 권력으로부터의 독립성과 자율성을 확보해야 하기 때문에 편향성이 더 기괴하게 느껴진다. 윤석열 정권이 성공하여 우리나라가 잘 되길 바라는 나의 입장에서 보자면, 지금의 MBC와 KBS는 "전국민이 윤석열 정권을 싫어합니다. 그러니 여러분도 싫어하세요"라고 안티 윤석열 캠페인을 벌이는 듯하다. 극좌 유튜브 채널이라고 할 법한 썸네일과 헤드라인 등을 보면서 이게 정녕 지상파 공영방송이 맞는지 의심스러울 때가 많다. 정권이 바뀌면서 기껏 민주주의의 토대를 회복해 놓았는데 좌파 기득권 세력이 무정부 상태를 획책하며 '아수라 판'을 만든 것 같은 느낌까지 든다. 거기에 포섭된 많은 국민들이 대놓고 대통령을 조롱하고 모욕하는데 독재니 언론 장악이니 엄살을 피는 것은 정말 가당치도 않다.

그와는 달리 종편 방송들은 보수 논조가 분명하지만 그래도 강성 친명 패널들이 나와서 센 발언들을 하고 또 그것에 맞게 보수 패널들과 공방전이 벌어져서 나름대로의 긴장이 있다. 내 경우엔 종편을 통해서 민주당 출신 패널들이 주장하는 황당하고 비논리적인 얘기를 듣다 보면 자연스럽게 민주당에 대한 비판의식이 확고해진다. 그런데 MBC나 KBS 등의 라디오 프로그램들은 좌파 패널과 이준석이나 장성철 부류의 반윤 보수 패널을 불러다가 뒷담화하는 수준으로 자기들끼리 쿵짝 거리는 모습이나 보여주는 식이어서 재미도 없고 긴장도 느껴지지 않는다.

개인적인 호불호와는 별개로 나는 진중권이나 최병묵의 논평을 유튜브를 통해 가끔씩 살펴 보기도 한다. 논리구성이나 결론에 있어서는 내가 동의할 수 없는 부분들도 많긴 하다. 그러나 두 평론가 모두 반명-반윤적인 성향을 조금씩 가지고 있어서, 특히 중도우파나 중도좌파 층의 여론을 잘 반영하는 장점을 가지고 있다. 대중의 여론이 항상 옳은 것은 아니지만, 옳고 그름의 문제를 떠나 여론이란 그 자체로 중요한 것이며 결코 무시할 수 없다는 게 내 생각이다.

페이스북에서도 주로 보수이면서도 윤석열 정부에 반감이나 불만을 표출하는 글들을 자주 찾아보는 편이다. 대통령이 소신을 갖고 강성 드라이브를 건 이후로는, 점잖고 품격있는 식자층 보수들의 우려의 글들이 늘어나고 있음도 느낀다. 그들이 왜 윤석열 정부에 기대를 접고 이탈하는지 나름 리서치를 해보면 이런 류의 불평 불만들이 많다.

"이번 정권은 하는 행동들이 영악하지 못하고 스마트하지 못하며, 소위 늙고 유튜브 냄새납니다. 슈카월드채널에서 선동하는 좌파들 댓글마다 반박하는것도 관둔 지 1년 삶이 쾌적해졌습니다. 저희 지역구도 어차피 60프로 민주당 뽑히는 지역이라 걍 3일 연휴 가까운 일본이나 가려고 합니다."

젊은 남성 보수층, 그러니까 홍준표를 지지했던 정통 보수층

일부도 이런 식으로 피로감을 호소하며 방관 내지는 이탈하는 기류들이 심심치 않게 보인다. 사정이 이러한데도 대통령실은 국민정서와 거리가 먼 아부성 발언만 늘어놓고, 정부 여당은 무슨 일만 터지면 전정부 탓을 한다 등등이 주된 비판의 내용이다. 비판 받을 여지를 정부 여당이 제공한 것도 맞고, 강성 지지층을 중심으로 한 지지율이 답보 상태에 있는 가운데 중도층의 비호감이 고착화되어 총선에 빨간 불이 켜진 것도 맞다.

그런데 다른 측면에서 말해보자면 나는 윤석열 정부에 상당히 만족하는 편이기도 하다. 일단 정치를 하나의 팀을 짜서 승리를 위해 나아가는 행위라는 관점에서 보면 말이다. 그런 관점에서 보면 정치도 군대나 축구팀처럼 팀워크가 있어야 하고 포지션이 있어야 한다. 그런 면에서 문고리나 최측근 혹은 비선 실세 등은 어느 정권에나 있는 권력의 구성 요소라고 할 수 있다. 윤석열 대통령도 자기 기준에서 최적화된, 가장 믿고 쓸 수 있는 가용자원에게 그에 맞는 자리를 맡긴 셈이다.

욕망과 강박의 집약체인 정치적 권력이란, 그 본질이란 결국 그런 것이다. 권력이 있는 곳엔, 비유적으로 말하면 권력의 꿀단지를 찾아 꼬여드는 벌레들이 있기 마련이다. 문제는 그런 문고리 권력이나 비선실세가 정권의 주요 요소가 되지 않고 가변적인 자원 정도로 보이게 하는 것이라 할 수 있겠다.

그런데 이는 전적으로 강력한 리더십 여부에 달려 있다. 이를테면 박근혜 전 대통령은 최순실을 적절히 제어하거나 통제하지 못해 결국 한순간에 무너진 것이다. 전통적인 리더십의 책략은 "Divide and Rule"을 강조하는데 여러 측근 그룹을 두어 한 쪽에 힘이 실리지 않게 상호 견제하는 것인데, 박 대통령은 그런 리더십이 부재했다.

다시 말하면 권력 주변에 간신이나 친위대 정치가 들어서는 건 구조적 상수다. 이것을 부정하는 건 마치 연예인한테 너는 "왜 관종이니?"라고 묻는 것과 같은 것이고, 정치인에게 "당신은 왜 권력에 집착합니까?" 라고 묻는 것처럼 공허한 것이다.

대통령이 용인술을 섬세하게 작동시키면서 간신들을 확실히 제어하고, 또 유능한 사람을 다양하게 측근으로 불러모으는 것이 최선의 상황이다. 즉, 몸에서 자라는 기생충은 권력 주변의 간신배처럼 어차피 상수이지만 그에 맞서는 면역력을 기르면 되는 것인데, 그러기 위해선 편식이 아닌 건강식을 다양하게 섭취해야 하는 이치와 같다.

윤석열표 인용술과 조직장악력

나는 윤 대통령이 다른 건 몰라도 조직 운용술에 있어서는 누구보다도 뛰어나다고 생각한다. 많은 이들이 비판하는 김기현 체제에 대해서도 마찬가지다. 특히 강서구 재보궐 선거에서 패배한 후 김기현 체제의 대응 능력은 꽤 신속하고 적절했다. 김 대표는 인요한 혁신위원장을 내세워 지지층들이 민감하게 반발하는 이슈인 이준석과 홍준표의 징계 취소부터 관철했다. 대중적 이미지도 좋고 푸근한 인사의 인 위원장 인선 자체도 신선했다. 인 위원장이 대통령과 당대표가 직접 나서기 껄끄럽고 머쓱한 문제에 대해 대리인처럼 나섬으로서 재보궐 패배로 침체됐던 분위기를 전환하는 모습을 보였다.

김기현 대표가 당장 물러나야 한다는 주장을 펴는 사람들이 있는데 내가 보기엔 너무 성급하고 무리해 보인다. 상당한 정치적 부담을 안고 김기현 체제가 성립됐는데 김 대표가 당장 낙마하면 어떤 대안이 있으며 새로 들어서는 리더십이 당정을 조화롭게 이끌며 제대로 작동할 수 있을까?

향후 정치적 변수에 따라 국민의힘 지도부의 개편이 있을 수 있다하더라도, 나는 인간적 '케미' 측면에서 윤석열의 불도저같은 "검사기질"과 김기현의 차분하면서도 맹탕같지만 결정적일 때 조정능력을 발휘하는 "판사기질"이 궁합이 잘 맞는다고 생각한다.

그러면 문재인 정부는 어떠했을까? 민주화 운동의 대부격인 장기표 씨는 문정부가 출범하자 박근혜 대통령에게는 최순실이 한 명이지만, 문재인에게는 최순실이 열명이다라고 일갈했던 걸 기억하자. 문재인은 스스로 결정하지 않고 참모 뒤에만 숨는 사람이라 더더욱 측근들의 전횡이 심했고 문재인은 이를 통제할 리더십이 없었다. 장기표 씨는 그걸 내다본 것이다.

당시를 돌아보면, 문재인 정부 출범하고 나서 비서실장 임종석이 보인 행보가 어떠했나? 향후 대권행보를 다지 듯 전면에 나서더니, 임종석 라인의 행정 비서관들의 구설수가 끊이지 않았다. 임종석 딸의 호화판 유학생활의 출처 자금은 지금까지도 미스테리다. 임종석은 이런 저런 구설에 휘말리며 정치적 존재감과 중량감을 상실하고 말았다.

좌파 진영은 전 정부랑 비교하지 말라고 하는데 현실 정치에 있어 정의란 언제나 '상대평가'일 수밖에 없다. 문재인 청와대가 정상이었을까? 유재수 감찰 무마와 조국 사태는 무엇을 의미하는가? 결국 문재인은 추미애의 폭주와 윤석열의 저항에 이도 저도 못하는 한심한 리더십을 보이다가 자멸하고 만 셈이다.

권력의 중심으로 날아드는 불나방들을 통제하는 가장 좋은 방법은 어느 한쪽에게 힘을 실어주지 않고 '디바이드 앤드 룰'을 통해 상호 견제하도록 하는 것이다. 그러기 위해서는 어느 한 쪽에 휘둘리면 안 되고 리더가 확고하게 주도권을 가지고 가야 한다. 이준석은 대선 정국에서 윤석열 집권 초기까지 대표직을 잃는 과정에서 대통령실과 여당을 싸잡아 비판하면서 윤핵관 타령을 했는데 내가 보기에 이 정권에서 윤핵관의 비중은 그리 크지 않아 보인다. 그리고 한동훈, 오세훈, 원희룡 등 풍부한 대권 자원이 있고 상호 페어플레이를 하면서 윤석열 리더십의 공간이 생겨나고 있다. 오히려 정치적으로 영민한 장제원 같은 인물은 혹시라도 정권 초기에 집중 타겟이 되어 화를 입지 않을까 나름대로 고심하는 듯 보인다.

지금 대통령실에서 나오는 메시지를 냉정하게 살펴 보면 한심하고 답답한 부분이 없지 않지만 적어도 지난 정부 때처럼 직권을 남용하고 월권하고 불법적으로 설치는 나르시시스트는 없어 보인다. 또 이 정부에는 문정부 때와 달리 전문성있는 스타장관들이 존재감을 나타내고 있다. 개인적으로 원희룡, 한동훈, 박민식 장관의 활약에 상당히 만족하고 있으며, 국민의힘 소속 서울시장 오세훈도 정부와 좋은 케미를 보이며 안정된 모습을 보여주고 있다고 보여진다. 여러모로 내각의 구성도 전문성이라는 측면에서 박근혜-문재인 때에 비해 훨씬 업그레이드 된 구성으로 보인다.

따라서 절대평가적으로 보면 어느 정권이나 실망스럽고 더 잘할 수 있는 아쉬운 부분이야 수도 없이 많다. 윤정부도 예외가 아니다. 그러나 상대평가라는 측면에서 보면, 나는 민주당 정부와 윤 정부는 근본적으로 다르다고 본다. 지금 정부는 세련되지 못하고 여론전을 잘 못한다는 점이 단점인데 민주당 정권은 근본부터 아주 사악한 집단이며 오만하고 초법적인 막가파 난동 집단에 가깝다는 게 나의 평가다. 이 정부는 그래도 대통령을 무서워하는데 문재인 정부는 그 어느 누구도 문재인을 두려워하지 않고 막나가는 행동을 보였다. 문정권은 강남 부자, 부동산 부자를 죄악시 하면서 공직자들에게 서울 집 한 채 말고는 다 팔라고 했었다. 가장 그 말을 칼처럼 따른게 그 당시 윤석열 검찰총장이었고, 투기의혹으로 결국 여론의 질타를 받고 쫓겨난 김의겸 같은 "흑석" 선생이 현재 한동훈 저격수로 나서고 있으니, 이 또한 아이러니하다. 이재명의 꼼수 단식과 대의명분 따위는 안중에 없이 공천권에만 눈이 먼 민주당의 행태, 그리고 폭력적이고 충동적인 개딸들의 행태를 보며 이같은 나의 인식은 더욱 굳어졌다. 정치적으로 머리가 빠르게 안 돌아가고 조금 아둔한 거랑 범죄자 집단이랑 비교가 될까?

윤정부가 민주당의 강경 극좌 세력, 탄핵 중독에 취한 사실상의 국가농단 세력을 처단하기 위해 대중적으로 악역을 자처하더라도 지금의 정치적 내전 시기는 강건한 소신을 갖고 이겨내야하는 시기라고 본다. 법치 시스템을 되살리고 언론환경을 정상화하고 좌파 프로파간다에 휘둘리는 입법과 사법을 정상화하기 위해서라도 정부 여당으로선 무조건 총선을 이기고 봐야 한다. 근데 생계형 좌파들은 사회적 생존을 걸고 결집하는데 고고한 선비들인 우파들은 "왜 이렇게 말이 거치냐", "눈을 이상하게 뜨느냐" 하는 식의 사소한 트집을 잡고 있는 것으로 느껴져 안타까울 때가 적지 않다.

‘대인배’ ‘군자’의 이미지를 바라는 여성지지층

개인적으로 〈위대한 이슈〉라는 채널을 운영하는 ‘마음공부 전도사’ 이혜라 씨의 유튜브 영상도 나는 꽤 자주 보는 편이다. 이혜라 씨의 시각은 정치 고관여 남성 보수와는 조금 결이 다르다. ‘여성적’ 그리고 ‘감성적’ 부분에서 정부 여당이 부족한 부분을 섬세하게 잘 지적하고 있다. 운영자는 진영적 시각이라기 보다는 휴머니즘적 관점에서 정치인들의 언행을 비평하는 편이다. 아무래도 여성들은 젠틀하고 품격있는 정치인에 대한 선호가 강하다. 운영자가 말하고자 하는 것은 다름 아니라 중도적인 정치에 큰 관심이 없는 일반적인 국민들도 공감할 수 있는 실용적인 정책과 투명하고 도덕적인 정부 그리고 군자의 “덕”을 갖춘 젠틀하고 통합적인 리더십을 보고 싶다는 것이다.

아마 문재인이 그 온화한 이미지만으로도 여성층의 공고한 지지를 받은 이유가 그 때문일 거다. 비록 정치적으로는 무능했지만 성정이 독하고 모질지 않은 사람의 이미지가 굉장히 여성 친화적이었기 때문이다.

정치현안을 감성적인 시각에서 바라보는 채널의 특성 때문에 이혜라 씨의 정치적 식견이 빈약하고 표피적인 인상 비평만 한다며 공격하는 양 지지층들의 댓글들이 꽤 많이 달리는 편이다.

이를테면, 이 분의 관점에서는 용산 대통령 참모들이 총선에 나간다는 것 자체를 대통령의 부하들을 대통령 마음대로 내 보내는 위압적인 행동으로 규정한다. 이재명의 단식이 명분이 없지만 그래도 단식을 하는 것만으로도 대통령이 되지 못한 것만으로도 정부 여당에 비해 "약자"의 포지션을 갖고 있다고 평가한다. 그래서 윤대통령이 "강자"로서 품는 것이 아니라 이재명의 야당과 싸우는 모습을 보이는 것은 옹졸하고 열등한 마음이라고 주장한다.

내가 보기엔 이 채널의 시각이 정치 현실을 몰각한 표피적 인상비평에 머무는 경우가 많다 하더라도, 문제는 정치적 고관여 집단과 저관여 대중의 경험과 관점의 상이함에 따른 인식과 감성의 차이는 엄연한 현실이며 이 또한 현실 정치인이 돌파하고 극복해야 할 장애적 요소임은 분명하다는 것이다.

이 채널의 시각대로, 평범한 국민, 일반인들의 단편적 시각에서는 대통령실 참모들이 총선에 나가는 것을 보스 마음대로 부하들을 낙하산으로 꽂는 것처럼 인식할 가능성이 크다. 그러나 실제 정치가 어떻게 돌아가는가를 보면, 단순히 총선 낙하산이라 단정할 수 있는 일은 아니다.

총선을 앞에 두고 있는 여당에 있어서 핵심적인 두 가지 의제는 얼마나 신선한 공천을 하느냐 그리고 얼마나 일사 분란한 리더십으로 잡음없이 합의된 공동체의 힘을 보여주느냐이다. 다시 말하지만, 박근혜의 정치적 실패는 그 두가지에서 모두 실패했기 때문이다. 친박 정치인들은 구시대적 인물이었고 한동훈이나 원희룡 같은, 박근혜 외의 존재감을 갖는 진영의 스타가 전무했다. 더욱이 유승민, 김무성 등과 불화와 갈등이 대중에게 그대로 노출되면서 리더십마저 무너졌기에 정치적으로 자멸한 것이다.

따라서 구태의연한 보수 지역 정가에 새로움을 불어일으키는 새 인재를 발굴하는 것, 그리고 대통령의 리더십과 당의 요구가 충돌하지 않는 일사불란한 팀워크를 구축하는 것은 총선승리의 전제 조건이다. 총선 승리가 가장 절실한 대통령이 이를 모를리가 있을까.

대통령실이 이런 인재 배양을 하는 플랫폼이 되는 것은 아주 당연한 일이다. 정치에 활력과 변화가 생겨야 하며 이를 통해 대통령이 확실한 국정의 주도권을 갖고 강력한 드라이브를 걸 수 있는 것이다.

따라서 용산의 젊은 행정관이나 비서관들의 차출을 단순히 대통령과의 친소관계나 일방적 밀어부치기로 부정적으로 볼 일만은 아닌 것이다. 대통령은 기본적으로 국민의 '표'로 자신의 국정 방향에 대한 심판을 받겠다고 하는 존재다. 단순히 용산에서 차출한다는 시각이 아닌, 대통령이 얼마나 제대로 된 능력있는 인재들을 내놓는지 그 실질적인 부분에 대해서 평가를 하고 이를 다가오는 선거를 통해 심판하면 될 일이다. 이건 대통령의 월권이 아닌 대통령의 고유한 승부다.

그러나 정치와 권력에 대해 기본적인 비호감을 전제하는 일반국민의 시각에서, 〈위대한 이슈〉 채널이 보여주는 논조는 대중적으로는 큰 무리없이 받아들여질 수 있는 정도의 수준이라고 보여진다. 따라서 대통령과 정부 여당이 일반 국민에게 '어떻게 보여지는지' 그리고 그같은 이미지가 어떻게 여론 형성에 영향을 미치는지에 대해 정부 여당이 안테나를 곧추 세워야 할 필요가 있다. 똑부러진 말솜씨를 자랑하는 진행자를 보면 윤대통령도 이 영상을 본다면 끄덕 할만한 포인트가 많다고 느껴진다. 인생을 살만큼 살고 산전수전을 겪은 중년 여성의 시각에서는 좀 더 젠틀하고 포용적이며 자애로운 유능한 정치인의 언행을 보고 싶어한다. 그리고 기본적으로 패배한 자, 처벌 받는 자에 대한 연민과 동정이 있다.

윤석열 대통령의 강경한 이념 행보나 다소 정치적으로 다듬어지지 않은 거친 발언은 중도층에게 반감을 사는 면이 많다는 지적은 상당히 타당하다. 그러나 내가 보기에 상식적인 국민을 자임하는 사람들은 정쟁에만 치중하는 정부여당과 방탄과 발목 잡기만 하는 야당을 동시에 비판하면서도 결정적으로는 리더에 대한 신임은 함부로 거두지 않는 보수성이 있다고 생각한다.

나는 일반적인 중도-청년-여성층이 강경한 전투력을 보이는 정부 여당의 야당에 대한 대응에 피로감이 많고 그런 지지층 소구 전략이 중도 확장성에 장애를 가져오는 부분이 많다는 점을 십분 이해한다. 그럼에도 불구하고 현재와 같이 야당이 거의 반정부투쟁을 국가 전복수준으로 몰두하고 있는 상황에서 윤석열 정부의 대응 기조는 불가피한 선택이라고 생각한다.

정치적 생존이 일단 보장되어야 확장도 할 수 있는데, 지지층이 확실히 단련되지 않은 상황에서 섣불리 중도층의 눈치만 보다가 정권이 어떻게 끝장났는지 이명박과 박근혜라는 두 전임 대통령이 보여주었기 때문이다.

즉, 지금까지 보수는 신사도, 품격, 품위 따위에만 집중해 적당히 이미지 관리하며 싸움을 피하는게 능사라는 생각에 점잖은 척 몸보신하면서 기회주의적 처신을 해왔는데 이제는 그런 방식으로는 정치권에서 생존할 수 없는 시대가 된 것이다.

〈위대한 이슈〉 채널과 같은 중도층 유권자들이 보는 관점에서는 윤 정부의 후쿠시마 오염수 사태에 대한 대응은 적극적인 친일 행보로 규정된다. 지지율이 깎일 각오로 한일관계 개선에 나선 윤대통령의 정치적 의지나 진정성은 지지층의 신뢰를 얻고 있다. 그러나 정치적 레토릭이라는 관점에서는 많이 아쉬운 것이 사실이다. 일방적인 오염수 안전에 대한 홍보보다는, 반일감정과 반한감정 등 악성 포퓰리즘을 국내 정치에 악용하는 양국 내 극단적 정치세력이 사실 한통속임을 고발하며 한일 공동의 정치적 전선을 프레임하는 것이 더 효과적이었을 것이다. 즉, 한일관계의 재정립을 통해 양국 발전을 바라는 "합리적 정치세력" 대 갈등을 획책하는 "극우--극좌 포퓰리즘 세력"으로 스토리텔링을 디자인하는 세련된 커뮤니케이션 방식이 아쉬운 대목이었다.

유인촌, 이동관, 신원식 등 강경파나 구정권 인물들이 참신성이 떨어지는 것은 사실이다. 그러나 지금은 구조개혁을 위해 소신을 갖고 기꺼이 악역을 전담해야할 전사들이 필요한 것도 맞다. 지금은 겉보기 좋은 40대 여성 장관을 액세서리로 앉힐 시기가 아니다. 또 그런 인사를 한다고 해서 지지층의 요구나 중도층의 기대에 부합되는 것도 아니다.

문재인 정권 때 발탁한 참신한 여성 인사가 어떤 국정의 난맥상을 가져오는지 잘 보지 않았는가. 참신한 인사 깜짝 쇼는 다시 말하면 좌파 정권의 무능을 가리기 위한 눈속임에 지나지 않았다. 우리는 김현미, 유은혜, 강경화 장관 등이 얼마나 무능하고 무기력했는지 생생히 목도했으니 말이다.

이래도 보수의 '품격'과 '품위'를 운운할 때인가?

중도층의 목소리, 예컨대 두 당이 모두 다 썩었으니 새로운 세력을 뽑아야 한다거나 세금 낭비하는 국회의 해산을 요구하자 등의 다소 관념적인 주장을 하는 목소리에 구체적인 대안이 실린다면 귀를 기울여 들을 의사가 충분히 있다. 그런데 나를 더 화나게 하는 건 보수 내 반윤 세력이나 중도를 참칭하면서 윤석열 안티에만 몰두하는 일부의 무책임한 선동이다.

팩트에 근거한 비판을 한다면 충분히 동의를 할 수 있고 그런 주장들이 틀리다고 반박하고 싶지는 않다. 다만, 정부 여당을 비난하면서 이를 민주당의 초법적 전체주의적 행위와 등치 시키면서 물타기를 하고 차라리 민주당을 찍겠다는 선동에는 정말 동의하기 힘들다.

한번 이렇게 생각해보자. 이재명이 받고 있는 의혹들을 윤석열이 받고 있다면 어떻게 반응했을까? 장담컨대, 나는 벌써 탄핵을 당하고도 남았다고 본다.

윤석열과 관련된 의혹으로 주변의 인사들이 줄줄이 자살을 했다면 어땠을까?

극우매체와 짜고 검찰 조직과 극우 언론의 유착을 도모하고, 허위사실을 기사화해 대선 3일 전에 조직적으로 가짜뉴스를 퍼트렸다면?

검찰총장의 지위로 자신의 부인의 수발을 드는 몸종 비서를 국가 세금으로 채용했다면?

법인카드깡으로 아랫사람에게 온갖 생활용품, 청담동에 일본 샴푸를 사오라고 시키고, 아침마다 먹는 누룽지까지 구매했다면?

윤석열과 불륜을 했다고 주장하는 여배우가 나타나서 은밀한 곳에 점이 있다고 증명하자고 한다면?

수백억 수천억의 이권을 챙긴 기업들의 뒷배를 봐주고 자신의 권한을 남용했다면?

자신의 무능 때문에 자살한 부하를, 그것도 같이 여행하고 사진찍고 직접 채용한 사람을, 잘 모르는 사람이다고 한다면?

윤석열이 너무 강경한 인사들을 주변에 둔다고 비난하는 이들이 많은데, 윤이 선거에 이기겠다고 이재명처럼 40대 여성 "조동연"같은 인물을 영입했다면 어땠을까?

이재명이 대선 선대위원장으로 영입하려했던 조동연은, 전 남편의 폭로에 의하면, 희대의 상간녀로 혼외자를 남편을 속여서 키우다가 이혼당한 인물이었다.

윤석열이 혁신위원장으로 데려온 인물이 알고보니 남편은 자살했고 시부모는 모시지도 않았는데 거짓으로 부양했다고 주장하고, 노인 폄하 같은 막말을 하는 인물이라면?

백번 양보해서 윤석열이라는 캐릭터 자체가 품위가 없고 밉상이며 폭력적인 이미지에 친일적 기조가 싫다고 비판할 수 있겠지만, 적어도 그런 비판을 하는 자들이 "민주당과 이 정권이 뭐가 다르냐"식의 물타기성 양비론으로 윤석열 정권 망하라고 저주하며 민주당을 찍으라고 선동하는 것은, 적어도 내 기준에서는, 균형감을 상실한 비이성적인 반윤 선동에 불과해 보인다.

오진영 작가가 SNS에서 말한 것처럼 "나는 스무살 대학생 박성민을 청와대 1급 비서관 시킨거나, 취재 한번 잘했다는 이유로 20대 박지현을 비대위원장 시킨 민주당 인사가 훨씬 유해하다고 본다"는 시각에 절대 동의한다. 로또맞은 신데렐라처럼 정치인들을 악세서리처럼 들러리 세우면서 사람들의 감성만 자극하면 오히려 묵묵히 한 단계씩 밟아가는 일반 국민들의 불신과 박탈감만을 키운다. 유인촌, 신원식 등 논란의 장관들의 평가는 그들의 성과로 냉정하게 하는게 맞다.

보수는 더 이상 이 사회의 '강자'가 아니다

지난 9월 초, 그 속내가 알려진 김만배-신학림 허위인터뷰 사건을 접했을 때 내가 놀랐던 것은 잘못한 자들이 잘못을 인정하지 않고 오히려 피해자인척 한다는 것이다. 사실 이건 조국사태 때부터 계속됐던 일이라 이제 놀랍지가 않다. 누구보다 엄중한 공인의 윤리의식을 보여야 할 자들이 외려 잡범 같은 파렴치한 짓을 해대고 국가 시스템을 부정하며 피해자 코스프레를 하는 게 일상적이다. 위정자들부터가 법치 시스템을 부정하니, 어느 누가 자신의 죄를 인정하겠는가? 그러면서 이를 공격하는 보수를 너그럽지 못하다고 나무란다? 어이가 없는 일이다. 최소한 보수정권은 잘못이 드러나면 고개를 숙이고 사과했다. 그랬더니 오히려 만만한 동네북이 되면서 만신창이가 되고 패배했다.

주변의 20·30·40 보수들은 이처럼 기울어진 공론의 장에서 엄청난 피해의식에 시달린다. 민주당은 무조건 윤석열 정부를 공격하고 시끄럽게 만들어서 윤석열 정부를 똑같이 나쁜 놈처럼 만드는 전략을 노린다. 이런 개싸움 전략이 가능한 이유는 좌파의 압도적인 여론 장악력이 있기 때문이라는 것이다.

사회, 문화, 예술 전반의 좌경화가 깊이 구축된 상황에서 정치에 무관심한 자들은 그냥 시끄럽다는 이유로 윤석열 정부를 무능하다고 판단한다. 야당은 압도적 의석을 앞세워 정당법을 악용해 여기저기 현수막을 무제한으로 걸어 제끼면서 공해에 가까운 자극적 혐오들을 쏟아낸다. 정부 여당과 대통령과 영부인을 악마화한다. 정치에 무관심한 저관여층은 선전 선동의 쉬운 제물이다. 아무 생각없이 대세 여론에 편승해 투표를 한다. 좌파의 보수 악마화 그리고 친일파 같은 반국가적 세력으로 몰아가는 여론이 상식으로 받아들여지게 되는 것이다.

우파가 적절한 공격수단이 없는 상황에서 우파 정치인이나 연예인이 한마디 하면 막말이 되고 좌파 쪽은 소신발언이 된다. 김만배-신학림이 3권의 책값을 구실로 1억 6천만원이 넘는 금전거래를 하고, 인터뷰 내용은 짜고 치는 고스톱처럼 허위로 구성되고, 뉴스타파는 악마의 편집으로 순식간에 이재명 게이트를 윤석열 게이트로 프레임하는 신공을 벌였는데도 저들은 절대 반성하거나 사과하지 않는다. 이 같은 기울어진 여건 속에서, 아직도 대장동이 윤석열 게이트라고 믿고, 청담동에서 대통령과 한동훈 장관이 술자리를 벌였으며, 부유한 집안 출신 영부인이 콜걸이라고 믿는 사람들이 40퍼센트가 넘으니 참으로 기막힌 현실이다.

반성하는 약자에게는 얼마든지 관용을 베풀어도 되지만, 칼을 들고 덤비며 위협하는 자에게 베푸는 관용이란 오히려 오만이다. 결국 자신의 생존을 지켜내지 못하는 강자는 절대 강자가 아니다. 현재 보수는 과거처럼 절대적 우위의 지위에 있지 않다.

행정부만 바뀌었을 뿐, 170석에 달하는 야당의 횡포에 시달리는 극단적인 여소야대 국면의 약자이다. 그에 더해, 일부 언론의 좌편향으로 기울어진 운동장에서 중심을 잡기 위해서는 몸을 오른쪽으로 추켜 세워 지탱할 수밖에 없는 것이다.

현재 윤석열 대통령의 거친 이념적 공세는 국민들에게 우리 사회의 근본적 법치 시스템과 헌법 가치를 지키기 위한 방향성을 묻고 있는 것으로 보인다. 현재 극도로 기울어진 좌파 우위의 정치 지형 속, 국내 정치의 이익을 위해서라면 친북이든 친중이든 친러든 가리지 않는 좌파 진영의 극심한 선전 선동에서 우리는 어떻게 이 사회의 근본을 지켜내야 할 것인가?

스피커들을 통한 선동력의 크기가 너무도 기울어진 상황에서 보수들은 수세에 밀리는 상황이다. 이같은 상황에서 윤석열 정부의 강력한 이념 드라이브는 불리한 전황을 극복하기 위해 보수층에 호소하는 절박한 몸부림이라고 보는 시각도 있다.

그러나 이에 대해 동아일보 이기홍 대기자는 최근 보수층에서도 우려가 커지는 대통령의 이념 드라이브에 대해 지지층 결집을 위한 정략적 차원이 아닌, 윤석열 대통령의 소신이라고 취재 결과를 소개한다.

김영삼이 보수의 대통령이 된 이후, 그 어느 보수 대통령이나 후보도 "이념"을 전면에 내세운적이 없었다. 보수는 이념적 사생아와 같은 상황이었다. 그저 정치적 생존을 위해 적당히 실용을 전면에 내세우고 눈치만 봤다. 그러나 정치적 소신과 방향성이 없다면 정치적 상품성 또한 무의미해 진다.

이기홍은 윤석열의 이념 드라이브는 '우경화'가 아닌 '정상화'를 위한 것이라고 강조한다. 나 또한 이같은 분석에 동의하는 편이다.

중도층에 대한 소구는 미래 아젠다를 통해 제시하는 것이지, 집권 세력이 이념의 방향성을 공고히 하는 것이 민생과 실용을 포기하는 것과 동의어가 될 수 없다는 지적이다. 또한 그동안 이념적 편향과 역사에 대한 부관참시는 좌파들의 전유물이었고 오히려 윤석열 정부는 비정상의 정상화를 위한 "이념적 선명성"을 강조하는 것이라는 것이다. 이는 책임있는 국정세력이 응당 해야 할 일이라고 말한다.

많은 사람들이 여당과 야당의 차이를 잘 느끼지 못한다고 한다. 경제에 있어서도 이미 민간의 영역이 정부의 영역보다 더 큰 비중을 차지하며 도덕성에 있어서도 그 놈이 그 놈이라는 생각이 강하다. 다만 이념이란 것은 정치의 본령이고 그 동안 좌파 정권은 반일 민족주의, 친북 친중 반미 등으로 강력한 좌파의 진지를 구축했다. 그러나 현재 신냉전으로 가는 국제 정세 속 자유민주주의의 이념적 가치를 지키기 위해서는 한미일 공조가 북중러 연대에 맞서기 위한 시급한 시대적 과제이며 이는 단순히 표 계산으로 타협할 수 있는 성질의 것이 아님이 분명하다.

그리고 윤석열 정권의 정치적 소신이 국민들로부터 받아들여지지 않는다면 이 정권이 존재해야 할 당위는 사라지는 것이다. 정치란 시대정신에 조응하는 새로운 아젠다를 제시해야만 한다.

따라서 윤석열 정부의 실패는 결국 이 시대의, 국가의, 국민의 실패로 귀결될 수밖에 없다. 전투에서의 패배가 있더라도 전쟁에서 질 수 없다는 윤석열 대통령의 결기가 느껴지는 부분이다.

나 또한 이념보다는 '먹고사니즘'이 현실적으로 중요한 사람으로서, 이념엔 큰 관심이 없다. 그럼에도 불구하고 국가의 근간을 만드는 것은 하나의 이념임을 잊어서는 안된다. 지금 우리는 선택을 강요받고 있다. 세계 정세에서 자유로울 수 없는 우리가 가야 할 길은 무엇인가? 한미일 공조를 통해 북중러의 전체주의 세력으로부터 자유 민주주의를 지켜야 하는 것은 자명한 이치다. 민주당의 법치주의 전복과 헌법 가치 부정에 위기감을 느끼는 것은 민주당의 친중 친북 행위, 국가 시스템에 대한 저주 행위가 도를 넘고 있다는 엄연한 현실 때문이다.

황당한 김명수 사법부의 재판 지연 행태

문재인 집권 시기 동안 기울어진 운동장은 문화계 뿐 아니라, 사법에서 가장 심각한 형태로 나타나고 있다. 그냥 드러나는 '액면가'로만 봐도 좌파 인사들과 우파 인사들에 대한 사법부의 판결은 차이가 나도 너무 차이가 난다. 케이스가 너무 많아서 일일이 열거하기도 힘들 정도다.

단적인 예로 문재인의 양산 사저에서 집회를 했던 보수 유튜버 안정권은 구속까지 됐는데, 대통령 집무실 100미터 이내 집회는 판사가 허용을 해줬다. 정말 논리적으로 말이 안 되는 판결인 것이 법률상 대통령의 관저 100미터 이내 집회가 불법인데, 윤 대통령은 집무실과 관저가 분리 되어 있기에 집무실은 관저가 아니라는 논리다. 대통령의 관저는 청와대처럼 사는 곳과 집무를 보는 곳을 포괄한 개념인데, 사는 곳은 따로 분리돼 있으니 집무실을 관저로 볼 수 없다니!

이런 식의 판결이 나오는데도, 좌파들은 윤석열 정부가 독재정부라고 저주를 퍼붓고 있는 양상이다.

문재인 정권 인사들과 보수 인사에서 조국에 맞서서 내부고발을 했던 김태우 전 강서구청장은 이미 공문서 유출이라는 혐의로 대법원 유죄가 확정됐다. 그 사이 김태우가 고발한 비리의 당사자 조국은 어떤가. 1심에만 3년이 넘게 시간을 끌었다. 그마저도 징역형이 나왔지만 법정 구속은 시키지 않았다. 그는 지금도 북콘서트를 하면서 베스트셀러 작가로서 좌파 진영의 셀럽으로 군림하고 있다.

결국 최종심에서 징역형이 확정된 최강욱의 경우는 노골적인 재판 지연으로 김명수 사법부의 봐주기가 아닐까 의심이 될 정도다. 조국 아들의 인턴 증명서를 허위로 발부해 이미 1심 2심에서 의원직 상실에 해당하는 징역 8개월에 집행유예 2년이 선고됐음에도, 1년 4개월이 지나도록 대법원 판결이 나지 않았다. 그 사이 우편물을 받지 않았다는 이유로 4개월을 낭비하고 일년동안 끈 판결을 증거 능력에 대한 이견이 있다며 또 전원합의체로 넘겼다. 황당한 행태가 아닐수 없다. 최강욱의 범죄 혐의와 증거들은 이미 정경심과 조국의 판결을 통해 '빼박' 확정된 것이나 다름이 없다. 그런데도 3년넘게 재판을 끌면서 최강욱의 임기를 거의 보장

해준 것이나 다름없지 않은가. 더더욱 기가 막힌 건 공익 제보라는 명분이 있는 김태우 전 구청장의 대법 항고는 3일만에 기각 결정이 내려졌다는 것이다.

윤 대통령이 김태우를 사면한 것이 너무 노골적인 월권행사라고 하는데, 이처럼 기울어진 사법의 영역에서 대통령의 사면권마저 없었다면 진짜 억울할 뻔 했다라는 생각이 드는 걸 과연 나쁜 일까?

울산시장 선거 하명 수사 건은 4년에 걸쳐서 재판이 지연됐다. 황운하 또한 최강욱처럼 국회의원 임기를 다 채우게 됐다. 이재명의 선거법 재판부의 재판 진행도 너무 수상한 점이 한 두 가지가 아니다. 이재명이 단식을 하자, 판사가 먼저 건강을 염려하며 친절하게 재판을 연기해줬다. 김문기 모른다 발언 관련 선거법 재판, 대장동 재판 등이 줄줄이 연기됐다.

이처럼 좌파 진영에 대한 정의는 하염없이 지연되는 사이, 그러나 우파 진영에 대한 사법부의 잣대는 날카롭다.

정진석 의원이 노무현이 자살하기 전 권양숙과 부부싸움을 했다고 페이스북에 썼다가 허위 사실에 근거한 사자명예훼손으로 징역형을 받은 것도 충격적이다. 노무현 전 대통령이 공인이 아니라고 한 근거도 너무나 비논리적이었다. 통상적인 판결 예측을 벗어나는 결과에 네티즌들이 판사 신상 캐기에 나섰더니, 그 판사가 과거 남겼던 글들, 심지어 판사가 된 후에도 좌파편향적인 글을 올린 게 드러나 큰 파장이 일었다. 김명수 사법부에서 이런 황당한 일이 한 두건이 아니다.

사법방해 혐의가 한 두가지가 아닌 김만배는 별건으로 구속연장을 하는 건 적당치 않다는 이유로 풀려났다. 사안의 심각성을 생각하면 선뜻 이해가 안되는 결정이다.

좌우 언론사들에 대한 판결도 너무나 편향적인 경향이 두드러진다. 청담동 술자리를 허위로 보도하고 한동훈 장관을 스토킹한 더탐사 일당들은 구속되지 않았다. 김건희 여사를 취재하겠다며 공공거주 지역에 무단 침입하고 경찰을 사칭한 MBC 기자들은 벌금 150만원에 그쳤다. 재판부는 "취재의 공익적 목적을 감안하더라도 공무원 자격을 사칭한 죄책이 무거우며, 공직에 의해 수행되는 국가 기능의 신뢰를 해쳤다"고 했다.

반면, 채널A 검언유착 사건으로 이동재 기자는 구속까지 됐는데, 결국 무죄로 풀렸났다. 억울한 옥살이에 대한 국가 배상을 받았는데 겨우 4000만원이었다고 한다. 조선일보 보도에 따르면, 강요 미수 혐의를 받은 피의자가 구속된 건 사법 사상 처음이라고 한다. 애초에 이동재 기자가 구속될 때부터 진중권 같은 인물도 정치적 판결로 보인다고 강하게 비판한 바 있었다.

다시 따져보면, 더탐사나 MBC 기자의 행태에 비한다면 "취재윤리"라는 측면에서도 이동재 기자는 죄가 훨씬 덜하다. 더탐사는 주거지를 침입했고 스토킹을 했으며 명백한 거짓말을 사실 확인도 제대로 하지 않은 채 고의적으로 퍼트렸다. 어찌 이동재 기자의 죄와 견줄 수 있을까? MBC기자들은 경찰, 국가 공무원을 사칭했다. 이동재 기자가 검찰을 사칭했는가?

이동재 기자가 "사실이 아니라도 좋으니 무조건 내놔라"라는 하지도 않은 말을 퍼트린 김어준, 최강욱 등은 감방을 살지도 않고 벌금 500만원의 형에 그쳤다. 기자로서 커리어를 박살내고 인격 살인을 한 자들은 자신의 삶에 아무런 데미지가 없다. 그러나 이동재 기자는 직장을 잃고 감방살이까지 했다. 그가 한 일이라고는 취재를 위해 취재원에게 자신이 할 수 있는 한 최선을 다해서 조언을 주겠다는 설득적 스탠스를 취한 것 뿐이다.

이뿐만이 아니다. 장영하 변호사는 이재명이 조폭과 연루됐다는 '제보'를 받고 세상에 알렸는데 조폭이 준 정보가 사실이 아니라는 이유로 기소되어 재판에 넘겨졌다. 웃기는 사실은 검찰은 고의적으로 허위사실을 퍼트린 것이 아니고 제보된 상황에 대한 허위를 파악하지 못한 것이라고 판단하여 불기소처리 한 것을 재판부에서 재정신청을 받아 기소를 했다는 것이다.

심지어 경찰은 장영하 변호사에 대해 구속영장까지 신청했는데 검찰이 영장을 기각했다.

이재명이 "김문기를 모른다", "백현동 사업은 박근혜 정부가 협박을 한 것이다"라고 허위 발언했다는 혐의로 기소된 선거법 재판은 아직 1심도 안나왔다. 그런데 지난 대선에서 "이재명이 대통령 돼서는 안된다"고 발언한 장기표씨는 공직선거법 위반 유죄가 항소까지 판결이 났다. 정말 황당한 일이 아닐 수 없다. 선거운동원으로 등록하지 않은 사람이 선거 당락에 영향을 미칠 일을 하면 유죄라는 것이다. 놀라운 건, 검사가 300만원을 구형했는데 또 재판부가 이보다 더 많은 400만원을 선고했다는 것이다.

박근혜 전 대통령은 주에 4번씩이나 재판을 받았는데 이재명 재판은 업무가 많아 격주로 받겠다고 하는 것을 재판부가 받아들여주며 질질 늘어지는데 이를 제지하지 않고 있다. 이화영 재판이 얼마나 파행이 됐고 지연이 됐는지는 전 국민에게 중계가 됐다. 그런데도 이재명이 죄가 없고 증거가 없으니 구속을 못하는 것 아니냐고 하는 국민들이 거의 과반이다. 이같이 기울어진 운동장에서 과연 이재명에 대한 정당한 사법 정의가 구현될 수 있을 것인지, 아니 이재명의 민주당으로 인해 대한민국의 법치 자체의 근간이 흔들리는 것은 아닌지, 너무도 우려스럽다. 그만큼 보수 진영 전반이 느끼는 위기의식은 거의 공포에 가까워지고 있는 것 같다.

사회를 정상화 시키기 위해서는 기울어진 저울추에 무게를 맞춰 균형을 잡아야 한다. 과거엔 권위주의 정권의 부정 부패와 권력 독점을 철폐하는 것이 시급한 과제였다면 지금은 무정부적 혼돈과 시스템 파괴를 획책하는 좌파 기득권들을 철폐하는것이

시대과제다. 그래서 정상화를 위한 "보수 정권"에 힘을 싣는 것이 이 시대 중도의 현명한 선택이 될 것이라고 전망한다.

북한의 전쟁위협 얘기하면 극우?
안보불감증 전쟁불감증에 걸린 우파

유럽에 살다 보니 자연스레 여러 주요 도시를 여행하게 될 기회를 가지게 되는데, 역사 유적지나 미술관, 박물관 등을 탐문하면서 예전엔 문외한에 가까웠던 유럽사에 대한 식견을 어느 정도는 갖추게 된 것 같다. 유럽은 많은 왕족 국가들이 경쟁하면서 성장했고, 세계 패권세력이 되면서 대항해 시대 식민지를 개척하고 세계화를 통해 막대한 물적 토대를 구축하여 오늘의 경제적 문화적 유산을 누리고 있는 지역이다.

유럽이 성장한 과정을 보고 있노라면, 인간 사회는 경쟁과 전쟁을 통해 부를 축적하는 것이 자연스러운 생리라는 걸 알 수 있다. 누군가가 부자가 된다는 건 누군가는 빈자가 된다는 것을 의미한다. 종교 전쟁과 영토 전쟁을 끝없이 벌이면서 유럽 국가들은 군사 강대국이 되었고 그렇게 축적한 무력을 식민지를 개척하는 데 사용하게 된 것이다. 상당수 유럽국가들은 왕가가 존속하는 입헌군주 체제인데, 서로를 숙명의 라이벌로 의식하고 경쟁하면서, 또 때로는 약자를 수탈하는 기득권 강자 카르텔을 형성해 정치적 비지니스적으로 연대하면서, 성장을 이뤄낸 것이다. 사실 한국의 경쟁력은 '남이 하는 건 나도 한다'거나 '하면 된다'의 마인드가 바탕에 깔려 있는데, 유럽이 성장한 배경에도 형제 국가들끼리의 재산다툼이나 영토 경쟁 같은 비교 우위를 점하려는 구도가 크게 작용한 것이다.

중세부터 근현대까지 이어져온 전쟁에 지친 유럽은 유럽연합을 만들어 대립과 분열을 종식시키고 평화를 정착시키기 위한 연대를 시도했고 이것이 전후 질서를 추동하는 한 축으로 작동했다. 그러나 전 세계를 상대로 전쟁을 벌이고 있는 미국에 비해 이제는 국민총생산마저 반토막 수준으로 쪼그라들며 패권국의 지위를 상실했다.

유럽은 여러 나라들로 쪼개져 있고 민족도 다양하지만 결국 그 정치적 작동방식을 보면 유럽 왕가들의 이사회나 왕족들의 카르텔로 운영되는 "군산복합 연방" 같다고도 볼 수 있다. 지금도 유럽의 귀족들은 하이소사이어티를 형성하고 있고, 이같은 사회구조에서 혁신이 일어나거나 자수성가형 재벌이 등장할 수 있는 가능성은 당연히 상대적으로 낮다. 실제 스페인 현지인들의 말을 들어보면 스페인에서 기업가 정신을 가진 사람들, 즉 출세 욕망이 강한 자들은 일찌감치 남미로 떠난 지 오래라는 것이다. 결국 유럽은 늙은 은퇴자들의 나라, 모험과 열정이 사라진 땅이 되어가고 있다. 임금 수준은 낮은데 각종 세금에다 각종 수당 등의 정부 복지가 강하니, 사람들의 근로 의욕이 감퇴되고 겨우 남미 이민자나 노동자들로 사회의 활력을 유지하는 정도에 그치고 있는 것이다.

유럽의 왕가들은 귀족들과 연대하거나 견제하고 필요에 따라서는 대중들과 연대하며 생존해 왔다. 스페인도 지금까지 군주제가 존속하고 있는데, 독재자 프랑코가 사실은 왕당파였고 자신의 후계자로 왕을 내세웠는데 정작 왕이 좌파 세력과 연대해 민주주의 체제가 확립되었다는 점도 참 특이하다. 마치 한국 현대사에서 전두환의 후계자였던 노태우가 6·29 선언을 통해 민주화체제를 연 것과 비슷하달까. 한국은 민주화체제를 연 노태우가 보수층과 대중에게도 모두 비난받으며 청산의 대상이 됐지만 스페인 왕가는 프랑코 시대에나 좌우대립의 현재 체제에서나 국가 상징으로서 왕족의 지위를 인정받고 있다는게 다를 뿐이다. 스페인 좌파들은 대중 포퓰리즘을 하면서도 왕가는 건드리지 않는데 이는 스페인 외의 타 유럽도 마찬가지로 유럽 특유의 종교적 보수성을 나타낸다.

유럽사에서 민중봉기나 밑바닥으로부터의 혁명이 성공한 경우는 러시아가 유일하고, 공화정을 이룬 청교도 혁명의 크롬웰 정도를 떠올릴 수 있는데 크롬웰은 금욕적인 철권 군부 정치에 염증을 느낀 민중들의 반발과 혈연에 집착해 무능한 자식에게 권력을 물려주려고 했던 이율배반적 모순으로 실패하고 결국 영국은 왕정 복고가 되었다. 프랑스 혁명으로 공화정을 이룬 프랑스와 공산화된 러시아 외에 유럽 사회를 일대 충격으로 몰아넣은 대중 포퓰리즘에 기인한 전제 정치는 아돌프 히틀러의 나치 독일이라 할 것이다. 특기할 점은 현재 유럽은 저성장과 경제불황 및 난민 이슈로 마치 세계대전 당시처럼 곳곳에서 다시 정치적 긴장이 높아지고 우파 세력이 득세하고 있다는 점이다.

이를테면 스페인에서는 모로코의 난민이나 반스페인 강경 무슬림세력들이 국내 정치에 개입하고 사회갈등과 혼란을 획책하는 테러 등을 기획했다는 음모론이 심심치 않게 퍼지고 있다. 사회주의 좌파 계열이 집권하던 북유럽 또한 난민문제와 과도한 PC주의에 대한 역풍으로 청년계층 주도의 우파 정치가 득세하고 있는 양상이다. 러시아의 우크라이나 침공, 그리고 하마스의 이스라엘 민간인 학살 등 전 세계적으로 정치적 긴장과 전쟁의 위험성이 고조되고 있는데 희한하게도 한국만 무슨 이유에서인지 북한의 도발을 방관하면서 전쟁 발발 가능성을 먼 나라 얘기처럼 생각하고 있다. 전쟁은 중동이나 러시아 같은 우리와 상관없는 지역의 얘기일 뿐이고 북한이 미사일을 쏘는 것은 전쟁을 하겠다는 것이 아니라 존재감을 과시하기 위한 것이라는 근거없는 낙관과 방심이 우리 사회를 지배하고 있는 것이다. 이유가 뭘까?

한국은 패권국가인 적이 없었다. 스스로 지배적 지위를 가져본 적 없고 주변의 강자나 대세에 편승해 생존해왔기 때문에 주체로서의 관점이 사라졌고 낙관과 방심이 체질화된것 아닌가 싶다. 항상 전쟁으로 침략이 아닌 침략을 당하는 입장이었기에 이를테면, '전쟁만 일어나지 않았으면 좋겠다'라는 심리가 '전쟁이 설마 나겠어?'라는 희망으로 발현된다고 할까.

군부가 침략 전쟁과 영토 전쟁을 도모해 부의 토대를 이룬 유럽 열강 같은 -유럽의 왕족과 귀족들은 모두 군사력으로 영지를 차지한 군부세력이 원조다- 나라가 아니라, 허약한 왕권이 내부의 패권을 유지하기 위해 '리스크 관리' 위주의 내치에만 몰두했던 것도 근거없는 낙관과 방심의 한 요인이다. 군인들이 아닌 관료들의 나라가 조선이었다는 걸 상기해보면 이해가 어렵진 않을 것이다.

현재 한국 정치를 보면, 우파니 좌파니 할 것 없이 다들 저마다의 이유로 '전쟁 불감증', '안보 불감증'에 걸려 있는 것 같다. 과거 보수 진영은 반공, 북풍 등을 이용해 정치를 참 쉽게 한 경향이 있다. 북한이 도발하거나 위협을 하고 조선일보 같은 주류 언론이 이에 대응하기 위해 국민이 뭉쳐야 한다는 여론을 조성해주면 손쉽게 기득권을 유지할 수 있었다. 그러나 이제 그런 시대는 지났다. 냉전 시대를 거치면서 보수 세력이 북한과 적대적 공생관계로 정치적 이득을 취하고 전쟁 위험을 부풀려 국민들을 '가스라이팅했다'라는 누적된 불신 때문이다.

지금 한국 사회의 주류인 중도 보수 성향의 중산층은 종교적 중세 시대를 지난 후 유럽에서 새로운 주류로 등장하게 된 법복귀족 (실력주의로 관료 엘리트로 등장한 귀족)이나 신흥 브루주아지와 비슷한 성격을 띠고 있다. 서방 세계를 정신적으로 지배했던 기독교 정신과 왕권신수설은 결국 실용주의적 자본주의로 이행됐고 국가의 법적 행정적 권력과 자본의 권력이 결합해 식민지를 건설하고 부의 잉여를 극대화하는 서방 중심의 자본주의 체제가 세계 질서를 구성하게 된 것이다. 그런데 이같은 트렌드를 단기간 안에 흡수한 사회가 한국 사회다. 즉, 한국의 중도와 보수층의 이념은 "먹고사니즘"이며 이와 함께 민족주의니 반공이니 하는 이념 문제는 중세의 종교 종파 문제처럼 시대에 뒤떨어진 유물로 취급될 뿐이다. 냉전 시대에는 전쟁이 오히려 일어나지 않았고 냉전의 장막 속에서 북한 주민들과 한국의 국민들은 확실하게 분리되었다. 때문에 서로를 일상에서 부딪히는 갈등의 대상이 아니라 이념적 관념적으로 존재하는 가상의 적으로만 간주하게 된 것이다. 때문에 김정은이 미사일을 쏘고 군사적 도발을 해도 별다른 위협감을 느끼지 못하고 그저 북한을 낭만적 민족주의 서사를 고수하고 있는 신비한 대상으로 여기고 있다.

사실 주류 기득권이 항상 세계 정세에 따라 강자 쪽에 붙으며 생존해 왔던 한국에는 서방 미디어에서 말하는 엄밀한 의미의 극우가 존재하지 않는다. 극우란 '민족주의'에 기반해 '국가주의'를 우선하는 정치적으로 완강하며 폐쇄적인 세력이라는 정의에 동의한다면 말이다. 오히려 이같은 민족주의 국가주의를 전체화한 것은 북한이며, 서구적 의미의 극우의 결정체는, 군사 조직 자체가 통치를 하고 종교를 금하는 북한 정권이라고 할 것이다. 프랑스의 르펜이나 스페인의 우파들은 -서방 미디어는 극우라고 칭하는- 영미 주도의 글로벌라이제이션과 독프가 주도하는 EU 체제에 삐딱한 반응을 보인다. 이탈리아의 극우 정당으로 불리는 '이탈리아 형제들'도 반난민, 반동성애적 성향에 가족의 가치를 중시하는데, 스페인의 지인 중 우파 성향 인사는 지극히 대중적 우파 의제를 주장하는 정당들을 서구 미디어가 싸잡아 파시즘의 후예라는 식으로 "극우"로 매도한다고 반감을 드러내고 있다.

특히 스페인의 우파 세력은 서방 언론이 독재자라고 규정하는 프랑코를 높게 평가한다. 이들은 프랑코가 제2차 세계대전 당시 연합군과 나치 사이에서 교묘한 중립외교를 통해 스페인을 전쟁의 참화로부터 보호하고 내전의 혼란을 수습하고 경제적 재기의 기반을 다진 것에 대해 높게 평가하고 있다. 그러나 스페인과 미국이 식민지 패권 다툼을 하면서 적대적 관계를 겪은 것에 기반해 스페인을 유럽의 이등국가 취급하는 것에 대한 피해의식도 상당한 것으로 보인다. 프랑코에 대한 서방의 취급은 우리나라의 박정희와 상당히 흡사하다. 두 통치자가 사망한 시점이 스페인이 10년 정도 먼저였는데, 이를 계기로 민주화 체제가 들어서서 현재의 좌우 갈등의 정치 구조가 고착화된 점도 비슷하다. 거기에 스페인은 카탈루냐나 바스크 지역의 독립 문제까지 엮여 있는데 한국의 좌파들이 호남 소외론으로 호남과 결합한 것처럼, 스페인도 좌파들은 지역 분리주의자들이나 좌파 포퓰리즘과 연정하는 방식으로 정치적 주류로 성장했다. 그래서 스페인의 정치적 양상은 일종의 한국의 전조처럼 느껴질 정도로 유사한 점이 많다.

현재 한국에서는 '극우'의 의미가 '반공'이나 '반북'으로 변질된 것 같은 느낌도 든다. 북한에 대해 할 말을 하고 그들의 도발에 끌려다니지 않도록 안보 태세와 한미일 협력 체계를 강조해야 한다 등의 지극히 상식적인 얘기 또한 "전쟁하자는 소리냐"라거나 "태극기 부대 아니냐"는 비난에 직면하기 일쑤다. 이제 중도 보수층은 북한 얘기만 꺼내도 강성 우파로 몰리게 된다는 피해의식에 자발적으로 입을 다물고 있다. 갖가지 잇권과 배임 범죄 혐의의 중심에 있는 야당 대표가 겨우 구속을 면하고서 대정부질의에서 국방부 장관에게 한다는 말이 "북한을 억압하지 말라"고 하는 걸 보면 어이가 없을 정도다.

보수는 우리 뒷배에 미국이 있는데 니들이 어떻게 감히 전쟁을 하겠냐라는 식으로 생각하고 좌파는 아예 북한과 대놓고 "노골적인 공생관계"를 지향하면서 국가의 헌법 질서 자체를 뒤흔든다. 한국의 민중을 지배하는 주류 이념이 국가에 대한 정체성이나 이념이 아니라, '먹고사니즘'과 '친미-반일' 정서 등이기 때문이다. 정작 우리 머리 앞의 핵 보유 세력인 북한에 대해서는 좌우를 막론하고 모든 정치 진영이 문제에 대한 근본적이고도 삼엄한 인식 없이 적당히 '방심'하고 '방관'하는 상태라고 할 수 있다. 북한 문제를 좌우 진영 모두 국내 정치 기득권을 유지하는데만 이용하려는 기회주의적 모습을 보이고 있어, 한국 국민들은 "적대적 공생"이든 "노골적 공생"이든 북한 정권을 우리 자력으로 근본적으로 무력화할 수 없다는 딜레마에 빠져있다. 그래서 북한 정권에 대한 이념적 무장과 강력한 안보 체계로 전쟁을 대비하여 억지하려는 해결책보다는, 그들의 비위를 적당히 맞추며 전쟁을 막자는 회피주의가 팽배한 것이다.

내가 일하는 스페인 대학에서도 동유럽 국가에서 온 학생들이 많은데, 유럽인들에게 전쟁은 피부로 다가오는 일상 속의 공포이다. 동유럽, 아프리카, 중동의 전쟁 난민들이 유럽 땅에 불법 이민자로 유입되고 있기에 이들에게는 전쟁과 난민은 삶의 문제인 것이다. 그러나 한국인들에게는 그렇지 않다. 6·25 전쟁 이후 북한은 그냥 책에서만 반공 교육에서만 존재하는 괴물 같은 존재였다. 나 같은 4050 세대의 경우 대학에 들어가 이념 서적을 읽고 어설픈 학생운동을 하면서 군사 정권의 반공 교육의 허위를 깨닫고 '빨간약을 먹고' 세상의 진실을 본 듯한 선민의식에 빠져들게 되는 식이다.

김정은을 계몽군주라고 찬양했던 유시민 같은 인물들, 국회를 찾은 대통령에게 면전에서 '그만두라'고 말했다는 걸 자랑스럽게 떠벌리는 김용민이나 낯뜨거울 정도로 이재명의 수발을 들면서 김포 시민들의 서울 편입 요구를 천공 배후설로 몰아가는 박찬대 같은 저질스러운 민주당 인사들, 북한과 불법적 거래를 한 기업인에게 배신자 소리를 들으며 북한을 억압하지 말라며 북한 대변인처럼 구는 이재명을 보면, 민주당이 진짜 대한민국 헌법정신과 가치에 부합하는 세력인가 의문이 들지 않을 수 없다.

나치의 파시즘과 민주당의 '개딸 전체주의'

잠시 화제를 돌려서, 그렇다면 독일에서 왜 히틀러라는 독재자가 탄생했는지를 살펴보기로 한다. 현재의 한국 정치와 관련해 유의미한 레퍼런스가 될 수 있다고 생각되기 때문이다. 러시아에서 전쟁광 푸틴이 압도적인 지지율을 보이고 있는 것처럼 아이러니한 건 히틀러 또한 압도적인 국민 지지와 정치 귀족들의 지지를 등에 업고 탄생했다는 것이다. 그러나 2차대전 상황에서의 침략과 학살에 동반 책임이 있는 독일 사회는 그저 히틀러 한 명을 악마화하며 과거청산을 한 양 코스프레를 한다. 매번 토착왜구 운운하면서 북한은 친일청산을 했고 독일도 나치 청산을 했는데 우리나라는 친일 세력이 아직도 떵떵 거린다는 프레임을 씌우는 좌파의 선전 선동과 달리, 독일의 전범 재판 역시 소위 말해 잔

챙이들만 본보기 처벌했지 기득권들은 다 이리저리 빠져나가 다시 사회 기득권으로 복귀했다. 한국의 친일파들이 미군정체제에서 공산주의 좌익을 처단하면서 재빠르게 자유 민주주의 체제의 친미로 변신했듯, 히틀러를 추종했던 세력들도 히틀러를 모든 재앙의 원흉으로 만들며 미국에게 굴복하고 빠르게 신분세탁을 한 것이다. 이같은 전후 사회 독일 사회의 양심의 문제는 걸작 〈The Reader더 리더〉에 잘 묘사돼 있다. 작가는 나치시대를 살았던 전범 세대를 처벌하는 전후 세대의 위선과 허위를 고발한다. 무지했기에 정치적인 선동의 대상이었던 전범 세대들이 다시 위선적인 독일 전후 사회의 마녀사냥의 제물이 되어 희생양이 돼가는 과정을 통해 독일이 말하는 역사적 반성과 나치 청산의 민낯을 생생하게 묘사하고 있는 것이다.

2015년쯤 한국일보에 실린 한 역사학자의 칼럼이 눈에 띄었다. "히틀러는 싸패도 아니었고 야욕도 그다지 없었다"는 것이다. 보통 역사학자들은 히틀러를 근본없는 찌질이 선동가가 벼락스타가 된 뒤 자신의 능력을 과신하고 몰락한 싸이코패스쯤으로 묘사하는데 이 학자의 분석은 히틀러의 성공이 오히려 히틀러에게 독이 됐다는 점, 그리고 히틀러의 정치적 군사적 전략이 상당히 유효했다는 분석을 곁들이고 있어 특이했다. 그러나 히틀러가 자신이 감당하지 못할 성공에 취해 폭주하면서 몰락했다고 분석하는 부분은 주류 견해와 다를 게 없는 점이었다.

그 글을 부분적으로 인용해보면 다음과 같다.

"그렇다면 히틀러는 왜 20세기 최대의 오점으로 역사에 남게 되었을까? 그 까닭은 역설적으로 그가 거둔 성공에 있다. 부랑아에 지나지 않던 히틀러는 1920~30년대 격변을 거치면서 독일을 이끄는 지도자로 떠올라 유럽뿐만 아니라 세계 정치를 주도했고, 1941년까지는 전쟁에서도 승승장구했다. 이런 성공에 도취된 히틀러는 자기가 인간의 한계와 윤리를 뛰어넘어 무엇이든 할 수 있는 초인이라고 생각했다. 이 과정에서 나폴레옹이 하지 못한 러시아 정복을 자기는 해낼 수 있다는 자신감, 그리고 '열등인종'을 없애버리는 것이 좋은 일이라는 도덕적 우월감이 도출되었다. 그 결과는 다 알다시피 인류의 재앙이었다."

히틀러는 오스트리아 이민자 출신이고 군에서 이룬 성공적 경력을 발판으로 노동당에 스파이로 잠입했다. 그런데 스파이로 잠입했던 당을 염탐하다가 자신의 선전선동 능력을 발견하게 됐고, 오히려 노동당에서 지지를 얻어 반유대인주의, 게르만민족주의 등을 주창하게 된 것이다. 이로써 그는 진정한 극좌와 극우의 정치적 통합을 이루게 됐다.

흥미로운 것은, 히틀러는 태생이 귀족 출신이 아니었다는 점이다. 방구석 선동가로 허세가 심했지만, 실제로는 소심한 캐릭터였고 주변인들에게도 독재자처럼 굴다기 보다는 굉장히 친절한 편이었다고 한다. 남성으로서의 자존감이 낮고 자기 확신이 없는 찌질한 인물이었기에 대중 선전 선동이나 괴벨스적 이미지로 허세를 피운 것이다. 히틀러는 여성 취향도 순종적이고 자신을 맹목적으로 추종하며 길들이기 좋은 화려하지 않은 외모와 백그라운드를 가진 어린 여성을 선호했다. 충직한 개를 사랑해서 동물보호법 주창에도 앞장선 사람이다. 이쯤되면 히틀러가 어떤 성향의 성격을 가진 인물인지 짐작이 된다. 히틀러는 진정으로 강자에 맞서서 싸울 결기가 있는 인물이 아니었다. 그는 선동가 시절에도 자신의 의견에 딴지를 걸거나 반대하는 인물들과는 논쟁을 피했다고 한다. 자신을 숭배하거나 과대평가하는 자들에게 그 환상을 유지할 수 있는 이미지를 창출하는 데 능했던 사람이지 스스로를 강자로 생각했던 사람은 아니라는 것이다.

실제, 히틀러가 독일 국민의 압도적 지지를 받은 건, 그가 극좌 극우를 아우르는 모든 내부 정치세력을 통합하는 정치공학에 천재적이었고 성공적이었기 때문이다. 히틀러는 대표적인 극우 포퓰리스트로 불리지만, 포퓰리즘을 선동하면서 그가 기득권 세력을 공격한 것은 아니었다. 오히려 독일 내 군부 귀족들은 히틀러와 연대했는데, 히틀러의 대중적 인기에 편승해 기득권을 획책한 것이다. 히틀러는 외부의 적을 설정하면서 내부의 부패 기득권 세력과 공고한 연대를 형성했다. 일평생 청렴했다는 이미지를 내세웠던 히틀러가 주변인들의 횡령과 월권을 눈감아주고 자신의 정치적 우군을 포섭한 것도 상당부분 이재명이 연상되는 대목이다. 한동훈이 대장동 사건을 “지자체의 토착비리 사건”으로 규정했듯, 본인이 관할했던 성남시, 경기도 등을 컨트롤타워로 삼아 잇권을 배분하면서 사실상의 카르텔을 형성했다는 의혹, 또 거물 정치인인 이해찬의 측근 이화영에게 자리를 주고 그의 부패를 눈감아주며 이화영이 김성태를 부추겨 대북 사업에 뛰어들게 했다는 관련자들의 주장들, 민주당 의원들을 공관으로 초대해 포섭하고, 대권 프로젝트의 전초기지로 가동한 것 아니냐는 일각의 의심들이 말이다.

대중적인 히틀러의 이미지는 금욕적이고 검약한 모습이었는데 이것은 전략적인 이미지 메이킹의 산물일 뿐이었다. 그러나 지금도 이 선전의 효과로 히틀러가 굉장히 금욕적이고 검소한 사람이었다고 생각하는 사람들도 다수다. 이재명이 가족 예능을 찍으며 수십년된 에어컨이 고장나서 애를 먹는 모습이라든가 소금만 가지고 밥을 먹자는 등의 소탈한 이미지를 노출했는데 바로 그 아파트로 수십인분의 법카 주문 초밥이 주문됐다는 조명현씨의 내부고발 내용은 소름이 끼치는 대목이다. 히틀러는 기업들로부터 뒷돈과 정치자금을 받아 횡령을 하고 사치를 부렸는데, 세무서당국에서 아무리 털어도 ‘다 공무용으로 마련한 것이고 개인 수입은 없다’라며 뻔뻔하게 둘러대는 통에 당국도 결국 물러설 수밖에 없었다고 한다. 공익제보자 조명현씨에 의하면, 경기도 공무원 배소현 씨가 마치 기미상궁처럼 이재명 부부 일가의 잔수발을 들며 신세를 한탄하고, 이재명이 직접 썼던 샴푸나 누룽지까지 공무를 위장한 법카로 사용해 생활비를 쓴 정황이 드러났는데도, 자신들이 직접 법카를 쓴 것은 아니라며 뻔뻔하게 대응한 것이 오버랩되는 대목이다.

히틀러는 자신의 권력을 잡기 위해 대중들을 선동하면서도 재벌이나 군부 장성 등 기득권 세력에게 아첨하는 것도 게을리하지 않았다. 이재명은 어떤가. 이재명은 기본소득이니 기본교복이니 포퓰리즘적 정책으로 자신을 서민의 대변자로 포장했는데 정작 자신을 포함, 측근들 모두 부정부패 카르텔의 구조를 만들어 잇권을 챙긴 혐의를 받고 있다. 유동규와 남욱 등은 이재명의 선거를 돕기 위해 인터넷 댓글 여론 조작 등에 동원됐다고 폭로했다. 히틀러는 자신을 '정치적 아이돌' 쯤으로 취급하던 독일 군부에게 잇권이나 뇌물을 제공하면서 환심을 샀다. 일설에 따르면, 이재명은 경기도지사 재직 시에도 허세는 부렸을지언정 행정고시 출신의 엘리트 고위 관료들의 심기는 웬만하면 건드리지 않고 눈치를 봤다고 한다. 자기 라인이 아닌 사람들을 괜히 들쑤셔 정진상이나 김용 등의 월권이나 부패가 문제가 될까봐 몸을 사린 처신으로 봐야 할 것이다. 철저히 '강약약강'의 처세술이다. 자신을 인정하지 않은 그러나 만만치 않은 상대에게는 당장 맞서지 않고 우회하며 때를 기다리고, 조광한 남양주 시장 같은 정적은 수단과 방법을 가리지 않고 괴롭히는 것이 이재명 방식의 정치가 아닐까 추측된다. 자신이 기획한 선전 선동의 구호는 요란하지만 이재명 또한 정작 술자리라든지 사람들과의 인간적 모임이나 스킨십을 즐겨하는 스타일이 아니라는 건 잘 알려져 있다. 단식을 하는 와중에도 어떤 사람들이 눈도장을 찍었는지 체크를 하고 소속 국회의원들의 소셜미디어 활동에 지령을 내리고 감시하는 공포주의적 방식을 조장하는 게 이재명식 정치다.

방구석 애국자이자 선동가였던 히틀러가 우연히 맥주홀 연설로 정계의 깜짝 스타로 탄생한 방식 또한 이재명이 등장했던 장면과 너무 흡사하다. 이재명이 처음 대중에게 알려진 것은 박근혜 탄핵 정국이었다. 일반 대중들에게는 당시로선 '듣보잡'에 불과했던 일개 성남시장이 열심히 '손가락 혁명군'을 조직해서 인터넷에서 선전 선동을 하고 팬덤을 조직해 박근혜를 구속하라거나 탄핵하라는 등의 극단적 선동 구호로 인기를 얻은 것이다.

이재명은 과거 정동영 팬클럽 회장을 하면서 정치의 밑바닥 생태계부터 선전 선동과 조직 선거 등을 체화하며 등장한 정치적 자수성가형이라 할 수 있다. 민주당의 터줏대감이라고 할 수 있는 운동권 엘리트들의 눈에는 근본없는 천박한 포퓰리스트라고 할 만한데, 이해찬과 같은 운동권 엘리트 정치 기득권과 결탁해 주류를 장악한 것도 놀랍도록 히틀러의 성장과정과 흡사하다.

방구석 웅변가에 불과했던 히틀러라는 괴물을 괴벨스가 신비주의 방식의 마케팅으로 신격화하는 데 성공한 것도, 현재 관찰되고 있는 개딸들의 이재명의 '절대 존엄화'와 비슷하다. 유태인의 피가 얼마나 섞였는지 등급을 매겨서 유태인을 차별했던 나치 독일처럼 개딸들은 이재명에 대한 반명 수치 정도에 따른 '수박당도 등급' 등을 운운하면서 사람의 인격을 모욕하고 재단하는 마녀사냥을 하고 있다. 이재명의 법카 문제를 언급했다가 개딸들의 융단폭격을 맞은 김동연 지사가 뒤늦게 자신의 말을 변명하며 수습하는 촌극을 보고 있노라면 개딸 정치의 전체주의적 방식에 공포심마저 느껴진다. 히틀러를 전체주의의 화신으로 만들고 집단 학살의 원흉으로 키운 건 비겁하고 타락한 독일의 기득권 사회였듯, 지금 이재명이라는 개딸 공포 정치를 제어불가능한 광기로 몰고 가는 건 바로 이재명을 앞세워 뱃지만 달고 보자는 민주당의 586 적폐들인 셈이다.

현재 민주당의 행태를 보면, 이재명이라는 반윤의 상징을 내세워 총선과 대선을 치를 가능성이 커보이고 이재명에 맞설 민주당의 주자는 딱히 없어 보인다. 이재명이 구속되었더라면 이야기가 달랐겠으나 김부겸, 이낙연, 정세균 등 민주당의 기득권이라 할 수 있는 문재인 정권의 원로들은 친명 개딸의 폭주를 방관하고 눈치나 보면서 보신주의나 하는 상황이다. 반명인 이원욱 의원은 이재명 구속이 기각된 후 엉뚱하게 분노를 한동훈에게 표출했는데 우리가 '이재명 잡아가'라고 슬그머니 성문을 열어줬는데 범죄자를 눈 앞에서 놓친 게 너희들의 무능함 때문 아니냐'는 한탄으로 내 눈엔 읽혔다.

내가 보기엔, 민주당 내 어느 정도 문제의식이 있는 반명 세력들은 자신들이 전면에 나설 용기는 없지만, 검찰이 좀 적극적으로 나서서 이재명을 처리해주기만을 바라고 있는 형국이다. 민주당의 반명 세력 역시 민주당 내 기득권이며 다음 총선의 청산 대상인 정치권의 '고인물'들이다. 따라서 이들이 개딸의 강성 폭주 기조에 맞서지 못하고 자구책으로서의 대체 리더십을 찾지 못한다면 결국 민주당은 "개딸 전체주의"에 매몰되며, 궤도를 벗어난 폭주 기관차의 끝을 보일 거라 생각된다.

지금, 윤석열은 처칠이 돼야 한다

대중 선동과 기득권 포섭으로 전국민의 절대적 지지를 얻어낸 히틀러는 결국 신적으로 떠받들여지는 지위와 자신을 향한 대중의 열광을 유지하기 위해 제2차 세계 전쟁을 일으켰고 스스로 욕망이라는 덫에 걸려 국제 정치에서 고립되며 몰락했다. 그로 위해 독일국민이 지불해야 했던 댓가는 누구나 아는 것처럼 참혹했다. 이재명은 여러 사람들의 죽음, 그리고 대장동 백현동의 민간인 업자의 수천억 이득 독점 등에 대해, 사법적 판결을 떠나, 엄연한 도의적 책임을 져야 할 정치인이다. 그러나 사법적 처리 여부와 별개로 무능하고 부패한 행정의 중심에 있었던 도덕적으로 오염된 당대표를 정치적 희생양이나 영웅으로 만들기 위해 민주당이 앞으로 치러야 할 댓가는 만만치 않을 것이다. 그리고 그

것은 이재명의 구속이나 사법 처리와는 별개의 엄연한 정치적 진실이다.

앞에서 지적했듯, 히틀러는 그렇게 만만한 정치력의 소유자라고 볼 수 없다. 그는 국내 정치에서 유용했던 정치 스킬을 유럽 내 패권을 잡는 세계 대전에서도 동일하게 사용했다. 문제는 독일의 기득권 세력이 비겁하게 히틀러의 뒤에 숨었지만, 유럽의 패권을 놓고 벌이는 승부에서는 예상 외의 복병이 등장했다는 것이다. 바로 영국 내에서 자국민들에게 '전쟁광'으로 비난 받았던 수상 처칠이다.

히틀러의 '강약약강' 전략은 아주 간단하고 위협적이며 효과적이다. 그는 단순한 전쟁광, 혹은 앞뒤 가리지 않는 미치광이가 아니었다. 그의 전략은 매우 합리적이고 실행가능해 보이는 어떤 것이었다. 유태인들은 독일 뿐 아니라 전 유럽에서 그닥 환영받는 존재가 아니었고 특히 소련의 유대인 탄압은 독일보다 심했다. 그리고 전통적으로 사이가 좋지 않은 소련의 경우 스탈린이 공포정치로 국내 정적들을 모두 일소하면서 군사력이 매우 약해진 상황이었다. 히틀러는 기민하게 이를 포착한 것이었다. 그래서 독소불가침 조약을 통해 소련과의 관계 개선을 한 후, 동유럽과 저지대 지역 등을 점령해나가기 시작한 전략은 아주 성공적이었다.

또한 그는 처음부터 영국과 전쟁을 원하지 않았다. 그러니 어쩌면 전쟁광이라는 레이블은 히틀러에게는 다소 억울할 수도 있다. 전쟁을 미국까지 끌어들여 판을 키우고 확전시킨 것은 처칠이었다. 그는 체임벌린과 평화 조약을 맺으며 영국을 안심시킨 후 영국이 자신들의 출혈을 감내하면서 굳이 대륙의 전쟁에 개입하지 않을 것이라고 판단했던 것이다. 실제 영국 내에서는 히틀러를 인정하고 평화를 유지해야 한다는 여론이 강했다. 이것은 문재인이 김정은과 평화 협정 후, 마치 당장 통일이라도 될 듯, 김정은의 신뢰도가 70%이상이라는 여론 조사가 나왔을 때의 한국 상황, 이준석 같은 인물들이 대통령에게 이재명을 인정하고 만나라고 떠미는 것이나, 민주당 인사들이 북한에게 우호적으로 손을 내밀라고 압박하는 것과 너무도 흡사한 대목이다.

체임벌린 수상은 히틀러를 만나고 와서는 히틀러는 믿을 수 있는 상대라며 평화 조약을 맺었고 영국 내 여론 역시 전쟁이 아닌 평화를 원한다는 의견이 다수였다. 그런 와중에 "호랑이 아가리에 머리를 들이대고 평화를 말할 수 없다"고 했던 처칠은 분위기 파악 못하는 똘아이 혹은 "전쟁광" 소리를 들어야만 했다. 만약 전쟁이 히틀러의 승리로 끝났다면 처칠이야 말로 수많은 전쟁 희생자들과 식민지 수탈의 원흉이 되어 악마화의 대상으로 전락했을 것이다. 현재 좌파들이 윤석열 대통령이 북한을 자극한다면서 자국의 정부를 비난하며 북한을 옹호하고, 윤미향 등의 좌파 의원들이 한미 군사 훈련을 전쟁 도발행위로 규탄하는 것이 내 눈엔 처칠을 전쟁광으로 매도했던 2차대전 직전의 영국과 비슷한 양상으로 보인다. 그런데 처칠이 어떻게 영웅이 됐는지 그리고 어떻게 전 세계를 전체주의로부터 구해낸 것인지를 알려고 하지 않는 사람들 때문에, 혹은 망각한 사람들 때문에 역사는 반복되게 돼 있는 것이다.

히틀러는 다 알다시피 침략 전쟁을 멈추지 않았고 프랑스까지 나치의 지배 하에 놓이게 되자 영국은 마침내 히틀러를 신뢰할 수 없다는 것을 뒤늦게 깨닫고 처칠의 통찰이 맞았다는 점을 인정하게 된다. 히틀러는 애초에 강대국인 영국을 건드리지 않으면서 프랑스를 먹은 뒤 힘을 길러 소련까지 친다는 속셈이었고 당시 스탈린 또한 국내 정적들을 숙청하는 데 정력을 쏟았으니 잠시 휴전한다는 복안이었는데, 갑작스러운 히틀러의 침공으로 독소 전쟁이 시작된 것이다. 당시 히틀러가 소련을 침공한 것은 자신의 예상과 달리 영국이 체임벌린을 실각시키고, 강경책을 주장하는 처칠이 집권하는 것을 보고 다급함을 느꼈기 때문이다. 최선의 방어는 '공격'이라는 명제를 받아들여 영국의 반격에 동요하는 내부를 단속하기 위해서 영국보다는 '쉬운' 상대인 소련을 먼저 굴복시키는 전략이었던 것이다.

내가 전망하건대, 이재명은 대통령과 여당을 탄핵 등의 카드로 굴복시키는 것보다는 먼저 내부의 정적들부터 처단할 것이 확실하다. 왜냐하면 비명계가 윤석열 정권보다는 더 무너뜨리기 쉬운 상대이고 자신이 민주당을 절대적으로 장악한 뒤에는 정권까지 무너뜨릴 수 있는 완벽한 조건을 갖추게 된다고 생각할 것이기 때문이다.

그러나 독소 전쟁이 남긴 교훈이 있으니, 그것은 결국 깨질 조약은 깨지게 돼 있다는 것이다. 현재 이재명이 구밀복검 전략으로 통합을 얘기하면서 한편으로는 강경파 친명들의 저급한 패악질을 부추기고 방관하는 듯한 모습을 보이는데, 이것이 바로 히틀러와 스탈린이 맺은 공허한 독소 평화조약 같은 것이다. 유럽 언론은 히틀러와 스탈린이 조약을 맺을 때부터 결국엔 언젠간 깨질 조약으로 회의적인 시각을 보였는데 이는 머지 않은 현실이 되었다. 비명과 이재명은 근본적으로 신뢰할 수 없는 관계이며 결국은 전쟁을 할 수 밖에 없는 관계이다. 지지율이 낮은 윤 정부와 비명이 정치적으로 연대할 수 없을 것이라는 가정하에 이재명은 비명들을 그냥 자연 고사시키며 적절한 학살 타이밍을 재고 있는 것으로 보여진다.

그런데 가만 살펴보면 처칠과 윤석열 대통령은 외모부터 성정이나 스타일 등 상당히 유사한 점이 많다. 둘다 유복한 가정의 금수저 출신이라 할 수 있지만 남들과 달리 쉽지 않은 길을 갔다는 게 일단 비슷하다. 이따금 좌충우돌하는 기질이라든가, 끈기를 갖고 재기를 모색하는 것도 비슷하다. 처칠은 해군장관으로 승승장구하던 시절, 1차 대전 당시 이스탄불에 영국군을 상륙시키는 갈리폴리 작전을 입안했다가 참담한 실패를 겪고 다시 밑바닥부터 시작했다. 윤석열 대통령이 문재인 정권에서 벼락출세를 했다가 조국 사태를 계기로 보수당의 대통령이 된 드라마틱한 과정처럼, 처칠도 인기없는 정당을 탈퇴하고 복귀하는 것을 반복하는 등, 정당과 선거구를 옮겨다닌 정계 문제아 취급을 받았다는 점도 흡사하다.

윤 대통령이 공개한 일화 중에 어린 시절 스케이트를 배울 때 다른 아이들은 꾀를 부리면서 자세를 고쳐도 자신은 아무리 등이 아파도 묵묵히 정해진 자세를 고수하면서 주어진 것을 다 완수했다는 이야기가 있는데, 이는 훗날 정치적 고립과 좌천에도 불구하고 묵묵히 검찰을 지킨 사례와 결합하면서 윤 대통령의 남다른 인내심과 원칙 존중 등을 보여주는 대목이다. 이 또한 여러 차례의 정치적 실패를 딛고 해군장관에서 다시 일반 장교로 백의종군하며 정치적 시련을 딛고 오뚝이처럼 재기한 처칠의 정치적 역정과 비슷하다.

개인적 정치적 성장 배경도 두 인물이 상당히 흡사한데, 유복한 금수저로 좋은 교육을 받으며 자랐다는 점, 윤 대통령이 9수를 해서 사시합격을 했듯, 처칠도 3수를 해서 사관학교에 들어갔다는 것도 빼놓을 수 없는 공통점이다. 심지어 애주가에 애처가인 점도 비슷하다.

등치가 크고 상남자 비주얼에 화통한 카리스마를 보이지만, 감정이 풍부하고 눈물도 많고 외교 등에 있어서 실리를 추구하고 권력과 세계 질서의 흐름에 기민하게 대응하는 점, 호소력있는 대중 연설 능력도 그렇다. 처칠 또한 처음엔 말더듬이가 심했는데 쉼없는 연습으로 끈기를 가지고 고쳐서 나중에는 최고의 연설가가 되었다. 처질은 정치적 레토릭이나 문장력도 뛰어나서 뛰어난 화가이면서 자신의 회고록으로 노벨 문학상까지 받았다.

윤 대통령도 후보 시절 '도리 도리' 습관 때문에 많은 조롱을 받았지만 미 의회에서 멋진 영어 연설 실력을 뽐내면서 외교적 실익을 도모하면서 실제적인 성과를 냈다. 사람들과의 술자리를 격의없이 받아들이고 노래 솜씨를 뽐내는 등 흥이 많은 타입에 감정에 치우쳐 눈물을 보인다거나, 종종 급발진하거나 투박한 모습을 노출하는 것도 처칠과 유사한 모습이다.

국제적 시각에서 지금 한국을 조망하면 시시각각 돌변하는 불안정한 주변국들의 정세 속에서 상당한 위기에 직면해 있다. 전 정부에서 그렇게 믿었던 북한 김정은 정권은 미사일과 핵개발로 한반도를 인질삼고 있고, 집권 여당은 친북적 야당 세력의 몽니와도 같은 비협조로 지지율과 여론에서 끌려다니고 있다. 이같은 정치적 고립을 타개 하기 위한 시도한 미국, 일본과의 관계 개선 전략 역시 야당 측에 의해 극단적 친일이나 친미라는 프레임으로 공격을 당하고 있는 형국이다. 여가부 폐지 등의 공약도 서방 언론으로부터 정치적 퇴행이라고 비판을 당하며 그야말로 국내외적으로 정치적 비판에 놓여 있는 국면이라 할 수 있다.

처칠이 영국 수상에 오른 후 가장 먼저 한 것이 '거국 내각'으로 국내 정치를 먼저 통합한 것이었다. 주적은 히틀러라는 점을 분명히 한 것이다. 안으로는 통합 그리고 밖으로는 연대가 전쟁을 이기기 위한 최선이라고 처칠은 믿었던 것이다.

한때 처칠은 자신들의 식민지였던 미국에 한껏 몸을 낮추고 참전을 요청했다. 루즈벨트에게 천 통이 넘는 편지를 보내면서 신뢰구축에 힘썼다. 실제 연합군의 총 사령관도 영국군이 아닌, 미국 장성(후에 대통령이 되는 아이젠하워 장군)에게 양보했을 정도다. 미국을 신대륙의 촌뜨기들로 취급하던 엘리트 영국 장교들이 이에 반발하거나 미국을 무시하는 오만한 행태를 보였지만 처칠은 시대의 흐름을 읽어내는 기민한 통찰과 정치력, 넉살과 뚝심으로 밀어부치는 외교술이 있었던 것이다.

윤석열 대통령은 지금과 같은, 총체적이라고 말해도 과하지 않을 난국에서 처칠을 롤모델 삼아 위기에 처한 대한민국의 헌법적 정통성과 안보 체제를 지켜낼 묘수를 짜내야 한다. 내가 생각할 때 가장 중요한 것은 보수를 통합시기고 국민의 여론의 지지를 받고 반국가적 세력들을 강력하게 법치로 처단하는 것이다.

지금 전황은 보수 내부는 분열되고 있고 중도층이 보는 대통령의 이미지는 무능하고 권위적인 것으로 비춰지고 있으며 여러 "반윤 패널"들이 진영을 불문하고 미디어를 활보하며 선전 선동에 여념이 없다.

대통령은 처칠의 마인드로 내가 '굽혀야 할 상대'와 또 단호히 상대해야 할 '주적'이 누군인지 전략적 피아식별을 해야 한다. 나치 빼고는 모두 다 힘을 합쳐야 한다는 생각으로, 미국에게 굽히고 소련과도 협력했던 그 처칠의 전략 말이다. 윤 대통령이 굽혀야 할 것은 지지율이고 여론이다. 그리고 주적은 이재명과 반헌법적 작태를 일삼는 586 적폐들이다. 그들을 단호하게 청산하기 위해 거국 내각이든, 연정이든 무엇이든 할 수 있는 것은 다 해야 한다.

홍준표, 오세훈, 안철수, 나경원 등 모든 유력 정치인들과 손잡고 보수의 외연을 탄탄히 하고 중도의 여론에 따라 정책 기조를 민생과 정책에 집중하고, 이재명의 범죄 기소 혐의에 대해서는 기존의 단호한 모습과 결기를 보여야 할 것이다. 국민은 자신의 몸을 굽혀 궁극의 승리를 이끄는 지도자를 보고 싶을 뿐이다.

패배했기에 적에게 숙이는 지도자는 버려질 뿐이라는 건 역사가 이미 충분히 증명하고 있다.

CHAPTER 3

586, 도취와 오만, 청산 대상으로 전락한 퇴행적 선민의식

‘노사모’, 최초의 정치 팬덤에 담긴 ‘지역 갈등 타파’의 시대정신

그 대상이 연예인이든 정치인이든 팬덤이 조성되는 초창기에는, 스타에 대한 팬과 대중들의 호기심과 이끌림, 그리고 설렘이 관찰된다. 정치 팬덤으로 치자면, 새로운 시대 정신과 정치인이 내건 아젠다가 화학적으로 결합하는 게 초창기의 형태라고 할 수 있다. 내가 지금부터 검토해 보려는 정치인 팬덤의 원조라 할 수 있는 노무현 팬덤에는 ‘지역정서를 극복한 진정한 진보’라는 아젠다가 있었다. 여기에 비주류인 노무현의 기득권에 대한 도전이라는 서사가 더해졌다. 기성 권위의 해체를 요구한, 순수하고 도발적인 고졸 변호사라는 노무현의 캐릭터가 그 바탕에 있었던 것. 전략적인 ‘출판’을 통한 핵심 지지층 결속과 커뮤니티 형성이 이뤄졌고, 당시 막 도입된 인터넷 매체를 적절히 이용해 젊은 층과 얼리어답터 층에게 자신들의 아젠다를 확산시킬 수 있었던 것도 주효했다. 즉, 조중동의 레거시 여론 지형에 균열을 내는 미디어 혁명도 노무현 팬덤에 순기능을 했던 것이다.

노무현 팬덤이 잘 보여줬듯, 팬덤이 강력해지기 위해선 메시지와 서사, 공동체를 규정하는 비전과 가치를 확보하고 있어야 한다. 그런 brand identity가 형성되면서 우리는 남과 다르다는 유태인들의 선민의식과 같은 '공동체의식', 종교적 열광의 cult following을 구축할 수 있다. 유시민이 말한 '깨시민론'이 그것이다. 그리고 적, 보수진영 혹은 DJ계 정치인들과 전쟁을 벌이며 승리의 기쁨을 향유하는 것이다.

예수의 출현이 결국 타락한 로마 제국을 무너뜨린 기폭제가 됐듯, 정치 팬덤은 비주류가 주류를 전복할 수 있는 무기로 곧잘 활용된다. 노무현은 국민참여연대 등 외곽의 친위부대를 조성해 DJ계 주류와 맞서며 당을 장악해 나갈 수 있었다.

노무현을 사랑하는 사람들, '노사모'의 탄생. 사람들이 정치인을 '사랑'과 '옹위'의 대상으로 인식한 첫 사례라고 할 수 있을 것 같다. 돌이켜보면, 내가 노사모가 된 건 뜨거운 피가 끓던 이십대에 정치적 변혁에 대한 '풋사랑'을 앓았던 데서 촉발된 거라고 할 수 있다. 사실 그때까지 나에게 노무현은 굉장히 낯선 이름이었다. 민주당의 대권 후보로 나선 언더독 후보였는데, 그냥 청문회 때 명패 한 번 던져서 깜짝 스타가 된 것 같은, 뭔가 중량감이 부족해 보이는 느낌이었다.

그 당시 나는 한화갑, 추미애, 김민석 같은 정치인들에게 상당히 호감을 갖고 있었다. 그들은 모두 내가 존경했던 정치인 김대중이 발탁한 인물들인데, 엘리트이면서 합리적이고 세련된 감각과 소신을 갖춘 정치인으로 보였기 때문이었다.

그랬던 내가 존재감이 없던 비주류 노무현에 대해 완전히 빠져들게 된 건, 남편이 우연히 권한 노무현 자서전을 통해서였다. 남편은 노무현만큼 괜찮은 정치인이 없다면서 노무현만의 서사, 즉 꽃길을 거부하고 꼬마 민주당에 잔류하고 낙선을 각오하고 민주당 간판으로 험지에 나갔던 결기 등을 알려주었다. '금사빠'에 속하는 나는 그런 새로운 혁신성에 빠져들었고, 결정적으로 강준만이 노무현을 지지하면서 열렬한 '노빠'가 되었다. 진보가 진정한 진보가 되려면 호남을 벗어나야 한다는 논리였고 전국적인 정치인이 진보의 대표가 돼야 한다는 논리였다. 그건 분명 지역적 고립에서 벗어나려고 하는 호남인들의 진정성 있는 선택이었다.

다시 말하지만, 팬덤은 유명인과 대중이 '유사 연애'를 하는 것과 비슷하고 사랑에 빠지는 남녀는 보통 서로를 열렬히 탐구하고 공부하면서 완전한 이해를 추구하게 된다. 팬덤이 형성되는 과정은 사람과 사람이 만나 설레이고 호기심을 느끼고 서로 알아가는 그런 단계와 유사하다.

연애감정이 유지되려면 적당한 신비주의가 필요하다. 상호 환상을 유지하기 위해서다. 그런데 나의 경우는 항상 적당한 거리 두기에 실패하는 편이다. 한 번 빠져들면 온전히 파고들어야 하기 때문에 그런 환상 감정을 오래 지속하지 못한다. 노무현의 경우도 그랬다. '내가 그를 누구보다 잘 안다'는 생각이 '내가 너무 환상에 빠져서 실체를 보지 못했구나'로 바뀌는 데는 그닥 오랜 시간이 걸리지 않았다.

돌이켜보면 노무현은 나에겐 굉장히 애증이 교차하는, 비유를 하자면 손에 잡힐 듯 잡히지 않는 나쁜 남자처럼 느껴지는 정치인이었다. 그가 매력적인 이유는 아마 야성미에 있었을 것이다. 정제된 권위와 가식을 해체해 버리는 야성미에 쾌감을 느꼈달까.

노무현은 당시 주류 정치인이라면 모두가 성역처럼 여겼던 조선일보를 향해 "신문도 아니다"고 일갈한 최초의 정치인이었다. 안티 조선일보 운동이 거셌던 그 시절엔 좌파 정치인들도 조선일보의 눈치를 보던 시절이었는데 내 또래 친구들은 주눅들거나 눈치보지 않고 거침없이 소신을 피력하는 노무현의 주장에 청년의 일탈적 해방감을 느꼈다. 아마 그런 정서적 경험들이 이제는 4050인 내 또래들이 견고한 관습적 민주당 지지자로 굳어져버린 역사적 맥락일 것이다.

노무현이 그랬던 것처럼 1퍼센트의 지지율로 시작한 언더독이 신드롬을 일으키고 판을 뒤집어 대권 후보가 되고 또 기어이 대통령이 되는 승리의 서사는 드라마틱하고 짜릿하다. 그런 면에서 윤석열은 여러모로 노무현을 많이 연상시킨다. 정치권의 뉴페이스가 단숨에 바람몰이로 기존의 정치 기득권을 몰아내고 대권을 손에 쥐었으니 말이다. 둘 다 대중친화적인 매력에 감정 표현이 진실하다는 점이 통한다. 호불호가 갈리지만, 볼수록 미운정이 드는 스타일이랄까. 독고다이로 눈치 보지 않고 마이웨이하는 스타일이라 많이 미워하게도 되지만 또 그 미움이 추후에는 일정 정도 버릴 수는 없다는 심리적 부채감으로 돌아오는 것도 사실이다.

나는, 엄밀한 의미에서 최초로 '팬덤 정치'를 시작한 것이 노무현이라고 생각한다. 김대중이나 김영삼은 지역적 기반을 가진 정치적 계파의 수장 이미지가 강했다. 그러나 정치적 기반이 약한 비주류였던 노무현은 인물의 매력과 캐릭터에 기댄 감성적 이미지 정치를 최초로 도입했다. 마침 그때 대중적으로 보급된 인터넷을 통해, 화이트칼라나 대학생 층 즉 신기술 도입에 빠른 얼리어답터 계층을 대상으로 군사정권 종식을 넘어선 진정한 정치적 의미의 '진보'의 가치가 대중화됐다. X세대만의 자의식과 결합된 정치 팬덤이 조성된 것이다.

아마 내 또래의 4050 들이 태어나서 처음으로 정치인의 자서전을 사서 읽고, 정치인의 서사에 몰입해 눈물 흘리고, 월급을 털어 그 당시로서는 거금인 10만원을 정치 후원금으로 보내본 것도 노무현이 아마 처음일 것이다. 그랬던 내가 20년이 지난 윤석열에게 정치 후원금 10만원을 냈으니 정말 노무현-윤석열의 평행이론이라고 해야 할까? 같은 점이라면 20년전의 노무현 지지자나 현재의 윤석열 지지자는 정치적 '소수파'라는 것, 다른점이라면 당시 언더독 노무현을 지지했던 2030 소수파가 지금은 정치적 주류인 좌성향의 4050이 됐다는 것이다.

그 당시 기자이던 내가 "상식이 있는 지식인이라면 당연히 이회창이 아닌 노무현을 찍어야 하는 것 아니냐"고 급발진하자 한 선배가 "이미 한나라당 쪽에도 김영삼 이후로 다 진보 쪽이 들어가서 섞였잖아"라고 했던 기억이 난다. 더 이상 이회창의 한나라당을 군사정권의 후예라고 볼 수 없다는 얘기였다. 나는 당시 이회창을 기득권 구태로 프레임한 좌파진영의 마타도어에 세뇌된 상태였다. 깊은 성찰도 없이 이회창은 기득권 적폐나 다름없다고 비난하며 노무현을 응원했었다. 이런 나를 주변 선배들은 철이 없다고 생각했던 거 같은데, 그럼에도 새로운 혁신적인 정치 지형에 대한 나의 들뜬 열정을 부정적으로 보는 것 같진 않았던 듯하다. 젊은 애들이 참 선전 선동에 취약하다는 생각을 하긴 했겠지만 말이다. 그들도 새로운 드라마가 펼쳐지는 것에 그리고 X세대들이 주도하는 문화에 대해 다소의 거부감도 있었겠지만 대체로는 긍정적으로 귀엽게 바라봐주는 시각이 있었던 것이다.

정몽준이 막판 지지철회를 하고 난 다음날 출근했더니 회사 간부들이 정몽준을 "동네 이장도 못할 그릇"이라고 말하며 혀를

찼던 게 기억난다. 노무현에 대한 동정론이 커지면서 노무현의 승리를 예감했던 기억이 있다. 돌이켜볼수록, 막판 단일화와 마지막 순간까지 결과를 예측할 수 없었던 드라마틱한 승리의 과정까지 노무현과 윤석열은 참으로 유사하다.

그렇게 노무현에게 깊은 지지를 보내고 있던 내가 대통령 노무현에게 실망하면서 차츰 이성적인 분별력을 갖게 된 것은 대북송금 사태가 결정타였던 것 같다. 동구권이 무너지고 우리 사회가 냉전 시기 레드컴플레스에서 벗어 났을때, 김대중 정권의 성과중 하나가 "햇볕 정책"이었는데 대북송금 특검으로 김대중 정부 인사들을 처벌한 것은 명백한 정치보복으로 보였던 것이다.

그때부터 나는 노무현의 좌충우돌한 언행이 거슬리기 시작했는데 "특히 호남사람들이 나를 지지해서 뽑았겠나, 이회창이 싫어서 어쩔 수 없이 찍었지"라는 말은 호남의 진정성을 무시한 최악의 발언으로 나의 마음에도 큰 상처로 남았다. 이건 말하자면 윤석열 대통령이 영남에 가서 "영남 사람들이 나를 좋아서 찍었나 이재명이 싫어서 어쩔 수 없이 찍었지"라고 하는 것과 똑같은 형국인 것이다.

결정적인 것은 탄핵 사태였다. 내가 팬덤 정치의 광기에 질려버린 계기가 된 사건이었달까. 일단 나로선 지역감정 타파, 진보의 영역이 호남을 벗어나 전국적으로 확장되는 대의에 공감해 노무현을 찍었는데, 웬걸, 진영 내 비주류였던 자가 대통령이 되자 자기당을 차려서 분당하는 행태에 너무나도 큰 분노가 일었다. '통합'을 기치로 선출된 대통령이 정작 진보 내의 영남 호남을 나누고 이도 모자라 정동영의 전북과 DJ계의 전남까지 갈라치기하는, 즉 팬덤의 분열적 갈라치기 정치를 도모하는 순간을 처음 목도한 것이었다.

냉정히 분석해보면 노무현의 팬덤은 선전 선동에 능한 반호남 반DJ 성향의 운동권 세대들의 포진으로 가능한 것이었다. 좌파 진영 내의 레짐체인지를 주도한데는 특히 유시민 같은 스핀닥터의 역할이 컸다. 대학에 들어가자 마자 내가 읽은 책이 '거꾸로 읽는 세계사'였는데 마치 신입생들이 동아리에 들어가면 교과서처럼 읽는 게 유시민의 사회주의를 옹호한 이 책이었다. 그는 이 책에서 자본주의의 모순 때문에 아무리 동구권이 몰락을 해도 사회주의의 가치는 소멸되지 않을 것이라고 주장한다. 아마 90년대의 이같은 운동권 허세연하는 특유의 문화 때문에 현재의 4050 세대가 최악의 좌편향성을 보이는게 아닐까 싶다.

노무현은 일부러 "민주당을 찍으면 한나라당을 유리하게 해주는 것"이라는 말로 민주당을 도발했고 사과를 하면 탄핵안을 철회하겠다던 중재를 무시하고 정치적 갈등을 극단으로 몰아 부쳤다. 탄핵안이 국회에서 가결됐을때 나는 미디어다음 기자로 일하며 여의도에서 정치인들을 취재하고 있었는데 선배와 통화를 하면서 눈물을 흘렸던 기억이 난다. 노무현에 대한 증오심이 가슴 깊이 차올랐던 순간이었다. 강준만의 주장대로 "노무현은 배신자인가?"라는 물음이 들었다.

내가 열광했던 그가 그렇게 오기로 똘똘 뭉친 속좁은 사람이었나? 지도자란 무릇 포용하고 참고 품어야 하는데 일부러 도발하면서 정치적 분노와 갈등을 동력으로 삼는 정치를 하는 이유는 뭘까?

아무리 노무현이 잘못을 했다손 치더라도 국민이 뽑은 대통령을 의회 권력이 탄핵했다는 사실, 그리고 내부의 적을 척결하기 위해 보수당과 연대를 했다는 사실은 큰 역풍을 불었고 150석의 '탄돌이' 신화를 만들어내며 노무현은 탄핵안 가결로 인한 역풍을 정적 처단의 재료로 삼으며 부활했다.

반칙을 정당화하는 '언더도그마'의 탄생

노무현 정치는 내가 너무도 싫어하는 어떤 면을 보여주었다. 기존의 질서를 허물겠다는 명분으로 '반칙'을 하는 것, 더 나아가 그 반칙을 큰 소리 치며 옹호하는 것, 책임지고 포용하는 리더가 아니라, 소수자의 피해의식과 적개심으로 가득찬 분열의 정치를 하는 것이 그것이다. 더더구나 노무현에 대해 그리고 정치권 취재를 계속하면서 나의 노무현과 운동권 출신 정치인들에 대한 실망과 분노는 더 해졌다. 내가 가졌던 열광이 컸기에 실망도 컸던 것 같다.

일단 그들은 내가 상상하던 정의감에 가득차고 순수한 도덕적인 정치인들이 아니었다. 5·18 전야 NHK 술판사건 등 추후의 숱한 스캔들에서 보듯, 그들의 민낯은 닳고 닳은 정치인, 세속적 욕망에 눈먼 질투어린 사람들이었다는 것이다.

한 절친한 회사 선배는 본인은 좌파가 싫고 우파라고 해서 나의 관심을 끌었는데, 그 이유를 좌파들의 "위선"으로 꼽았다. 본인이 한 유명 좌파 정치인의 딸과 같은 고등학교 출신인데 위장전입까지 해서 딸을 학군 좋은 부촌인 본인 동네로 진학을 시켰고 공부도 잘 못하는 딸에게 온갖 과외를 많이 시키더라는 것이다. 그런데 말로는 평등한 사회, 강남만 잘 사는 사회를 비난하면서 정작 강남이나 학벌 등에 집착하고 미국 등 해외 유학에 환장하는 좌파의 DNA는 이미 조국, 윤미향 등을 위시한 여러 좌파 정치인들에게서 보여진 바다.

추후, 노무현의 비극에 근본 원인이 된 것도 결국 자녀들의 유학자금이었다. 노무현의 비극을 미국에서 뉴스로 접했을 때 그때 들었던 "좌파의 위선"이 다시금 떠올랐었다. 노무현 정권을 겪기 전에는 나는 운동권 민주화 세력은 도덕적이고 정의로운 사람들이고 보수 정당의 정치인들은 기득권에 탐욕스러운 집단으로 도식화했는데 그 공고한 믿음이 깨진 것이다.

친노는 폐족이 되었는데, 이는 광해군 정권의 북인세력의 몰락과 비슷한 수순이었다. 광해군을 일부에서는 중립외교를 펼친 개혁가였으나 정치적 희생양으로 그리기도 하는데, 실상 광해군이 몰락한 것은 무능하고 폐쇄적이며 부패했던, 그래서 내치를 박살내버렸던 급진 북인파의 자멸 때문이었다고 분석하는 것이 더 타당하다. 같은 맥락에서 운동권 경력을 훈장삼아 정치권에 등장한 이들이 입으로는 개혁을 외치지만 실제로는 더욱 폐쇄적인 패거리주의로 작동되며 그 누구보다 저열한 욕망에 몸이 달은 사람들이라는 것을 깨닫게 됐고, 나는 좌파 매트릭스에서 탈출하게 됐다.

여기서 하고 싶은 말은 노무현 팬덤을 들여다 볼 때 초창기의 팬덤의 정서와 노무현 사후의 부활 팬덤을 구분해서 봐야 한다는 것이다. 노무현이 뇌물 수수에 대한 수사를 받고 비극적인 선택을 했을때, 많은 이들이 충격에 빠졌는데 노무현 팬덤을 구성하는 기본 정서가 '부채감'이었다는 걸 상기해야 한다. 노무현의 비극적 결말은 이 부채감에 기름을 부은 셈이다. 탄핵 역풍과 마찬가지로 노무현은 자신의 죽음마저도 정치적 지형을 한순간에 바꿔버리는 승부수로 사용한 것이다.

사실 나는 노무현의 죽음에 충격은 받았지만 노무현에 대한 정서적 부채감은 없었다. 이미 노무현이라는 정치인에 대해 실망할만큼 실망한 상태였던데다가, 그가 당당하게 검찰에 나가서 수사를 받는 것이 전직 대통령으로서 책임있는 자세라고 생각했기 때문이다. 끝까지 그는 자신의 정적을 인정하지 못했고 정치적 현실을 거부했다고 생각된다.

그런데 노무현이 정치적 위기에 몰렸을때 노무현을 집중 공격하고 코너에 몰았던 것은 한겨레 신문 같은 좌파 진영 내부였다.

그들은 미래에 대한 희망과 비전을 제시하는 게 아니라, 팬덤 장사를 하면서, 죽음과 고통, 분노, 그리움 등을 동력으로 삼았다. 노무현의 죽음은 또다시 탄핵 역풍과 같은 논리구조를 갖게 됐다. 노무현이 잘한 것은 아니지만, 세상의 채찍이 너무 가혹했다는 동정론과 노무현에게 돌팔매질을 하던 사람들의 정서적 부채의식이 대두된 것이다.

나처럼 노무현에 대해 과한 실망이나 분노를 드러내지 않았던 사람들은 노무현의 죽음에 별다른 동요가 없었지만, 노무현을 증오하거나 비난했던 진영 내부의 사람들 혹은 보수측의 사람들도 노무현에 대한 정서적 부채의식이나 죄책감에 시달렸고 그것은 예수 부활 서사처럼 정치적으로 친문이 부활하게 된 계기가 됐다.

그래서 나는 노무현의 초창기 팬덤의 긍정적 요소가 문재인으로 되물림된 그의 사후 팬덤에서는 완전히 소멸됐다고 생각한다. 오히려 김대중 정권 당시 어렵사리 정권 교체를 이루고 화합과 통합의 정신으로 미국 일본 등의 우방 및 북한 같은 적국과도 우호적 관계를 형성할 수 있었는데, 그같은 무드가 노무현의 팬덤 정치, 갈라치기 정치로 인해 현재까지 계속 되는 죽음의 정치, 분노의 정치, 복수의 정치의 시발점이 됐다고 생각한다.

노무현의 죽음을 동력으로 다시 부활한 친노는 문재인을 얼굴마담으로 앞세워 좌파 진영의 진정한 레짐체인지를 완결했고 보수가 분열과 무능으로 자멸한 상황에서 좌파 이데올로그를 사회 문화적인 '뉴노멀'로 대중화하는데 성공했다.

당시 노무현처럼 물론 윤석열 대통령에게도 팬덤이 있지만 아직까지 우려할 만한 팬덤 특유의 부작용은 나타나지 않는 것처럼 보인다. 노무현의 거친 언행과 갈라치기 정치가 우리 정치 문화에 얼마나 큰 후유증을 남겼는지 윤석열 대통령은 엄중히 인식해야 한다. 노무현 정권의 실패를 타산지석으로 삼아서 섬세하게 국정 운영의 동력으로 삼아야 할 이유는 차고도 넘친다.

'586 루저'들의 종교 지도자, 김어준

2023년 8월 미국 대통령 별장 캠프 데이비드에서 역사적인 한미일 정상회담이 열린 직후, 좌파 스피커들은 또 고장난 레코드처럼 온갖 저주의 막말을 쏟아내었다.

좌파 스피커들의 거두인 '총수' 김어준은 윤석열 대통령을 모욕하는 혐오 비지니스에 시동을 걸기 시작했다. 기시다 어깨에 손 올린 바이든을 가리키며 "尹본인은 미·일과 대등하다고 생각하겠지만, 미국은 커녕 일본의 군사적 시다바리가 됐다"고 비난한 것이다.

여기서 잠시 영화배우 마를린 먼로 이야기를 해보자. 그녀는 알다시피 평생 섹시한 이미지, 멍청한 백인 금발 미녀라는 프레임에 가두는 언론과 대중에게 착취를 당하는 감정을 갖고 살았다.

실제로 마릴린 먼로는 그런 이미지를 벗어나기 위해 책도 많이 읽고 지적인 소양을 쌓기 위해 노력했다고 한다. 먼로를 잘 아는 주변인들이 전하는 그녀는 그냥 백치미를 뽐내는 미디어용 바비가 아니었던 것. 그녀는 주변인들에게 "사람들이 나를 더럽다고 한다. 정작 나는 그대로인데 그들은 자신들의 더러운 욕망을 나를 통해 보면서 나를 더럽다고 한다"고 한탄했다는 말도 전한다. 그녀가 범인들의 편견과는 달리 굉장한 통찰력이 있는 사람임을 짐작할 수 있다.

한미일 정상회담에 대한 김어준의 혹평과 저주에 대해 〈위대한 이슈〉라는 유튜브 채널의 운영자가 설득력 있는 해석을 내놨는데, 그것은 다음과 같다. "어떤 이가 하지도 않은 말을 유추해서 해석할 때는 항상 본인의 자아와 시각이 투영되기 마련"이라는 것이다.

그의 분석을 빌려온다면, 김어준의 속내에 들어 있는 욕망은 윤석열 대통령도 나처럼 허무맹랑한 B급 선동가에 불과했으면 하는 마음일 수도 있다. 김어준이 왜 역대 가장 형편없는 리더십에 강성 좌파 참모들과 지지자들에게 주눅들어 위축된 모습만 보여준 문재인을 열렬하게 지지했는지를 유추해볼 수 있는 대목이다. 김어준은 문재인에게서 아마도 동병상련의 정을 느꼈는지도 모른다.

현재 김어준은 사회적으로 실패한 586 루저들의 종교 지도자를 자처하고 있는 인물이다. 그를 영향력 있는 언론인으로 추켜세우는 사람들도 있는데, 그것 역시 지극히 협량한 진영의 시각일 뿐이라고 생각한다. 실제로 김어준은 혐오, 증오, 불안, 열패감, 열등감 등의 감정을 싸구려 B급 엔터테인먼트 쇼에 녹아내여 사회의 하향평준화와 막장화를 자신의 수익모델로 삼는 사이비 종교 장사꾼과 다를 바 없다는 게 나의 평가다.

열등감, 열패감, 분노와 증오,
김어준교의 본질

잠시 시계를 과거로 돌려보면 김어준을 2004년도 쯤 미디어 다음에서 기자로 있을 때 인터뷰를 한 적이 있다. 그 때만 해도 그는 그저 "쌈마이"를 자처하는 엔터테이너였을 뿐 특별히 정치에 대해 진지하고 영민한 자의식이 있는 사람이 아니었다. 인터뷰에서 그는 심지어 자신을 가리키며 특별한 "자의식" 자체가 없는 사람이라고 했다. 그의 문법은 '나른함'에 가까운 것이었다.

김어준의 사회화 과정을 보면, 홍익대학교 공대를 나와서 직장 좀 다니다가 딜도 같은 성인용품도 팔고 여행사도 하고 돈 되는 것을 이것 저것 했는데 특별한 성과를 내지는 못했다. 이 이력대로라면 사실 특정한 전문성이 없는 '낭인'에 가깝다고 할 것이다. 내가 근무했던 회사에서도 김어준과 같이 일했던 사람들이 있는데, 딴지일보가 수익성이 악화되면서 급여도 못 받고 김어준의 무책임함에 사이가 틀어졌다는 피디나 작가들이 꽤 있었다.

실제 그를 만났을때 내가 받은 느낌도 무책임하고 게으르며 타인의 사회적 성취에 항상 주눅이 들어 있으며 그런 자신의 실패와 루저 의식을 똘끼로 포장하며 정신승리하는 전형적인 홍대병자(주류정서를 거부하면서 본인의 문화적인 우월감을 추구하는 비주류나 마니아 취향을 가진 이들을 멸칭하는 신조어) 같은 느낌이었다.

그런 그가 노무현 대통령의 죽음 이후 정치적 투사로 옷을 바꿔 입고 나와서 교주급의 지위를 누리는 우리 한국 사회의 대표적인 병폐가 되리라고는 나를 포함해 그 누구도 생각하지 못했을 것이다. 여러 면에서 그는 줄리안 어센지 같은 인물과 비견될 수도 있겠으나 해커들을 동원하고 기밀문서를 빼내는 등의 행동력이 있는 운동가들과 달리, 김어준이 한 것이라고는 k-값이니 세월호 고의 침몰설이니 하는 다분히 악의적이고 조잡한 음모론을 설파한 것밖에는 없다. 진중권은 정봉주에게 들었다며 김어준의 소비 생활을 폭로했는데, "대선 개표 부정의혹을 제기한 영화를 제작한다며 20억원을 모았지만 사용내역을 자세히 밝히지 않았고, 외국으로 놀러다니며 온갖 사치를 다했다"는 것이다.

윤지오의 공개된 카톡 내용을 보면, 여자를 대하는 김어준의 태도에서도 이런 그의 '루저 스타일'이 드러나는 것 아닐까 싶다. 예컨대, 김어준은 평소에도 여자에게 '입'으로만 껄떡거리는 성향이 있어 보인다. 윤지오 사건이 터졌을 때 윤지오가 지인과 나눴던 카톡에는 김어준이 자신에게 들이대서 너무 짜증이 났다는 투로 말하는 대목이 나온다.

사실 김어준은 입으로는 쿨한 한량인 척, 우머나이저인 척, 혹은 '깝치는' 마초인 양 하지만, 본인의 말대로 "그냥 평범한 한국남자의 두려움을 가지고 있는, 선을 넘지 못하는" 루저에 가까워 보인다. 마치 실제 자연인으로서는 룸살롱도 싫어하는 양반이라고 하지만, 자신의 성적 판타지를 자위 행위하듯 그로테스크하게 스크린 위에 풀어내는 박찬욱 영화 스타일의 무의식과 비슷하다고 할까.

실제로 냉정히 바라보면, 김어준은 한국 사회에서 여성들이 좋아할 만한 규범적 미덕을 달성하는 데 실패한 사람이다. 그런데 괜한 허세만 강한 이런 류의 사람들은 보통 삼수해서 대학을 갔지만, "사실은 '원래' 서울대 갈 정도로 공부를 잘 했다"는 말을 굳이 덧붙인다. 마치 공부를 못해서가 아니라 최고 명문대를 고집해서 삼수까지 한 거다라고 주장하는 듯 하다. 김어준은 '공부를 아주 잘 했지만' 삼수해서 홍대에 간 자신의 학력을 언론이 자기를 해석하는 프레임, 즉 그의 근원적인 루저 감성과 열등의식을 읽어내는 관점이라며 불평하는데, 정작 그런 컴플렉스를 숨기려 자신을 한껏 포장하는 건 본인 자신이 아닐까.

난 "서울대를 '못' 간게 아니라 '안' 간 거야"라든가 혹은 "서울대 급인데 못 간거야"라는 자기 위로는 얼마나 저급하고 속보이는 것인가. 마치 신포도일 거라면서 자신의 무능을 합리화하는 여우처럼 말이다.

예컨대, 명문대를 나오고, 단정하고 멀쑥한 외모를 가지고 있고, 번듯한 직장을 가지고 있고, 화목한 가정을 꾸리는 한국 사회 구성원 모두가 선망하는 스탠다드 모델에 김어준은 결코 끼지 못한다. 그래서 그는 자신이 실패한 인간이라고 생각하는 듯하다. 스스로 자신이 삼류라는 것을 아는 것이다. 그래서 그 유명한 "(일류에게) 쫄지마 시바"가 나온 것이리라. 그러나 실상은 자신이 삼류라는 것을 쿨하게 인정하지 못하거나 혹은 정상적인 노력을 통해 일류가 될 자신이 없기 때문에, 그 모든 사회적 가치들을 조롱하고 풍자하면서 짐짓 초연한 포즈를 취하는 것이 아닐까 의심스럽다. 자신의 열등감을 어떤 사회적 기준이나 잣대에서 자유로운 것처럼 포장하는 것 아니냐는 말이다.

노무현의 죽음을 '자본금' 삼아 탄생한 정치인 문재인은 김어준의 내면에 깊이 고여 있는 한국적 스탠다드에 대한 욕망을 대리만족시켜 주는 인물로 볼 수 있다. 즉, 문재인은 사회적으로 명망있는 전문직 종사자이면서도 정치판의 주류는 아니다. 또 애초부터 운동권 귀족이 아니었지만 외양적인 규범과 신사적 애티튜드, 모범적인 가부장의 지위를 가지고 있다. 아마 문재인은 김어준이 감정이입을 하고 자신의 또다른 내면의 욕망을 투영한 반사체로 작동했을 것이다.

그런 김어준의 루저스러움을 순수하다고 찬양하면서 마치 '루저 성애자' 같은 성향을 보이는 여성들도 종종 있다. 세상에는 놀라울 만큼 다양한 사람들이 있으니 여자들 중에는 그런 부류도 있긴 하다. 김어준과 사실혼 관계에 있다고 하는 작가 인정옥이 쓴 드라마를 보면 그런 정서가 고스란히 드러난다. 남성으로서의 자의식이 완성되지 못한 미성숙함을 소년스러운 사랑스러움과 순수로 포장해 황당한 변태 로맨스를 그리는 게 인정옥의 드라마 문법이니까. 보통 사람의 상식으로서는 왜 저런 루저에다 기본적인 인간의 매너나 도덕성마저 갖추지 못한 남자에게 멀쩡한 여자가 사랑을 느끼는지 이해할 수가 없는데, 그런걸 그들은 소위 비주류미학이라며 소수의 컬트적 마니아들을 거느리면서 자화자찬하는 것이다.

성숙하게 사회화된 인격을 갖추지 못한 쫄보 같은 인간이 "쫄지 마 씨바~" 하면서 본인과 같은 쫄보 무리들을 규합해 '책임지지 않고도 막 질러대도 좋은' 정치 혐오 판타지로 좌파의 성전을 쓰는 걸 우리 정치 풍토가 허락하는 바람에 김어준 같은 인간이 우리나라에서 가장 영향력 높은 언론인 1위가 되는 어처구니 없는 현실이 펼쳐졌다.

한마디로 윤석열 대통령이나 한동훈 장관 같은 현재 여권의 주요 인사들은 김어준의 열등감과 낙오 의식을 부추기는 '나이트

메어'다. 김어준과 다르게 윤석열 대통령은 9수를 해서라도 자신이 목표한 바를 이뤘는데, 9수의 과정도 흔하디 흔한 짠내나는 고난의 행군이 아니라, 유복한 가정 환경을 바탕으로 지적 토론과 탐구를 즐기면서 어떤 강박없이 행복하게 지낼 수 있음을 보여준 인물이다. 또한 한동훈 장관은 만화에나 나올 법하다는 생각이 들 정도로, 성장과정, 학벌, 인성, 패션센스와 외모까지 흠잡을 데가 없다. 콤플렉스 덩어리인 김어준 입장에서라면 어떻게서든 흠집을 내고 싶어 하는 유형이 바로 윤석열과 한동훈이 아닐까?

그렇다면 개인적 호불호를 떠나 현재 좌파 진영의 스피커로서 독보적인 지위와 지배적인 캐릭터를 가지고 있는 김어준을 특별하게 만드는 것은 무엇일까.

내가 생각할 때 김어준은 정치를 낭만화하고 종교화하는 '신성'을 갖고 있는 것 같다.

정치판에는 보수든 진보든 양 진영에 김어준 같은 선동꾼이나 유튜버가 많지만, 김어준처럼 '뱃지'에 대한 욕심을 드러내지 않은 사람은 거의 없다. 즉, 김어준을 다른 선동꾼들과 다른 교주급으로 만드는 것은, 아이러니하지만 그가 '정치적 지위'에 대한 욕심이 없고, '루저마인드'를 부끄러워하지 않는 초심을 잃지 않는다는 것에 있다. 김어준이 정봉주나 김용민 등과 차별화되는 지점이 바로 그것이다.

사실 정봉주나 김용민은 자신의 능력이나 주제를 모르면서 설치고 다니기 바쁘다. 그 결과 그들은 이미 많은 부침을 겪었고 상처가 났고, 대중들에게 낡디 낡은 정치 모리배 이미지를 심어 주었다. 뱃지 욕심이나 완장 욕심에 몸이 달아 있는 그들과 달리, 김어준은 '레이드백'한 자세를 취한다. 정치 생태계의 먹이 사슬 속에서 완장 욕심이라는 약한 고리가 없는 김어준은 그래서 최상위 포식자로 군림한다. 그는 오히려 정치권을 향하는 루저들의 극단적 욕망을 자신의 엔터테인먼트 사업의 땔감으로 적절히 활용한다.

'나꼼수'만 봐도 그렇다. 콘텐츠를 만드는 건 정봉주나 주진우였는데 김어준은 자신처럼 주류가 되고 싶으나 주류에서 거부당한 루저들의 관종병과 거짓말을 불쏘시개로 삼아 자신의 쇼에 활용하는 것에 놀라운 영민함을 보여준다. 거칠게 말하면, 판을 깔아주고 뒤로 빠지는 게 김어준의 일관된 전략 전술이다. 모든 음모론과 가짜뉴스의 제조자이면서도 그가 지금까지 감방에 가지 않은 비결이 바로 이것이다. 비유를 하자면, 김어준은 호구를 찾아 길거리를 배회하는 '정치 앵벌이'들을 픽업해 하우스를 차린 뒤 자신은 뒤로 빠져 있는 '모집책'과 다를 게 없다. 앵벌이들은 기회주의적이고 이기적인 하우스의 상납 구조에 불만이 많지만, 그가 확보한 고객 리스트가 어마어마하기에 섣불리 반기를 들 수 없다.

그렇다면 스스로 좌파라고 믿는 사람들은 왜 김어준에게 너무나도 쉽게 가스라이팅을 당하고 그를 신처럼 여기는 것일까? 이것은 그가 철저하게 오디언스를 중심에 놓고 말하는 스피커이기 때문이다. 좌파 지지자들이 듣고 싶은 말을 하고 좌파 지지자들이 원하는 스토리를 주조해 적재적소에 공급해주기 때문이다. 좌파들의 허기와 갈증을, 그 속내를 꿰뚫고 있기 때문에 철저히 그것을 해소하는 데 방점이 찍힌 콘텐츠를 만드는 것이다. 실제로 김어준은 높은 위치에 서서 청자들을 훈교하거나 리드하지도 않고 새로운 방향의 아젠다를 제시하지도 않는다. 좌파들 입장에서는 이토록 순수하고 선명한 정파성을 가진 김어준을 자신들과 같은 찌질이 낙오자 그룹의 수장으로 기꺼이 옹립한다. 일테면, 지난 대선 경선에서 이낙연과 이재명을 두고 누구를 선택해야 할지 '지령'을 내려주는 든든한 '코맨드 센터'로 떠받드는 것이다.

좌파 정치의 교황이 된 김어준

로마 카톨릭이 유일신 사상을 주창하고 다른 신을 믿는 건 미신이라고 말하는 것처럼, 소위 김어준교의 신자들은 자신의 '정치적 편향성'을 종교적 순수함으로 여기며 추종하고 있다. 김어준이 강용석 같은 우파 유튜버들과 차별화되는 지점도 이것이다. 김어준이 자신의 팬덤을 등에 업고 자기 정치를 하며 국회의원이나 높은 자리를 탐한다면 민주당 국회의원들은 그를 경쟁자로 느끼고 견제하겠지만, 김어준은 공식적인 직을 맡을 생각이 아예 없기 때문에 국회의원들에게도 존경과 신뢰를 받는 '교황'의 지위를 누릴 수 있다.

김어준과 민주당의 관계를 오랫동안 관찰해온 내 관점에서 보면 김어준과 좌파 정치인들이 공생하는 관계는 유럽 왕조와 로

마 카톨릭이 공생하는 시스템과 굉장히 유사한 측면이 있다. 유럽의 역사를 보면, 근세 이후 정치와 교회가 분리되면서, 왕권이라는 현실적이고 세속적인 권력은 철저한 '능력주의'에 의거해 확보되었다. 영토분쟁, 왕위 계승 전쟁 같은 땅따먹기가 그칠날 없었던 유럽에서 귀족이 되고, 영주가 되고, 국왕이 되는 것은 철저한 능력주의 시스템의 소산이었다. 세속적인 통치권은 "쎈 놈"이 갖되, 대신 신성을 부여받는 권위는 교황의 몫이었다. 새롭게 국왕의 지위를 획득한 왕가는 더더욱 교황에 의해 통치에 대한 정당성을 인정 받는 것이 중요했다. 당시 교황의 역할이란, 좀 거칠게 말하면 일종의 선동꾼이 되어 대중에게 왕권 신수설을 세뇌하는 것이었다. 지금 좌파 진영에서 김어준이 하고 있는 역할이라는 게 바로 이것이다.

개인적으로 지난 대선을 복기해 보면 이재명과의 대결에서 이낙연이 패배한 것은 그가 '좌파 귀족주의'에 빠져 김어준에게 숙이고 들어가지 않았기 때문이라고 보여진다. 2018년 SBS '그것이 알고싶다' 방송을 통해 '조직폭력배 연루' 의혹 등이 터지면서, 정치적 반대파들로부터 "성남시 조폭 카르텔"의 수장 쯤으로 모욕당하던 이재명은 애초에 좌파의 정통성에 취약한 인물이었다고 할 것이다. 반면, 이낙연은 DJ의 후원으로 정치를 시작한 그 계파의 적자인 셈이다. 좌파 진영의 주류인 호남 지역 정치 엘리트인 이낙연으로서는 B급 선동가인 김어준에게 세례를 받아 좌파 지지자들의 인증을 받는 절차가 굉장히 자존심 상하고 마뜩치 않았을 것이다. 반면 이재명은 땅에 떨어진 빵 한 조각까지 살기 위해 탈탈 털어 먹을 수도 있을 거 같은 자이다. 그렇기에 얼마든지 김어준 따위에게 머리를 조아릴 수 있지만, 이낙연은 이재명과는 다르다. 서울법대 출신에 정통파 정치인으로서 자존심이 강하다. 이낙연은 멘탈 관리가 되지 않아 김어준을 무시하는 행태를 보였고, 결국 대권 후보 자리를 이재명에게 내줄 수 밖에 없었다. 그 과정에서 김어준 패거리는 이낙연을 '수박'이라며 매섭게 비난했는데, 그들이 보기에 기회주의적이면서도 권위적인 이낙연은 그들의 비주류 루저 감성과는 전혀 맞지 않았기 때문이다.

같은 맥락에서 조응천이나 이상민 등 수박을 자처할 정도로 민주당 내에서 쓴소리를 하는 나름의 중견 정치인들은 김어준 따위와 몸 섞는 것을 치욕으로 여길 법 한데, 정작 김어준 방송의 효험은 당내 기반이 취약한 비주류에게 더 강력하다는 건 아이러니한 일이 아닐 수 없다.

다시 교황에 비유를 하자면, 종종 왕들과 귀족들 사이의 땅 분쟁이나 상속 문제에서 교황이 중재자 역할을 했던 것처럼, 김어준은 좌파 내부의 질서를 유지하기 위한 다양한 중재 작업이나 사면 작업도 진행한다. 노무현 탄핵에 앞장 섰던 추미애나 노무현을 배신한 철새 이미지로 미운 털이 박혀 퇴물이 된 김민석 같은 정치인들이 다시 재기를 할 수 있었던 것도 김어준의 공덕이다. 이들은 김어준 프로에 출연해 과거의 자신의 행적을 자아 비판하면서 전향을 선언하고 나서야 잃어버렸던 지역구도 되찾고 당대표, 장관, 민주연구원 원장 등의 감투를 다시 쓸 수 있었다. 이재명도 예외는 아니었다. 지난 2017년 민주당 대선 경선에서 문재인을 거세게 몰아붙였던 이재명은 친문 진영에 단단히 미운 털이 박혔었다. 당시 내 주변의 화이트칼라층 문재인 지지자들은 거칠고 공격적인 좌파 포퓰리즘을 앞세우는 이재명에게 위협감을 느끼며 "최소한의 정규교육을 받은 대한민국의 지성이라면 차마 이재명을 지지할 수는 없을 것"이라며 이재명 돌풍을 폄하하기도 했다. 2021년 민주당 대선 경선에 나선 이재명은 김어준 방송에 나가 과하게 문재인을 공격했던 것에 대한 사죄를 하고 나서야 강성 지지층의 압도적 지지를 얻어낼 수 있었다.

철학 따위는 씨바~ 제사정치,
혐오정치에 매몰된 김어준의 종교재판소

앞서 말했듯, 김어준은 원래 정치적 이념이나 특별한 가치관 자체가 없는 무지렁이 루저 한량에 가까웠다고 할 수 있다. 외려 딴지일보 시절의 그를 보면 자본이나 섹스 등 쾌락 지향적이고 향락주의적 성격을 보이기까지 했다. 가난한 사람들을 돌보고 여성들의 인권을 강화하고 모두가 평등하게 돈을 나눠 가지는 공산주의적 이념의 도그마와도 맞지 않는 개인주의적 성향이다. 그와 함께 방송한 관계자들의 말을 들어보면, 마초적인 브로맨스를 내세웠던 김어준 패거리들이 결국 갈라서게 된 것도 혼자만 주목 받고 싶어하고 함께 일하는 동료나 패널들을 장식품 취급하는 김어준의 나르시시즘적 성향 때문이라고 한다.

그를 정치적 투사로 만든 것은, 다시 말해 어떤 정치적 가치나 이념이 아니라, "나르시시즘적 도취"일 뿐이다. 그리고 그 도취의 원천은 미래와 희망과 같은 공동체의 가치가 아니라, 죽음과 분노, 혐오와 복수라는 연민 자본과 결탁한 증오 빌런 서사이다.

김어준이 2011년에 펴낸 책 〈닥치고 정치〉는 그가 여타 다른 586들처럼 평범한 루저에서 어떻게 정치적 투사가 됐는지 그 과정을 서술하고 있다. 그로 하여금 정치에 진지한 관심을 갖게 만든 건 노무현의 가치와 철학이 아니라 노무현의 '죽음'이라는 비극이었다. 이명박처럼 성공한 한국남자가 노무현이라는 실패한 한국남자를 죽음으로 내몰았다는 서사는 같은 루저 의식을 공유하는 남성들에게 정치적으로 각성하는 모멘텀으로 받아들여졌다.

마치 예수의 죽음과 부활이라는 극적인 사건을 통해 예수의 수제자 베드로가 각성하고 로마 카톨릭의 효시가 된 것처럼, '김어준교'는 노무현의 죽음과 그의 정치적 부활인 문재인의 탄생으로 시작된 것이다. 정치적 아버지와 그의 후계자 문재인이 삼위일체가 되고 김어준은 예수를 부정하다가 예수가 죽자 예수교의 교주 자리에 올라선 베드로가 된 셈이다.

유럽의 왕들은 군인들의 창과 칼로 세상을 지배했지만, 교황은 예수의 죽음과 그의 죽음을 동정하고 죄책감을 느꼈던 거리의 창녀들과 부녀자들의 연민자본을 불쏘시개로 활용해 왕들의 왕으로 군림했다. 몇 번을 상기하고 리뷰를 해봐도 로마 가톨릭이 권력화되는 이와 같은 서사는, 한낱 딜도팔이 B급 방송인에 불과했던 김어준이 정치적 교주로 자신을 탈바꿈하는 드라마틱한 과정과 무척이나 흡사하다.

한편, 조국 전 장관은 김어준교 신자들에겐 업그레이드 문재인처럼 보였을 공산이 크다. 그런데 그런 조국이 윤석열의 칼에 무너졌으니, 좌파들의 윤석열 대통령에 대한 증오심은 이를테면 '노무현-이명박 시즌2'를 찍기에 아주 좋은 상황인 것이다.

지금 김어준교의 최대 동력은 윤석열에 대한 배신감과 복수심으로 보여진다. 그것 말고는 딱히 다른 동력이 보이질 않는다. 조국의 스펙은 문재인보다 좋지만 정치적인 욕망은 약해 보인다. 서울대 교수 출신에 빼어난 외모까지 겸비해 중도층에게도 인기가 좋았는데, 위선에 내로남불이 특기인, 거기에 부인이 모든 죄값을 받는동안 자신만 쏙 빠져나와서는 페북에 철봉질 사진이나 올리는 찌질한 남편에 위선적 강남 좌파인 게 들통나 버렸으니 김어준 입장에서도 대략 난감한 상황이다. 이재명은 인물이나 출신 성분이 조국에 못 미치고 전체적인 인생의 서사가 '좌파 이명박'에 가까워서 김어준의 입맛이나 눈높이에는 절대 맞지 않을 것이다. 김어준 입장에서는 다른 선수로 교체하고 싶은 마음이 굴뚝 같을 텐데, 어느 사이 감각이 낡아버린 김어준의 장사 스킬은 시대에 뒤떨어지고 있어 한동훈에 맞설 대항마를 캐스팅하기가 쉽지 않을 것이다.

‘업그레이드’에 실패한 서태지 세대의 퇴행

2023년 8월 25일, 일본 정부의 후쿠시마 원전 오염수 방류가 시작되었다. 그러자 기다렸다는 듯 좌파 진영의 총공세가 시작됐다. 민주당은 장외 집회에 나서며 “대통령 탄핵”을 꺼내들었다. 2008년의 광우병 괴담으로 우리 사회가 지불해야 했던 사회적 비용은 3조가 넘는다. 이번에는 그때 생긴 내성이 있으니까 광우병 때만큼은 아니겠지 생각했던 보수층은 여지없이 뒤통수를 맞은 셈이다.

그 결과 보수층과 윤석열 정부 지지세력은 또 괴담이냐며 이번엔 어림없다는 방위 태세로 나섰고, 중간에 있는 사람들은 “그래도 찝찝한 거 아냐?” “우리 정부가 왜 일본편을 들어?”라며 일본 친화적인 태도를 보이는 정부를 비난하는 모양새다.

윤석열 정권 아니 현 정부에 있어서 국제사회에서의 외교란 북한이라는 '모래주머니'를 차고 있는 것과 같다. 어느 한 강력한 블록에 소속되지 않으면 언제든 '동네북'으로 전락할 수 있는 게 대한민국의 냉엄한 현실이다. 윤석열 대통령이 조금 더 쇼윙을 하면서 일본이랑 거리를 두는 척 하면서 한입으로 두말하기 전략을 썼다면 어떨까 싶지만 그건 체질상으로 그에게 맞지 않는 일이다. 정공법으로 우직하게 일본에게 일관성을 보여주고 신뢰를 얻은 다음, G8 가입 등 더 큰 선물을 얻어내겠다는 복안이 아닐까 싶다.

음식물의 안전성에 특히 민감한 여성층에서 후쿠시마 오염수에 대한 불안이 커지는 가운데, 드디어 제 2의 '청산가리 연예인'이 등장했다. 바로 자우림 밴드의 김윤아인데, 원전 오염수 방류를 지옥이라고 표현한 것이다.

시간을 되돌려 한 이십여년 전 쯤, 연말에 김윤아의 공연을 본 적이 있다. 공교롭게 콘서트에 지각을 해서 한 30분쯤 지나 입장했더니 김윤아가 전기차에 관한 노래를 만들었다면서 관객에게 설명하고 있었다. 환경 파괴에 마음이 아프다고 하면서. 그때부터 지구를 생각하는 도덕적이고 지적인 음악세계를 추구하는 뮤지션이라는 생각이 들었다. 그런데, 그런 김윤아의 모습이 나에게는 썩 매력적이지 않았다. 공연장에 온 사람들에게 뭔가 환경에 대한 경각심을 불러일으키는 메시지를 전달하겠다는 의도는 나쁘다고 할 수 없겠으나, 나에게는 지루하고 뜬금없는 주제로 흥겨운 분위기에 맞지 않는 일장 훈시를 하는 것처럼 비춰졌다.

김윤아는 지구의 아픔을 치유하는 힐링의 여신처럼 하얀 드레스에 고상한 분위기를 연출하였고 그런 식의 강요되고 주입된 메시지에 나는 공연한 반감이 들었다. 요즘 말로 치면 "어쩌라고?"같은 느낌이었달까. 환경오염이나 기후변화 등은 중요한 주제이고 여러가지 요인들이 복잡하게 얽혀 있지만, 그냥 에니메이션이나 영화 같은 감성적인 연출로 "우리 모두는 죄인이다. 친환경 플라스틱을 쓰고 어쩌고"라며 설교하는 게 그 콘서트의 분위기와는 맞지 않아 보였다.

별 기대없이 간 콘서트가 흥겹고 신났다면 엄청 팬이 되었을 텐데, 그날의 콘서트는 그닥 흥겹지도 재밌지도 않았고, 김윤아의 이미지는 결코 나에게 호감으로 기억되지 않았다. 그 후에 김윤아가 심리상담 프로 같은 데 나와서 자신의 성장과정에 대해 얘기하는 걸 우연히 보게 됐다. 아버지가 엄청 권위적인 사람이었고 가족들에게 심한 폭력과 학대를 저질렀다는 것이다. 아버지가 죽기를 바라면서 음악을 만들었고 음악을 통해 힐링과 도피를 했다는 것.

나는 내가 왜 김윤아의 음악스타일이나 메시지에 평소 거부감이 들었는지 그 유튜브 영상을 보면서 비로소 깨닫게 됐다. 요약하자면, 김윤아는 고압적인 가정교육을 통해 반듯하고 정치적으로 옳바라야 한다는 착한 아이 컴플렉스에 시달리는 사람으로 비춰졌다. 아버지 세계에 대한 공포와 반항심은 음악이나 페미니즘, PC주의와 같은 쿨한 정치적 가치관을 지향하게 만들었을 수도 있다. 그런데 그 자신이 아버지로부터 영향받은 독재와 통제 같은 폐쇄성이나 우월의식을 자신도 모르게 타인을 계도하는 방식으로 표출하고 있는 것은 아닐까? 김윤아가 자신의 행동을 합리화하는 양태를 보면, 웬지 김윤아의 아버지 입장에서 스토리를 들어본다면, 자식들을 엄격하게 훈육한 이유는 나 자신을 위해서가 아니라 자식들을 잘 교육시키기 위해서였다고 할 것만 같다.

김윤아는 아버지와는 달리, 언제나 조곤조곤 폭력적이지 않고 강요하지 않으며 당신의 선택을 존중한다는 말로 셀프면죄부를 준 다음, 타인들의 행동 양식과 가치관을 자기만의 편협한 잣대로 제단하는 독단을 보여준 것은 아닐까. 아버지의 세계를 벗어나겠다면서 똑같이 아버지처럼 "나만 옳다"는 신념으로 생각이 다른 타자에 대한 혐오와 도덕적 비난을 자행하면서 그것이 폭력이라는 생각은 미처 하지 못했던 게 아닐까. 소위 소프트 파시즘을 보여준 게 아니냐는 말이다.

김윤아가 자신의 "지옥" 발언에 대해 일방적인 인신 공격이 아닌 정당한 근거를 가지고 비판하는 글까지 모두 차단하고 삭제하면서 (네티즌들은 이같은 행위를 "천안문"시킨다고 한다) 대응한답시고 쓴 글은 이런 김윤아의 소프트 파시즘적 면모를 보여준다.

그는 나이스한 웃음끼 띈 말투로 자신의 글을 비판한 사람들을 싸잡아 "말로만 듣던 그분들"이 오셨다고 빈정대면서 "실제로 만나는 건 오랜만"이라며 소위 말하는 '쿨찐' 같은 행동을 하는 것이다. 이에 대해 SNS의 유저들은 김윤아가 자신의 인격 수준과 위선을 보여주면서 대중들과 기싸움을 하고 가르치려드는 '꼰대' 아니냐고 비판을 가한다.

내가 볼 때 오염수 방류에 대한 김윤아의 인식과 태도는 현재 민주당 세력과 586에 정신적으로 지배당한 쿨찐 '서태지 세대'의 어글리함을 그대로 드러내고 있다고 보여진다. 특히, 후쿠시마 오염수라는 과학적 문제를 영화 〈블레이드 러너〉를 운운하면서 감성적 서사를 주입해 그럴 듯하게 선동하는 방식은 마치 〈판도라〉라는 영화를 보면서 탈원전 정책을 밀어부친 문재인 정부의 어처구니 없는 무지함을 연상시켜 헛웃음이 나올 지경이다.

진짜 이 세대는 정치를 드라마로 배운 것 아닐까? 후쿠시마 오염수 문제에 대해 어떠한 전문성도 없는 음악인이 과학자와 국제사회의 결정을 "악"으로 규정하고 "지옥"라며 감성적 접근을 하며 선동하는 건, 예컨대 음악에는 문외한인 정치인이 정치적인 견해가 다른 음악인을 공격하고 모욕주기 위해 노래도 돼지 멱 따는 것 같이 못한다면서 폄훼하는 것과 무엇이 다를까?

김윤아는 그 당시 록밴드의 희귀한 여성 싱어송라이터로 주목받았고 "여자 서태지"라는 레토릭으로 불리기도 했다. 서태지와 아이들이 그랬던 것처럼, 김윤아 원맨 밴드로 보이는 자우림은 뭔가 우중충하고 우울해 보이며 존재감없는 남자멤버들 가운데 홍일점 여전사 이미지를 가진 보컬 김윤아의 존재감을 한껏 부각하는 마케팅 전략을 구사했다.

서태지의 히트곡 상당수가 외국곡의 표절 아니냐는 논란이 지금도 이어지고 있듯, 김윤아 또한 데뷔 이후 여러 곡이 이미 일본 밴드나 애니메이션 OST를 표절했다는 의혹이 일고 있다. 나 또한 자우림이란 밴드가 어딘지 모르게 보기 불편했었는데 그 이유는 외국 밴드를 어색하게 카피하는것 같은 느낌에 자신의 가창력을 과시하려는 듯한 예민함과 센 척하는 허세가 믹스된 창법 때문이었던 것 같다. 마치 속은 텅빈 여자가 뭔지 모르게 센 척하고 있어 보이려고 허세 떠는 느낌이라 계속 듣고 있자니 귀가 피곤했달까.

김윤아의 이미지를 내 식으로 정리하면, "나는 힙해, 나는 페미니스트야, 나는 날 사랑해, 나는 너희들과 달라, 나는 쿨해, 나는 자유로운 영혼이야, 나는 진실된 정의로운 인간이야" 같은 자의식 과잉으로 점철된 철없는 '홍대병'의 원조 같은 느낌이다. 그러나 음악의 문외한인 내가 김윤아의 음악 스타일을 '허세 홍대병자'들의 음악이라고 형편없게 생각한다고 해서 김윤아가 대중음악씬에서 쌓아올린 싱어송라이터로서의 성취가 폄훼되어서는 안 될 것이다.

그런데 부적절한 정치적 코멘트로 자신의 음악의 가치마저 폄훼되는 바보 같은 상황을 자초한 건 바로 김윤아 자신이다. 음악계에서 쌓아올린 인지도를 이용해 "지옥" 운운하는 무책임한 선동으로 자신의 음악적 위상을 소비한 것과 다름없다.

광우병 사태 때 미국에서 소고기 햄버거 맛나게 먹고 자랑하다가 청산가리를 먹고 죽겠다고 무책임한 발언을 했던 김규리는 아직도 "청산규리"라는 이름으로 비난받고 있다. 얼마나 많은 대중이 김윤아를 또 개념 연예인이라며 치켜 세울지 모르겠으나, 대중들이 불쾌한 것은 바로 그 '가르치려는 태도'다. 후쿠시마 원전 오염수가 처리도 되지 않은 채 방류되었을 시점에, 여러 예능 프로그램에 나와 일본 문화 전도사처럼 일본 여행기며 스시 맛집 탐방을 자랑하던 무지함과 뻔뻔함은 차치하고라도 말이다.

내가 왜 이렇게 김윤아에 대해 많은 지면을 할애했냐면, 내가 보는 주변의 '강남좌파'들, 그들의 전형적 멘탈리티가 바로 김윤아가 보여준 허세와 내로남불의 모순과 너무도 흡사하기 때문이다.

강남에서 자란 개발독재시대 경제적 풍요로움의 직접적인 수혜자인 강남좌파 X세대들은 김윤아처럼 아버지에게 학대를 받았든 아니면 사랑을 받고 안정적인 정서적 환경에서 자랐든, 아버지들의 시대에 비판적이면서 정신적 독립을 원한다. 그러면서도 그 물질적 안락의 세계와 '강남'이라는 태생적 우월의식과 귀족의식을 버리지 못한다. 그 두 가지를 동시에 충족시키는 길이 바로 조국이나 김윤아처럼 강남좌파 꼰대짓을 하는 것이다. 즉, 폭력적이고 억압적이던 아버지 시대의 자본주의를 비판하는 포즈를 취하면서도 속내는 자신들의 지위를 감히 탐하지 못할 '사회적 약자'들에게 따뜻하고 관대하며 자애로운 '기득권'이 되고픈 욕망이 아닐까. 마약으로 사건 사고를 일으키면서 할어버지 전두환과 그 일가 어른들을 공개적으로 비난을 하면서 정의로운 양심적 전향자인 양 셀프마케팅을 하는 전우원 같은 이들의 마인드도 크게 다르지 않은 것 같다.

개인적으로 해외 생활을 하면서 접하게 되는 한국인들 중 적지 않은 사람들이 이 같은 이중성을 보인다. 입으로는 PC 적, 좌파적 가치관을 떠들면서 지극히 소비지향적이고 권위지향적인 삶을 산다. 특히 아주 확실한 상류층이 아닌, 스스로 생각하기에 '어설픈' 상위 계층일수록 신분상승에 집착하며 일본, 유럽, 미국 등 외국 문화에 대한 사대주의와 동경을 보이기도 한다. 남들보다 더 부유하고 여유로운 '있어' 보이는 삶을 지향하면서도, 입으로는 마치 정의의 사도인양 "반일"을 외치고 보수당을 촌스럽고 구태로 보는 운동권 사관에 머물러 있는 경우도 심심치 않게 목격된다.

서태지 얘기로 돌아와보면, 개인적으로 나는 여러 구설수가 있다지만, 인간 서태지는 굉장히 매너도 좋고 자기 관리도 철저히 잘 하는 현명한 사람 같다고 느껴진다. 그러나 음악인 서태지의 이미지나 팬덤은 현 시점의 대중들에게 그다지 호의적인 평을 받는 것 같지는 않다. 한때 문화대통령이라고까지 불리었던 서태지 팬덤은 현재 아티스트의 개인적 스캔들이나 추후에 밝혀진 표절 시비 등으로 박제된 90년대의 아이콘으로서 활력과 브랜드 파워를 상실해가고 있다고 볼 수 있다. 그렇지만 서태지 자신만큼은 여전히 '영원한 피터팬' 같은 키덜트 이미지, '어딘지 모르게 비밀스러운 천재 소년'의 이미지를 고수하고 있다.

후배 양성을 위한 메니지먼트에 실패한 서태지와 달리, 빅뱅 등 걸출한 그룹을 프로듀싱하면서 현재 음악계의 주류 권력이 된 양현석은 성공 후에는 서태지에게 다소 거만한 모습을 보이기도 했다. 예능 프로그램에 출연해 "서태지 씨 이제 그만 세상으로 좀 나오세요"라며 한심하다는 듯 일갈한 것이다. 한때는 천재 음악소년의 백댄서에 불과했던, '아이들' 중 하나였던 그가 서태지를 보는 시각은 과거의 영광에 숨어 변화된 현실 인식이 업그레이드 되지 못한 구시대의 아이콘 정도인 것이다. 그게 벌써 오래 전인데도 서태지의 은둔 행보나 스타일 전략은 예나 지금이나 다를바 없어 보인다. 마치 〈교실 이데아〉를 불렀던 X세대 진보 대학생들의 철없는 일탈과 '뻘짓', 민폐가 현재 진행중인것처럼 말이다.

시시각각 소비 니즈가 변하는 연예계에도 롱런하는 가수들은 존재한다. 많은 왕년의 스타 가수들이 〈히든싱어〉나 〈놀면 뭐하니〉 같은 예능 프로에 나와 달라진 시대의 마케팅에 조응하면서 나이든 모습을 그대로 노출하고 또다른 서사를 만들어가며 대중과 소통하기도 한다. 예를 들면, 김완선, 엄정화 같은 8~90년대 가수들이 신세대 후배인 화사, 제시 등과 콜라보를 하면서 재평가되는 계기를 스스로 만들기도 한다.

그러나 서태지도 아니면서 여전히 서태지의 이미지와 향수를 붙잡고 있는 듯한 '서태지 세대'는 여전히 철들지 못하고 90년대식 저항과 소비문화를 '강남좌파'의 전형적 양식으로 고착화하고 있다. 이제 2030 세대에게 성숙해진 어른의 성취와 지혜를 보여줘야 할 세대가 여전히 주접스러워보이는 퇴행으로 민폐를 끼치고 있는 셈이다. 일테면, 대표적인 키덜트형 90년대 뮤지션 A 모씨는 방송에 나와 꼰대가 되지 않기 위해 젊은 친구들과 어울려 여행도 다니고 밥이나 선물도 후하게 쏘며 꼭 자신에게 반발을 쓰고 "형"으로 부르라고 한다며 시크한 척을 한다. 이들은 아직도 진정한 "권위"와 "권위의식"의 차이를 모르는 것 같다. 군기를 잡고 윽박지른다고 없던 권위가 생기는 것도 아니지만, 어린 친구들하고 반말 짓거리를 하고 농담 따먹기를 하며 가볍게 처신한다고 해서 늙은이가 젊은이가 되는 것도 아니다. 젊은 친구들 눈에는 그야말로 주접스러워 보이고 없어 보일 뿐이다.

그렇다면 74년생 김윤아와 73년생 한동훈을 같이 이야기해보면 어떨까. 전자가 대중에게 '환경주의'를 '일장 연설' 하고, 과학적 근거없이 감성적 망상으로 선동하는 X세대 여전사의 퇴행을 보여준다면, 후자는 그 시대를 지나 책임감있고 듬직한 국가 체제의 수호자로 우뚝 선, 성숙한 X세대의 진화를 보여준다고 할 수 있겠다. 김윤아와 한동훈은 여러가지 측면에서 1970년대에 이 땅에서 나고 자란 세대의 정치적 퇴행과 진화를 극명한 대비로 보여주는 것 같다.

그렇다면, 김윤아를 위시한 퇴행적 서태지 세대들이 시대의 변화를 받아들이고 인정하며 성찰하는 그런 날이 오긴 할까. 그 세대가 업그레이드해야 할 우리의 현실은 결코 한가하지 않고 엄혹하기만 한데 말이다.

더 이상 교사가 일방적으로 학생을 억압하는 일방적 권위주의의 '교실 이데아'는 존재하지 않는다는 것. 작금의 교실은 학생들이 정규직과 계약직 교사를 차별하고 괴롭히며, 학생들 스스로 일진과 셔틀로 무리지어 가학과 피학을 주고 받는, 만인을 위한 만인의 투쟁의 '무정부상태'가 됐다는 것. 이걸 판타지로 받아들이는 사람과 엄중한 현실로 받아들이는 사람의 미래 인식과 삶의 가치는 다를 수밖에 없다.

지금 한국 사회에 필요한 것은 드라마 감성의 신파적 선동이나 판타지의 문법이 아닌 냉철하고 냉엄한 국제 질서 속 이성적이고 과학적인 판단과 공동체의 안녕을 위한 질서의 확립이다.

좌파정치의 '지참금'으로 전락한 여성운동의 현실

민주당의 내로남불 행태 중 가장 충격적인 것 중 하나는, 희대의 "성폭력피해 호소인"이라는 말일 것이다. 일반적으로 성폭력 피해자가 등장하면 유명 언론인 손석희의 표현대로 "피해자의 눈물이 증거"라던 좌파들은 유독 박원순 전 서울시장의 케이스에서는 "성폭력피해 호소인"이라며 피해자를 2차 가해하는 뻔뻔함의 끝판왕을 보여주었다.

권인숙, 남인순, 진선미 등 여성운동을 완장삼아, 혹은 문재인의 숨결도 이해한다는 '여성성'을 내세워 제도권 정치에 진입한 이들이 정작 성폭력 피해자를 호소인이라면서 모욕을 준 것을 어떻게 이해해야 할까?

기자시절 전여옥씨를 인터뷰한 적이 있는데, 그 시절에도 그녀는 좌파 쪽보다 보수 쪽이 훨씬 여성을 더 인정하더라라는 말을 했었다. 지난 미투 열풍의 광풍 속, 좌파 진영에서 줄줄이 터져나온 성추문은 물론이거니와, 진영 내 페미니스트라는 작자들의 모순적 행태를 보면 이런 점이 극명하게 드러나는 것 같다.

이들의 끔찍한 이중성은 김건희 여사를 대하는 태도에서도 드러난다. 마치 마리 앙트와네트에 대한 무성한 루머들이 프랑스 혁명을 일으킨 강력한 선동 효과였듯, 이들은 허무맹랑한 "줄리" 등의 선동을 퍼트리며 김건희 악마화에 나서고 그 조직적 움직임을 방조하면서 그에 대한 비판에는 침묵한다. 여성단체에서는 단 한번도 이 같은 도 넘은 반인권적 선동에 대해 '여성혐오'라며 대응한 적이 없다. 장경태 등이 "빈곤 포르노" 등의 자극적 언사로 김건희 여사의 선행을 폄하하고 공격해도 이에 대해 일절 코멘트는 없다.

이들에게 페미니즘의 진정성이 있는지 묻고 싶다. 좌파 진영에 포진한 여성운동가라는 사람들이 결국 '페미니즘'이라는 것을 정치적 무기화하고 여성운동 경력을 제도권 정치 입문을 위한 지참금 취급 한 것 아닌가 정말 황당한 지경이 아닐 수 없다.

좌파 진영에서 여성운동주의자들을 그저 대중 선동을 위한 악세서리 취급하는 건 매우 뿌리가 깊다. 노무현 정권 시절 여기자 간담회를 통해 당시 초대 여가부 장관이던 한명숙 총리와 대담을 한 적이 있다. 여성운동의 대부라고 해서 굉장한 카리스마를 뽐낼 줄 알았던 나의 기대와는 달리, 어떤 사안에 있어서도 분명한 답이 없고 쭈뼛쭈뼛하며 눈치 보는 듯한 한명숙의 모습에 굉장히 실망했던 기억이 있다. 한명숙의 남편은 운동권에 상당한 명성이 있던 거물이었고 추후 한명숙이 총리까지 되는 데에도 이해찬 등의 정치적 후견인의 지원이 필수적이었다고 알려졌다.

아마 그때부터였을 것이다. 내가 페미니즘에 대해 근본적인 불신을 품게 됐던 것이다. 무슨 말이냐면, 나는 한명숙이 '여성운동가'의 타이틀을 달고 화려한 관운을 누리는 것을 보면서 무언가 석연치도 않고 공정하지도 않은 그들만의 리그를 보는 느낌이 들었다. 저들이 페미니즘을 그저 정치적 입지를 위한 셀프 마케팅으로 이용하는 건 아닌지, 이해찬 같은 운동권 내 강성 남성 정치인들의 심기를 거슬리지 않고 고분고분 말을 잘 들으면 완장 하나 채워주는 '부반장 리더십'에 불과한 것은 아닌지 하는 의구심 말이다.

'김건희 혐오'를 동력으로 삼는 좌파정치의 저열함

특히 이들의 '김건희 스토킹' 행태를 보면 집단 마녀사냥의 극단을 보는 듯 하다. 중도 진보 성향이었던 유창선 박사 또한 최근 〈김건희 죽이기〉라는 책을 통해 영부인에 대한 집단 마녀사냥에 열을 올리며 가짜뉴스를 생산하는 민주당 정치인들과 극좌 선전선동 매체들의 행태를 생생히 고발한 바 있다.

각종 지상파 방송에서 종횡무진하는 장윤선 같은 기자를 보면 김건희 여사에 대한 시기 질투심에 쌓인 일부 여성들의 감정을 최대한 자극하려는 것으로 보인다.

그는 라디오 방송 등에 나와 "기자들이 왜 김건희 여사 기사를 안 쓰는지 모르겠다"라고 논평을 빙자해 선동한다. 김건희 여사에 대한 기사를 많이 써야 한다고 언론사 기자들을 압박하고 있는 것처럼 보일 수밖에 없다. '윤석열 X 파일' 등 허무맹랑한 음모론이나 루머들을 퍼트렸지만 반윤 패널로서 역시 지상파에서 자주 부르는 장성철 같은 인물은 툭하면 "김건희 배후설", "김건희가 대통령"과 같은 프레임 으로 현 정부에 대한 대중의 비호감을 높이는 선동에 앞장 선다. 좌파 패널들은 왜 언론이 김건희 여사의 스타성이나 패션 등에 주목하는 "완판녀" 같은 기사를 생산하냐며 언론에 분노를 드러내기도 한다. 박근혜 정권이 최순실 게이트로 무너진 것처럼 무속이나 비선 같은 자극적인 키워드로 보수정권에 대한 악마화를 획책하는 비열한 정치 선동이다.

양평군민들은 김건희 땅이든 이건희 땅이든 알 바 아니고 고속도로만 놔달라고 하는데, 민주당은 나들목이든 분기점이든 종점이든 그건 중요한 게 아니고, "무조건 김건희", "기승전 김건희 혐오"로 국가 정책마저 정쟁의 요소로 이용해 정치적 이득을 꾀하려 할 뿐이다. 거의 해리성 인격장애 수준이 아닐까 싶을 정도로 김건희 스토킹에 매달리는 형국이다.

'해리성 인격장애'는 김지운 감독의 영화 〈장화, 홍련〉에서 잘 그려져 있는데, 한마디로 말해 자기만의 환상이 현실이라고 믿으며 자신의 증오 감정이나 죄의식을 희석하고 합리화하는 심리적 현상이다. 영화에서 주인공 수미(임수정 분)는 새어머니 은주(염정아 분)를 증오한다. 그런데 그 증오의 이유는 자신의 죄책감을 감추기 위한 방어 기제이다. 동생의 죽음을 막을 수 있었던 상황에도 불구하고 자신의 새어머니에 대한 증오와 불신 탓에 동생의 죽음을 방치하게 된 것인데, 그런 고통스러운 진실을 부정하고 자신의 현재의 불행의 근본적인 원인으로 새어머니를 극악무도한 '악녀'로 규정해버리는 것이다. 더 나아가 자신이 설정한 시나리오에 너무 과몰입한 나머지 자신이 창조한 악녀에 스스로 빙의해 역할극을 하기에 이른다. 아버지와 자신을 이간질하고 아버지의 사랑을 독차지 하려는 악독한 새어머니의 정체는 결국 수미가 만든 허상임과 동시에 그 자신이었음이 드러난다.

민주당의 여성 정치인 이경은, 김건희 여사가 일하는 여성들을 독려하면서 "여러분이 에이스"라고 표현한 것을 두고, 에이스라는 발언이 적절하냐며 시비를 건 적이 있었다. 세간의 "줄리" 의혹에 편승해 영부인에게 유흥가에서 쓰는 언어를 사용했다고 음해, 선동하려는 의도였던 것으로 보인다. 이같은 이경의 발언에 많은 좌파 네티즌들이 호응했다. 이쯤되면 수많은 '김건희 스토커'들이 해리성 인격장애를 겪고 있는 게 아닌가 의심될 지경이다. 영화 〈장화, 홍련〉에서 수미(임수정 분)가 겪은 바로 그 병 말이다. 이들은 자신만의 세계에서 김건희 여사를 악마화하고 유흥가 경력이 있다는 근거없는 루머를 확정적인 사실로 믿어버린다. 여성혐오에 편승하는 자신의 실체를 무마하고 합리화하기 위해 이제는 자신이 만들어낸 환상인 "악마 김건희", "줄리 김건희"에 본인이 스스로 빙의해 상대방의 발화의 의도마저 곡해하는 역할극을 하는 지경에 이른 것은 아닌지. 정말 "뭐 눈엔 뭐만 보인다"더니, 여성 폄하적 시선을 가지고 있는 것은 정작 이경 같은 여성 정치인이 아닐까.

여성혐오는 대중들이 가지고 있는 근원적인 파시즘에 의거해 굉장히 효과적인 선전 선동 기법이다. 여성에게 근거없는 루머를 퍼트려 성적 스캔들로 주홍글씨를 새기며 화형 참수하던 마녀사냥의 희생자는 비단 힘 없는 하류층 여성만이 아니었다. 오히려 성적인 매력이 있고 돈 많은 과부가 표적이 되어 재산이 몰수됐다고 한다. 김건희 여사는 화려한 외모와 세련된 스타일로 사람들의 눈길을 끈다. 이는 세간의 시기심과 질투를 자극하여 정치적 희생양이 되기 딱 좋은 요소이다. 미녀배우로 유명한 모니카 벨루치가 주연한 〈말레나〉라는 영화에 보면 미녀 과부가 동네 남자들의 성적 욕망의 표적이 됨과 동시에 이에 남편을 뺏기지 않을까 하는 마을 여성들의 집단적 광기로 수난을 당하는 스토리를 그리고 있다. 실제 모니카 벨루치의 자전적 요소가 반영된 영화라고 한다.

스코틀랜드 메리 여왕 또한 남자 왕이었다면 문제가 되지 않았을 이혼과 재혼 남편 살해 혐의 등을 트집잡혀 참수를 당했고 엘리자베스 1세의 어머니 앤 불린도 근친상간죄 간통죄로 억울한 누명을 쓰고 정치적 희생양이 되어 목이 잘렸다. 마리 앙트아네트 또한 가톨릭의 맹주인 합스부르크 출신 왕비라는 신분 때문에 프랑스 내 궁정에서 따돌림의 대상이었다. 급진 혁명 세력이 날조한 근친상간 등의 루머로 포르노그래피 선전 선동의 희생양이 되어 형장의 이슬이 되었다.

한편 박근혜 대통령은 섹스비디오가 있다는 둥 정유라가 숨겨놓은 딸이라는 둥 온갖 루머에 시달리다 실각했다. 대표적 보수 정치인인 나경원 의원 또한 "1억 피부과"와 같은 외모가 우수한 엘리트 여성에 대한 질시 감정을 자극하는 루머에 이미지 타격을 입었다. 그 같은 저질 선동의 주범인 주진우, 김어준 같은 인물들은 처벌은 커녕 지상파 방송과 유튜브에서 좌파 진영으로부터 영웅 대접을 받으며 떵떵거리고 있다.

이 같은 희생자들에게는 한 가지 공통점이 있다. 대중에게 사랑받았던 매력적인 여성 권력자라는 점이다. 소위 말해 페미니즘 팔이를 하는 좌파 여성 단체들이라면 정치적 영향력이 강한 여성이 성적으로 농락 당하고 정치적 희생양이 되는 그 억압의 근원과 역사적 기제를 모를 리 없거늘 그 어느 한 사람 이에 대해 문제 제기하고 나서는 사람이 없는 것이다.

어느 누구의 말대로 "진짜 부끄러운 줄 알아야지!"라는 일갈을 던지지 않을 수 없는 대목이다.

CHAPTER 4

승리하는 보수의 콘텐츠 전략, '뉴보수'의 선명성과 쿨함으로 승부해야

한동훈식 화법의 타겟팅과 레토릭 전략

유심히 살펴보면 한동훈의 스피치는 매력적인 전략에 의해 발화되는 것 같다. 그의 화법의 가장 중요한 매력은 간결하면서도 명확하다는 것이다. 그래서 메시지의 전달력이 매우 뛰어나다. 다분히 악의적인 질문이나 공세적인 질의가 쏟아져도 피하지 않고 침착하게 대응하며 당당한 태도와 명쾌한 논리로 대화의 주도권을 놓치지 않는다. 언성을 높이거나 공격적인 태도를 보이지도 않으면서 분위기를 자기 위주로 끌어당기는 부드러운 카리스마가 있다. 거기에 더해 프레이밍이나 레토릭이 적실하고 탁월해 언론이 어렵지 않게 헤드라인을 뽑을 수 있게 한다.

한동훈의 화법 전략에는 젊은 세대의 '게임의 법칙'이 잘 녹아 있다. 상대를 선제적으로 공격하기보다는, 상대가 흥분하거나 말실수를 하거나 허점을 보일 때, 이를 역공하는 방식이 그것이다. 상대방의 모순된 과거 이력이나 언술을 실증적으로 제시하면서 반격하는 전략도 이 방식이다.

한동훈이 채널A 사건의 당사자인 이동재 기자와 녹취록이 퍼졌을 때의 일인데, 오히려 공개된 녹취록을 듣고 한동훈 팬이 됐다는 사람들이 많다. 한동훈은 추미애 장관에 대해 "일개 장관 따위가 국민들의 알 권리를 포샵질한다"고 비판했는데 이를 통해 권위주의에 절어 있는 권력자를 조금도 두려워하지 않는 결기를 보여줌으로써 듣는 이에게 상당한 카타르시스를 안겨주었다. "포샵질"이라는 단어도 요즘 세대가 쉽게 알아듣기 좋은 대중적 수사인데, 이재명의 막말이나 이준석의 조롱과는 달리 천박하게 다가오지 않는다. 엘리트의 똑똑한 위트처럼 느껴진다고 할까.

추미애는 자신을 "일개" 장관이라고 지칭했다며 한동훈이 오만하다고 분개했지만, 한동훈은 국민들의 눈높이에서 장관도 일개 장관일 뿐이라고 당당히 맞서면서 권력에 맞서는 '언더독'으로 자신을 확실히 이미지 메이킹한다. 한동훈은 민주당에게 수난을 당하는 정의로운 검사의 이미지를 선점했고 또 검수완박에 맞서 검수완복을 통해 유능하고 전투력이 있는 전사의 이미지도 더했다.

여기서 짚고 싶은 포인트가 하나 있는데, 요즘 사람들은 적당히 좋은 말만 하는 립서비스를 좋아하지 않는다는 사실이다. 두루뭉술한 여타 정치인의 언어와 차별화된 한동훈의 선명한 메시지는 지지자에게 희열과 쾌감을 안겨주기 충분한 면이 있다. 항상 화자를 일반 국민으로 설정해 공감과 이입을 높이는 것도 훌륭하다. 의회에서 체포동의안 동의를 구하는 연설을 할 때도 청자를 의원이 아닌 국민들으로 설정해 이재명의 범죄 혐의를 소상히 밝힌다. 자신이 특정 정파가 아닌 국민의 편에 있음을 명확히 밝혀, 국민으로 하여금 일대일로 소통하고 있다는 느낌을 갖게 한다. 국민이 정치권에 대해 가지고 있는 의문스러운 시선과 불신을 해소하는 방향으로 커뮤니케이션을 설정한다.

정치 커뮤니케이션에서는 항상 '주어'가 누구냐가 중요하다. 그런데 정치인들, 특히 보수 진영의 인사들은 커뮤니케이션 전략이나 레토릭이 너무도 형편없는 경우가 많다. 국민의 시각에서 '적'을 정확히 상정하고 비판해야 하는데, 자기 위주의 사고 방식에 갇혀서 객관성을 잃어버리고 감정적이고 비논리적인 자기 방어나 망언으로 일관하는 경우가 대부분이다. 정치인이라면 공히 자신이 어떤 일을 하고 있는지, 왜 그런 일을 하는지 같은 국민이 궁금해할 만한 내용을 명확히 전달함으로써 국민이 친근하고 폭넓게 소통하고 공감까지 할 수 있는 접점을 만들어야 한다. 내 눈에는 한동훈식의 화법이 정치인의 대국민 커뮤니케이션의 획기적인 진화로도 보인다. 특히 정치 레토릭에 있어서 많은 약점을 보이는 보수정치인들은 한동훈을 벤치마킹해야 할 부분이 많다고 보여진다.

집토끼 호구 취급은 금물, 의대정원 확대 대신 '기피의료 지원정책' 나와야

강서구청장 보궐선거 패배를 기점으로, 당내 비주류들과 이준석의 대통령과 당대표 흔들기가 기승을 부리는 상황에서 반사효과로 민주당은 이재명 체제가 빠르게 고착화되고 있다. 이럴때일수록 여권은 '변화'와 '쇄신'이라는 키워드를 꺼내들어 혼란과 불확실성을 극복해야 한다. 혁신위원회가 만들어지고 인요한 위원장을 영입한 것은 일단 긍정적으로 보이지만 그 후과는 좀더 지켜봐야 한다.

그러나 여전히 '예산 삭감', '정원 감축' 등의 이슈가 섬세하지 않고 투박하게 전달되고 있는 상황이어서 화이트칼라층과 수혜계층에 불안과 반감을 유발하고 있다. 만약 한동훈식 레토릭을 적용해 보면, R&D 예산의 경우, '하위 30퍼센트 퇴출', '부정 수

급 퇴출' 등 능력주의와 원칙주의를 강조하며 '재정 건전성 강화', '세금 기생충 박멸' 같은 선명하고 구체적인 프레임과 공감가는 워딩으로 보수 지지층은 물론 중도층에게도 어필했을 것 같다.

의대 정원 확대라는 빅이슈 역시 디테일이 부족한 상태에서 급하게 전달되어 이해 당사자들의 피해의식만 양산한 형국이다. 정부 여당의 전통 지지세력인 의사 집단과 전문가 집단에게 쓸데없는 박탈감과 자괴감을 안겨주고 있는 것이다. 의대정원 확대보다는 기피의료, 필수의료 등에 대한 지원 정책 등 실질적으로 국민 보건을 책임질 의사들의 근로 환경과 처우 개선, 법적 지위 보장 등을 통해 의사로서의 자부심을 고양시키는 정책이 마련돼야 한다. 특히나 지금처럼 대통령의 국정 지지율이 낮은 때일수록 국정 메시지의 '타겟팅'과 '정교한 레토릭 빌드업'이 시급한 시점이다.

차가운 자본에 '공동체'의 가치와 미덕을 담아라

과거 함께 일했던 지인이나 후배 중 현재 정치권에 몸담고 있는 이들이 제법 많다 보니 종종 그들로부터 정책 자문이나 홍보 자문을 요청받는 경우가 있다. 최근에는 한 연구기관에 있는 후배로부터 저출산문제 관련해 빅데이터 분석 보고서를 쓰는 데 조언을 구하고 싶다는 연락을 받기도 했다.

국민들이 생각하는 저출산의 원인, 정부 정책에 대한 여론의 평가, 기타 온라인상에서 거론되는 저출산 정책이 있는지 등에 대한 기획 보고서를 구상중이라는 것이다. 그 친구가 파악하기론 저출산 원인은 결혼 지연(늦은 결혼), 양육비용, 일-육아 병행, 어려운 근로환경 등이 근본 이유인데, 정부별 저출산 정책 내용과 반응효과를 빅데이터를 통해 비교하면서 살펴보겠다는 것이다.

윤석열 정부는 이와 관련해 5대 핵심과제를 3·28 대통령 주재 저출산고령사회위원회를 통해 발표한 바 있는데, 세부내용은 1) 돌봄과 교육 확대, 2) 육아휴직, 근로시간 단축 등으로 일육아 병행지원, 3) 신혼부부/다자녀가구에 대출 및 신규 공급 주거지원 확대, 4) 부모급여 100만원 지원 등 양육부담 경감, 5) 건강한 임신 출산을 위한 의료비 지원 확대 등이 골자다. 그외에 생활동반자법으로 비혼과 1인가족 양육을 가능하게 한다던가, 세제 혜택 세액 공제를 늘리자든가 하는 것 등이다.

그런데 이에 대한 나의 반응은 조금 시큰둥한 것이었다. 왜냐하면 위에 적시한 내용들은 이미 지난 정부부터 꾸준히 나왔던 새로울 게 없는 내용이고 서구 선진국 등이 상당부분 앞서 시행했던 것이지만 '저출산'이라는 트렌드를 바꾸는 데 그닥 효과를 보지 못한 것으로 드러났기 때문이다. 서구 사회가 저출산을 겪게 된 것은 기본적으로 과다 경쟁, 생존에 대한 불안, 과도한 교육과 양육비 부담, 전통적 공동체의 붕괴와 개인주의 대두 때문인데, 한국 사회는 이러한 글로벌 트렌드를 과도하게 흡수하면서 더 과장되고 드라마틱한 현상으로 나타난 게 지금 한국의 저출산의 씁쓸한 자화상이다.

진단 자체가 잘못 되면 해법도 피상적인 차원에 머무를 수밖에 없다. 이를테면 부적절한 식습관이나 운동 부족, 스트레스가 당뇨의 문제인데, 그 근본 요인을 무시하고 당장 혈당 수치를 조금 낮추기 위해 인슐린을 퍼붓는 격이랄까.

나는 저출산에 대한 근본적인 원인인 사회적인 습속이나 분위기, 시민의 가치관이 바뀌지 않는 한, '돈 줄 테니 애를 낳으시오'라는 정부의 설득은 절대 먹히지 않을 것이라고 생각한다. 그나마 가정을 꾸릴 수 있는 사람, 그런 의지가 있는 사람들에게는 정부의 정책이 도움이 되겠지만, 실제 가정을 꾸릴 생각이 없는 청년들에게 정부의 정책 자체가 애를 낳고 길러도 되겠구나라는 희망을 안겨주고 행동을 바꾸지는 못할 거란 말이다.

그렇다면, 각박한 자본주의 사회의 현실에서 저출산 트렌드를 바꿀 수 있는 근본적인 처방은 무엇일까. 기본적으로 청년들이 꿈을 꿀 수 있어야 하고, 가족의 가치를 소중하게 여겨야 하는 사회적 분위기가 조성돼야 할 것이다. 그리고 이같은 기조는 결국 보수 진영이 주장하는, 노력이 반드시 보상받을 수 있다는 사회적 합의와 기업가 정신과 창업 마인드가 독려되는 폭넓은 교감이 만들어져야만 가능하다. 이같은 칼뱅주의적 전통이 회복되어야 가정의 가치가 복원될 것이고, 저출산 기조 또한 연계적으로 약화될 수 있을 것이다.

그렇다면 보수는 무엇을 해야 하는가? 더 나아가 정부 여당은 어떤 정책을 펴야 하는가? 일부 네티즌들이 〈결혼 지옥〉, 〈오은영 박사의 금쪽이〉, 〈나혼자산다〉 같은 프로그램들이 결혼과 육아를 기피하는 풍조를 키운다고도 하는데, 절대 흘려들을 말이 아니다. 결국 사람들의 가치관과 정서를 바꾸는 것은 '문화'의 힘, 소프트파워인 것이다. 요즘 같은 미디어 콘텐츠의 영향력이 절대적인 시대에는 더욱 그러하기 때문이다.

결혼-가정-육아를 기피하는 기조를 전환하는 것과 정치정책 콘텐츠 전략은 장기적으로 서로 연동되어 있을 수밖에 없다. 이를테면, 많은 구독자를 보유한, 요즘 N잡러, 청년 창업 열풍과 맞물려 인기를 끌고 있는 〈휴먼스토리〉 유튜브 채널을 보자.

이 채널의 정체성은, 간단히 말해 하드코어 자본주의 버전의 '체험 삶의 현장'에 가깝다.

체험 삶의 현장이 '노동'의 가치를 찬양했다면, 휴먼스토리를 위시한 여러 재테크 부동산 채널과 같은 유튜브 콘텐츠들은 '자본소득'의 생생한 속살을 파헤치고 그 가치를 긍정하고 있다는 것이 다른 점이다.

〈행크TV〉같은 수많은 창업, 재테크 프로 또한 다양한 스타일을 보이지만 결국 큰 메시지는 유사하다. 즉, 자본소득을 추구하는 욕망을 탐욕으로 보는 부정적인 시각을 교정하자는 것이다. 또 경제적 자유와 성공을 향한 욕망을 정당하고 아름다운 것, 땀 흘리는 노력으로 바라보는 관점의 이동을 제시한다. 다시 말해 오랜 우리 사회의 돈에 대한 이중적 편견을 깨자는 것이다. 〈행크TV〉에서는 젊은 직장인이 경매를 통해 월세 소득을 세팅하는 과정을 장기간 추적하며 다큐멘터리처럼 그려내는데, 이를 통해 자본소득을 결코 '불로소득'이라고 단정해서는 안 된다는 것을 구독자에게 인식시킨다. 일종의 손과 발로 노동을 통해 취득한 '지식 산업'에 가깝다는 느낌이 들게 하는 것이다. 이같은 재테크나 창업 관련 콘텐츠는 "부자됩시다" 그리고 더 나아가 "행복해집시다"라는 이 시대의 스토리텔링 및 시대감성과 깊이 맞닿아 있음은 물론이다.

그러나 이와 같은 콘텐츠가 인기를 끄는 이유가 단순히 돈버는 법이나 부의 과시 때문에 있다고 보는 건 단견이다. 이들은 돈을 버는 행위에 '가치'를 담아내고 있다. 이 채널에 등장하는 이들은 부자의 탐욕을 위해 부를 추구하며 열심히 일하는 것이 아니다. 자수성가 성공서사, 역경을 딛고 이룬 성공, 혹은 성공을 꿈꾸며 감내하는 오늘의 땀들을 비추고, 가족애와 공동체의 인간적 유대를 부각한다. 이들은 물질적 성공이 결코 공허함으로 이어지지 않는다고 역설한다. 오히려 내 자식은 나처럼 고생시키고 싶지 않고 마음껏 하고 싶은 것을 하게 해주겠다는 가장의 책임감이나 젊었을 때의 고생을 안쓰러워하지만 결국 자식을 자랑스러워하는 부모의 마음 같은 게 읽혀져 구독자들에게 정서적 일치와 감정이입을 유도하기도 한다. 뿐만아니라, 직원과 수십년 의리를 지키는 사장님, 직원의 능력을 인정해 고급차를 선물하고 수천만원 회식을 열어주는 자영업자의 모습도 이같은 자본주의적 채널에서 이목을 끄는 스토리텔링이 된다.

결국 돈을 잘 버는 것을 넘어 돈으로 창출할 수 있는 공동체의 미덕 때문에 사람들이 감동을 받는 것이다. 좌파의 선동에 맞선 보수의 감동 서사는 결국 이런 가치창출의 휴먼 스토리에서 찾아야 한다. 결국 정치는 레토릭과 이미지이기 때문이다. 요즘 젊은이들이 롤모델을 가지고 누군가의 좋은 부모, 좋은 배우자로서의 가치를 추구한다면 저출산은 정부에서 돈을 주지 않아도 저절로 해결될 일이다. 결국 저출산 문제는 정책의 실패가 아닌 가치관의 붕괴와 위기라는 걸 먼저 직시해야 한다.

굳이 정치적 언어로 말하지 않아도, 행동을 강요하고 설득하지 않아도, 대의에 대한 자연스러운 공감과 감동이 이뤄질 때 더욱 강력한 정치적 무기가 된다. 경제-창업 유튜버들이 '돈버는 법'만 보여주는 것 같지만, 실제 이들이 돈을 통해 말하는 것은 가족, 동료애 같은 인간 사회의 근원적이고 전통적인 가치다.

그래서 유명 정치 유튜버들을 인재로 영입하여 그들을 즉시 전력으로 활용하려는 생각을 넘어서 다양한 인플루언서들과 민생 경제와 관련한 접점을 늘리는 점들을 고려해 봐야 할 것이다. 먹고사는 문제와 연계된 정책들을 비정치적 방식으로 인포테인먼트정보예능, Infortainment 방식으로 접근하는게 게 자신을 어느 진영에도 속하지 않는다고 생각하는 중도층에 더 효과적일 수 있다.

다시 말하지만 그런 협업이 노골적인 정치적 목적을 드러내서는 안 된다. 요즘 MZ가 보여주는 바람직한 공동체의 모습은 '따로 또같이'에 가깝다. 즉 아이돌 멤버가 팀을 이뤄 보여줄 수 있는 것과 팀에 해를 끼치지 않고 개인의 개성과 매력을 발산할 수 있는 솔로 활동을 병행하는 것이 당연한 관행으로 굳어진 것처럼 말이다. 이같은 독자적이면서도 우호적인 관계 형성이 확실한 정치적 우군을 확보하는 것 못지 않게 중요하다. 이를 통해 정부 정책에 대한 접근성과 관련성을 높이는 것이 국정 홍보의 주요 기조가 돼야 할 것이다.

아울러 보수 정치권은 유튜버들을 단순히 관종이거나 장사치로 폄하하는 시선을 갖지 말아야 한다. 이미 수십 수백만의 구독자를 거느린 유튜버들을 전문성과 능력이 검증된 오피니언 리더로 인정하고 그들의 아젠다를 경청하고 정책 개발의 파트너로서 인정하는 시각이 필요하다. 현재 중도층이 바라는 국가 리더의 모습은 통치가 아닌 소통을 통한 동행, 동반이기 때문이다.

뿐만 아니라, 유튜브의 라이징 스타들 중에는 제2, 제3의 백종원, 정용진이 즐비하다. 이들의 서사는 '겸손하고 서민적이며 대중적 매력을 갖춘 부자 혹은 소탈한 재벌2세'다. 부자나 기득권에 대한 좌파들의 혐오 서사에 맞설 수 있는 강한 무기가 바로 이런 '신선하고 겸손하며 열정적인' 성공한 인물의 모습을 보여주는 것이다.

예를들면, 강릉에서 세인트 존스 호텔을 운영하는 김현성 사장이 좋은 예이다. 김 사장은 스스로를 재벌2세 낙하산이라고 인정하고 들어간다. 그러나 특혜를 받은 만큼 흘리는 땀방울이 감내해야 할 왕관의 무게가 결코 가볍지 않다고 자신의 삶을 투명하게 드러낸다. 결혼 또한 자신의 러브 스토리를 대단하게 포장하지 않고, 선도 많이 보고 했지만 결국 연애로 결혼하게 됐다고 솔직하고 담담하게 말한다. '강남의 부자'가 아닌 강릉에서 새로운 사업을 일구고 직원들과 직접 호흡하며 강릉 전통 시장에서 본인만의 작은 음식점까지 운영하는 진정성 때문에 네티즌들에게 큰 호응을 얻고 있음을 주목해야 한다.

정치의 영역을 여의도 정치로 협소하게 한정해서는 안된다. '정치'를 벗어나야 국민이 보인다. 그리고 함께 할 수 있는 방법들을 찾을 수 있다. 특히 총선을 앞두고 소프트한 마케팅 전략이 무엇보다 시급하다는 측면에서 정부 여당은 필히 유능한 홍보전문가를 영입해 스토리텔링에 있어서 획기적인 전환을 보여주길 바란다.

좌파의 정치적 언어는 혐오감과 사회전복과 규범 일탈을 부추기는 '선동'이지만, 보수의 정치적 언어는 공동체의 미덕과 가치의 복원을 위한 '감동'이라는 점을 부각해야 소프트파워 전쟁에서도 보수가 확실한 우위를 점할 수 있을 것이다.

이같은 나의 분석처럼, 어느 정도 정부 여당 측에서도 문제의식을 느꼈는지, 대통령이 직접 교사들과 만나고 협의하는 이벤트가 보도되었고 이에 대한 젊은 여성들의 커뮤니티의 반응도 즉각

적이고 꽤 긍정적이었다. 또 지방살리기 교육 거점 전략이나 김포시의 서울시 행정 구역 편입 등 장기간 총선 전략으로 준비한 공약들이 총리실 산하 여러 위원회에서 많이 발표가 시작된 것도 긍정적인 신호다. 일단 현재 정치권에 팽배한 반윤 프레임이 민생과 관련된 정책으로 옮겨간 것만도 여당으로선 나쁘게 없다.

교육 및 교권 문제를 언급해보자면, 대통령의 최근 발언 "학교폭력은 경찰의 소관"이란 메시지는 2030 여성층에서 긍정적인 반응을 이끌어냈다. 왜 그런 것일까?

특히 젊은층들은 이념논쟁보다는 "정부는 내 편이다"라는 감성적 일체감과 자신의 경험 및 이해관계와 연결된 민생 이슈, 즉 '먹고사니즘'과 직결된 정부 정책에 즉각적으로 반응한다. 할당제 폐지, 비동의 강간 문제, 군 복무자 처우, 외국인 노동자 및 범죄 문제, 치안 강화 이슈, 주거지원 정책 등의 이슈는 이들에게 중요한 관심사일 수밖에 없다.

젊은 여성층은 공교육, 학원, 보육시설, 서비스 업종에서 일하는 이들이 많고, 4050 학부모 계층에 대한 반감 또한 적지 않은 것으로 알려져있다. 이는 현재 학부모와 교사 간의 갈등과 대립이 심화되는 사회적 분위기와 관련이 있다. 이러한 문맥에서 대통령이 젊은 여성층의 정치적 피해의식을 이해하고 구체적인 정책을 통해 응답하는 모습은 긍정적인 효과를 가져왔다. 정치적 메시지와 정책이 국민의 실생활과 어떻게 연결되는지, 그리고 이를 어떻게 효과적으로 전달할 것인지에 대한 전략을 세워나가야 할 것이다.

지금까지 윤석열 대통령이 구축한 이미지는 '통치자'의 이미지에 가깝다. 정통 보수 세력이야 국가 정상화를 위해 뚝심있게 밀어부치는 강한 리더의 이미지를 보고 싶어하지만, 중도층의 정서는 다르다. 그들은 소통과 대화를 통한 정서적 일체감을 원한다. 친윤-반윤의 구도로 가면 총선은 굉장히 불리해질 수밖에 없다는 것을 알아야 한다. 전반적인 사회분위기가 보수가 주장하는 전통적 가치와 성취에 대한 긍정적인 기조를 형성할 때 보수에게 유리한 총선 환경이 조성될 수 있을 것이다.

정치 '엔터테인먼트', 호감 이미지와 감동 서사의 콜라보

"왜 연예인에게는 정치인이 되기를 원하고 정치인에게는 연예인이 되길 바라는 걸까요?"

평소 직설적인 화법으로 유명한 가수 성시경은 수 년전 한 토크쇼에 출연해 "연예인은 그저 광대일 뿐인데 너무 공인의 잣대를 들이댄다, 반면 공인인 정치인이 더 말을 바꾸고 또 사람들은 까먹고 뽑아준다"고 푸념한다.

성시경의 이 발언은 연예인과 정치인의 생존 방식의 일면을 꿰뚫고 있다고 생각된다. 인정할 건 인정해야 한다. 어떤 '쇼'를 보여주느냐는 이미 현실 정치의 큰 부분을 차지하고 있다. 정치가 점점 탈이념화되면서 '엔터테인먼트'적 가치, 즉 이미지 메이킹과 마케팅, 홍보를 간과할 수 없는 것이다.

문재인은 특유의 인자하고 온화한 이미지로 살벌한 정치판에서 사람좋은 아저씨 이미지로 여성층에 큰 팬덤을 형성하고 높은 지지율을 유지했다. 사실 지지율을 유지하기 위해서 정치인이 할 수 있는 건 '연예인'이 되는 것이다. 문재인식 공식을 따라가면 지지율을 올리는 것도 어려워 보이지 않는다. 개딸이나 대깨문 같은 강성 팬덤이 주군을 엄호하는 공포 정치를 펼치고 대통령은 자애롭고 인자한 이미지만 보여주는 것이다.

문재인 대통령은 집권 내내 후방에서 지지자나 당원에게 더러운 정치 싸움을 떠맡기며, 자신은 점잖고 자애로운 이미지를 유지했다. 이러한 역할은 맡은 이들은 양정철, 이해찬, 김어준 같은 사람들이었다. 대통령은 기본적으로 자신을 좋은 사람으로 포장하면서 그 밑의 인물들을 도구와 수단으로 사용한 것이다. 이것은 주종이 확실히 나뉘는 NL 세대 조직의 특징이기도 하다.

반면에 윤석열은 완전히 다른 접근 방식을 취한다. 그는 자신의 부하나 동료를 직접 보호하고, 그 결과로 자신과 당의 지지율이 상호 연관되어 있다. 윤석열이 긍정적인 이미지를 보이면 지지율이 상승하며, 그의 지지율과 당의 지지율도 함께 소폭 상승한다. 그러나 윤석열이 직접 나서서 싸우거나 독불장군의 이미지를 보일 때는 지지율이 하락한다.

현재 윤석열의 존재감은 곧 국민의힘의 존재감이 되고 있다. 윤석열은 당을 끌고 가며, 당을 보호하는 야전 사령관 역할을 하고 있다. 국민의힘은 이런 점에서 총선에 대한 해답을 얻었다고 볼 수 있다. 대통령의 지지율을 올려야 하는 것이다. 윤석열이 지지율을 올리려면, 엘리트로서의 능력과 리더로서의 책임을 지속적으로 보여줘야 한다. 이를 위해 한동훈, 원희룡, 오세훈, 박민식, 조정훈 등과 같은 젊고, 중도적이며 유능한 전문가 그룹과 협력을 통해 변화를 일으켜야 할 것으로 보인다. 국가 세금을 효율적으로 사용하고, 저소득층에게 성공의 기회를 제공하며, 가족친화적 정책을 추진한다면, 그는 대통령이라는 지위를 넘어 대한민국의 보수를 재건하는 리더로 인정받을 수 있을 것이다. 결국 중요한 것은 대통령의 리더십과 정책이다.

현재 윤 대통령의 지지율의 추이도 이 같은 현상을 대변한다. 윤석열 대통령의 지지율이 가장 높이 올라갔을 때는 미국 순방 당시 어메리칸 파이를 부르고 영어 연설을 했을 때였다. 윤 대통령의 정확한 딕션과 화통한 발성은 대중적 관심과 호감을 증대하는 매우 큰 요소이다. 평소 영어 콤플렉스, 미국 콤플레스가 심한 우리나라 국민들에게 드디어 노인 대통령이 아닌 큰 국제무대에서 당당하게 기죽지 않게 멋진 연설을 하는 대통령을 보면서 '국뽕'이 찬 것은 당연한 일이다.

반면, 후쿠시마 오염수 논란이 한창이던 9월 진행된 캠프 데이비드의 한미일 정상 모임은 지지율에 도움이 되지 못했다. 국민들은 오염수 그 자체의 위협보다는 한국 정부가 우리 편이 아닌 일본 편을 든다는 게 불만스러웠는데 현 정부의 일본 친화적인 제스쳐들이 국민들의 서운함을 풀어주지 못하고 나이든 아저씨 세 명이 모여있는 그림 또한 그닥 매력적인 요소가 없었기 때문이다.

또한 윤 대통령의 거친 이념 공세도 당연히 지지율을 낮추는 요소이다. 대통령이 직접 이념 문제를 제기하고 정부 관료들이 야당 의원들과 결기 있게 맞서면서 지지층은 결집하지만 중도층에게는 정치적 피로감을 높이면서 호감도에 기반한 지지율의 확장세를 막는 천장 효과가 나타나고 있는 것이다.

이는 현재 보수 진영이 살이 다 벗겨지고 뼈가 앙상할 정도로 탄핵을 기점으로 권력 기반이 취약해졌기 때문에 나타나는 현상이라고 보여진다. 정치에 있어 이념이란 뼈와 살 같은 것이라면 문재인 정권이 즐겨했던 이미지 전략은 '화려한 헤메코(헤어와 메이컵, 코디)'와 같은 것이라 할 수 있는 것이다.

총선이 몇 개월 남지 않은 지금 시점에서 윤석열은 보수 진영의 기초 체력 강화를 꾀하고 있지만, 결국 선거철이 되면 중도층을 위한 아젠다 세팅 및 이미지 전략을 심도있게 구사해야 한다. 정치에 있어 포퓰리즘이나 이미지 메이킹은 필요악일지라도 생존을 위해 꼭 필요한 전략이다. 보수가 이 부분에서 좌파들에 비해 홍보나 이미지 메이킹에 아주 취약한데 이 부분의 열세를 극복하지 못한다면 다음 총선도 승리를 장담하기 어렵다고 할 수 있다. 이건 마치 연예인들이 입금 전후로 체중이 달라지는 것과 같은 것이다. 절세 미남 미녀 연예인들도 화보 광고 촬영 전에는 근육강화제나 보톡스를 맞고 뽀샵으로 이미지 보정을 하기 마련이니까.

지지율을 좌우하는 대통령의 미디어 친화적 '이미지'

선거에서는 중도층을 잡는게 중요하다고들 한다. 정책적으로 바람을 일으키고 또 선거 자체가 즐겁고 유쾌한 프로젝트로 비춰져야 한다. 지난 대선의 신승에도 국민의힘이 미디어전에서 더 우위에 있다는 평가가 많았다. 인터넷 컨텐츠 생산에 재빠른 이대남들이 보수의 우군이 되면서 인터넷 밈 등으로 이재명을 악마화하는데 앞장섰고 AI 윤석열 등의 컨텐츠도 색다르고 신선하다는 평을 받았다. 윤석열 대통령의 푸근하고 서민적인 이미지도 크게 어필했다. 시장에서 먹방을 한다던가 직접 계란말이를 요리하고 노래를 부르는 모습도 크게 화제가 됐다.

정치란 이념과 가치를 두고 철저한 논리적 싸움 정책적 공방을 벌여야 하는 곳이지만, 안타깝게도 일반적인 국민의 반수는 정치 저관여층이며 이들은 그런 인간적인 이미지에 크게 휘둘린다. 그래서 심각하고 절절한 정치적 구호보다는 문화적인 소프트한 접근이 더 큰 정치적 파워를 갖게 되는 것이다.

대통령의 영어 연설이 화제가 됐을 때 한 영어 교육 유튜브 채널은 "beat"라는 단어를 설명하면서 윤 대통령의 미국 의회 연설의 예문을 들었다. "And even if you didn't know my name, you may know BTS and BLACKPINK. BTS beat me to the White House. But I beat them to Capitol Hill." 즉, "자신보다는 BTS나 블랙핑크 같은 K-pop 스타들이 더 유명하지만, 의회에서 연설은 그들보다 내가 더 먼저했다"며 위트있는 농담을 던진 것이다. 우리나라 대통령이 국제 외교 무대에서 여유를 보이고 멋진 연설을 했다는 사실 자체가 일반 대중에게는 국격 상승으로 비춰진다. 영국 왕실이 전 세계에 수많은 팬들을 보유한 이유이기도 하다. 대중들은 정치인이나 권력자에게 피해의식을 갖고 있는 듯 하지만 사실은 동경한다. 힘있는 자가 친근하게 비춰지고 귀족스러움을 보일 때 사람들은 마음이 누그러지게 돼 있다.

이처럼 대통령의 지지율 관리란 '이미지 관리'에 가깝다. 굳이 심각한 정치 얘기를 꺼내지 않아도 자연스럽게 인물에 대한 친근감이 형성되고 사람들 입에 회자될 때 대통령의 호감도가 올라가는 것이다.

나는 개인적으로 윤석열 대통령이 말하는 이념의 중요성에 대해 상당히 공감하고 우리나라의 헌법정신과 법치의 가치가 문재인 정권의 팬덤 홍위병 문화를 거치면서 상당히 그 근간이 무너졌다는데 위기감을 느끼고 있다. 그러나 마케팅 커뮤니케이션을 연구하는 학자로서, 국민의힘 총선 전략은 철저히 중도친화적인 미디어 켐페인에 주력해야 한다고 생각한다. 일단 중도층을 설득시켜 총선에서 다수 의석을 차지 하지 않으면 진짜 이념이고 뭐고 대한민국의 시스템 자체가 무너지는 상황이 될 수도 있다는 위기의식 때문이다.

신선하고 깔끔한
'매운 맛'에 열광하는 대중

그런데 중도층을 잡는다는 것은 유승민식 '따뜻한 보수'가 되자는 것과는 전혀 다르다. 이 둘을 오해하면 안된다.

지금 국민들은 '센 것'에 열광한다. 왜냐? 살기가 힘들기 때문이다. 생존 경쟁이 극심해질 수록 사람들은 더 강렬한 것, 극단적인 것을 찾는 경향이 있다. 어중간한 것은 시장에서 선택받지 못한다. 즉 지금의 정치 시장도 굉장히 양극화 되어 있다. 상대를 이기고 압도할 만한 '강함'이 없다면 선택받지 못하는 현실이다. 서울대 김난도 교수는 이같은 현상을 "평균실종"이라고 레이블링하는데 즉, 극단의 가치 추구와 평범의 파괴가 정상적인 법치 시스템이 민주당의 땡깡 정치에 의해 도전받는 현 정치 현상과도 맞물린다고 볼 수 있다.

이런 상황에서는 메세지가 선명해야 한다. 어설프게 따뜻한 보수를 하겠다고 좌파의 아젠다를 가져오면 보수의 지지기반이 무너지게 되고, 그렇다고 중도층에게 매력이 있는 것도 아니다. 좌파의 아젠다는 좌파가 전문이지 보수가 더 잘 할 수 없기 때문에 중도층 입장에서는 '원조' 또는 '전문가'를 선택하지 아류를 택할 이유가 없기 때문이다.

이 같은 경향은 소비자의 욕구가 실시간으로 반영되는 시장에서도 매우 확실하게 보여진다. 다수 대중이 일반적으로 적당히 호감을 갖는 브랜드보다 제품의 핵심 가치를 강조하는 선명성이 중요한 것이다. 일례로, MZ 세대는 환경 이슈에 민감한 윤리적 소비자로 알려져 있지만, 한편으로는 가성비 열풍 속에서 환경을 파괴하는 초저가 제품에 열광하는 이중성을 보이는 세대이다. 예컨대, 유럽에서 큰 인기를 얻은 중국 브랜드 〈Shein〉은 온라인에서 초저가 패스트패션 제품을 판매하며 성장하고 있다. 패스트패션의 품질 경쟁이나 친환경 마케팅과 같은 트렌드를 거스르고, 매우 '중국스러운' 극단적인 물량 공세를 통해 소비자 트렌드를 주도하고 있다. 중국 소셜미디어 〈TikTok〉이 정치적 논란에도 불구하고 독보적인 숏폼 콘텐츠 플랫폼으로서 서구의 MZ 세대에게 큰 인기를 얻은 것처럼, 〈Shein〉 역시 논란에도 불구하고 무서운 성장세를 보이고 있다. 서구 소비자들에게는 타 경쟁사 대비 두 배 이상 많고 빠른 다품종 생산과 총알배송과 같은, 서구인들의 입장에서는 극한의 매운맛인 '극단적인 특별함'으로 어중간한 서비스와 덜 환경파괴적인 포지셔닝의 타 경쟁 업체보다 더 선택 받고 있는 것이다.

즉 요즘 시대 정치 트렌드는 마라탕, 로제떡볶이 같이 매운맛인데 퓨전함을 더한 '전에 없던' 매운맛이 살아남는 시장이다. 한쪽에서는 '가성비'를 따지며 990원 짜리 커피를 찾는데 다른 한 쪽에선 명품이 날개 돋힌 듯 팔리고 운동화 리세일이나 희소 제품에 대한 가치가 끝도 없이 올라간다.

총선을 10개월 쯤 앞두고 한 정치 관련 세미나에 참여한 적이 있다. 그때 한 참석자로부터 "윤석열 정부가 무엇을 하려는 것인지 잘 모르겠다"는 질문을 받았다. 본인 같은 중도 입장에서는 너무 오른쪽으로만 가는 것으로 보인다는 것이다. 그에 대한 나의 대답은 정치 시장에서 어중간한 것은 외면 받는다였다. 윤석열 정권의 메세지는 클리어하다. 보수의 정신, 헌법 가치로 비정상의 정상화를 이루겠다는 것.

일테면, '짬뽕' 전문집이 요즘 트렌드에 밀리고 매운 '불닭'이 유행이라고 해서 매운 붉닭집으로 업종 변경을 할 수는 없다는 것이다. 붉닭 맛을 원조집만큼 잘 해낼 수는 없고 따라하는 순간 '짭'이 되버리기 때문이다. 유승민류가 말하는 따뜻한 보수의 한계는 이것이다.

매운맛이 대세라면 짬뽕을 더 트렌디하게 바꿔서 만들어내야 한다. 세상 사람들이 모두 다 매운 맛을 원해서 어중간한 맛이 외면을 받는다면 그래서 중간맛 적당한 맛을 찾는 소비자들을 위한 매뉴가 없다면 결국 소비자들을 선택을 강요받게 된다. 소수의 소비자가 원하는 크림 파스타를 하기엔 가게의 리소스가 없는 상황인 것이다. 일단 짬뽕집 본가가 히트를 치고 안정적으로 자리를 잡아야 니치한 마켓도 분점을 내고 제품 다양화로 확장할 수 있는 법이다.

소비자 입장에서 보자. 이미 시장은 불닭과 짬뽕으로, 매운 맛으로만 가득하다. 내가 원하는 메뉴를 하는 곳이 없다면 결국 한 끼 때우기 위해 어떤 곳을 선택하게 될까? 결국은 좀 더 좋은 재료로 정직하게 맛을 내는 집, 서비스가 좋은 집, 인테리어가 깔끔하고 청결한 집을 가게 돼 있는 것이다. 보수 우파의 정신을 좋은 퀄리티로 담아내고 전달해야 하는게 지금 윤석열 정부가 할 일이다. 캐스팅보트이지만 소수인 중도층을 잡겠다고 갑자기 짬뽕 팔던 집이 엉뚱하게 파스타를 팔수는 없다. 기존 고객까지 다 쫓아내게 되기 때문이다.

중도 성향의 정치 평론가 박성민이 "이 정부가 가려는 방향은 알겠는데 실수를 줄였으면 한다"는 조언은 바로 그런 의미다. 따라서 정치 마케팅을 할때도 이도 저도 아닌 두리뭉실한 메시지가 아니라 '선명한' 메시지를 전달해야 한다. 선명한 보수 우파의 메시지이지만, 사회의 보편적 가치와 맞닿아있어야 하고 중도층의 상식에도 부합하는 가치라야만 하는 것이다.

일테면, '미스터 트롯' 전략을 써야하는 것이다. 트롯트라는 장르적 정체성은 확실하지만 타장르에서 실력있는 젊은 청년들이 트롯을 더 세련되고 대중도 즐길만한 것으로 만들어내 신드롬을 일으켰다. 미스터 트롯이 언더그라운드에서 묻혀있던 임영웅, 영탁, 이찬원 등 수많은 청년 트로트인재를 발굴했듯, 보수도 김병민, 손수조, 장예찬 등 밑바닥부터 실력을 다져서 성장한 청년들이 주목받을 수 있는 판을 깔아주고 숨겨진 청년 정치인들을 발굴해야 한다. 보수의 가치도 인간 보편의 가치와 정서와 조응되는 스토리텔링을 통해 재발굴해야 하는 것이다.

이 지점에서 박성민의 지적을 또 한 번 되새겨볼만하다. 그는 최근의 홍범도 논란과 같은 이념 전쟁은 중도층 확장에는 별로 좋지 않은 전략이라고 했는데, 중도친화적 전략을 펴서 총선을 이긴 후 추진하면 될 일을 왜 무리하게 추진해서 더 이념적 공간을 줄이냐는 지적이다. 나는 백번 일리가 있는 지적이라고 본다. 다시 트롯의 비유를 들자면, 트롯신에 아이돌 출신도 록커 출신도 힙합 출신도 들어와서 '트롯'이라는 장르를 다채롭게 만드는 전략을 써야 할 때, 정통 트롯만이 트롯이라고 단정해 버리는 꼴이라는 것이다.

즉, 매운 짬뽕을 예쁜 그릇에 플레이팅하여 사람들의 감성을 자극하고 소비를 촉진하는 것과 같이, 정치마케팅에 있어서도 선명한 보수의 가치에 기반한 메시지를 깔끔하고 유쾌한 컨텐츠로 전달해야 하는 것이다.

따라서 우파 정부는 '중도지향적' 정책보다는 보수 가치에 기반한 메시지의 선명성을 강화해야 한다. 다만 스타일적 측면에서는 보수 메시지에 대한 중도-무당층의 '수용성'을 높일 수 있도록 세련된 전달 방식을 고민해야 하는 것이다.

그렇다면 보수가 담아내야 할 가치는 무엇일까?

국가안보와 치안, 기업가정신 그리고 가정의 가치를 꼽고 싶다. 가정-커뮤니티 공통체는 보수가 주도적으로 이끌어야 할 아젠다다. 뿐만 아니라, 고전적인 보수주의 가치를 '현대적' 방식으로 전달해야 한다. 단순히 메시지를 전달하는 것이 아니라, 엔터테인먼트 가치로 극대화해 시민들이 참여를 하도록 해야 하는 것이다. 또한 고난 극복을 통한 승리 서사를 강조해야 한다. 보수가 어떻게 우리나라의 어려움을 극복하고 승리로 이끌었는지 서사를 개발해 사람들의 희망과 자부심을 불러일으켜야 한다. 아울러 이준석이 제시했던 세대 포위론이 아닌 "세대 통합 플랫폼"을 제시해야 한다. 2030, 4050, 6070 보수가 보수라는 가치 아래서 상호 공감할 수 있고 연계될 수 있는 캠페인을 만들어야 한다.

이같은 가치에 입각해 몇 가지 캠페인 아이디어를 제안해 보고자 한다.

보수의 재발견으로 세대 공감, 정치 '슈가맨' 프로젝트

윤석열 정부가 보훈부로 급을 격상시키면서 공을 들이고 있는, 대한민국에 헌신한 국가 유공자들, 어르신들을 대접하는 정책이 전통적인 보수층에게 어필하고 있는 것은 사실이다. 하지만 편향된 이데올로기 주입이라는 명분으로 공격당할 소지 또한 다분하다. 그래서 이같은 정책을 현대적으로 더 새롭고 감동적인 스토리텔링 캠페인으로 풀어낼 필요가 있다. 이를테면 '보수의 슈가맨 프로젝트' 같은 방식으로 말이다.

이는 보수의 네러티브를 통해 사회적 성취를 이룬 사람들에게 인정과 존경의 마음을 전하는 캠페인이다. 이 프로젝트는 과거의 갈라치기로 인해 희생당한 직군이나 세대의 대표자들을 타겟팅하고 위로와 격려의 메시지를 전달하는 것을 목표로 한다.

이 캠페인은 잊혀진 가수들, 어느 순간 자취를 감춘 왕년의 인기 스타를 소환해, 시청자들의 감성을 자극하는 예능 프로그램 〈슈가맨〉에서 보여주던 컨셉을 활용한다. 과거의 히트곡 주인공들을 다시 무대에 올려 조명을 받게 하는 방식이다.

국가보훈부의 부처 승격과 백선엽 장군의 복권 등을 통해 보수 지지층이 정치적 효능감을 느꼈던 경험을 기반으로, 이 캠페인은 지지층의 결집을 더욱 강화시킬 것이다. 이를 통해 지지층은 자신들의 경험과 성과를 오픈하며 상호 간에 격려와 지지를 나누게 될 것이다. 정치적인 갈등보다는 인간적인 이야기를 중심으로 하는 새로운 형태의 보수 캠페인을 통해 다양한 세대와 직업군으로 구성된 보수 지지층의 단합과 강화에 기여할 것으로 기대된다.

구체적으로는 "감사합니다! 사랑합니다~"와 같은 슬로건으로 "우리 할아버지/할머니를 소개합니다!" 와 같은 류의 챌린지를 진행할 수 있을 것이다. 2030 보수 중에는 문재인 정권에 대한 반감으로 보수가 된 사람도 있고 부모 세대의 영향을 받아 보수가 된 이들이 있다. 집안이 6.25 참전 용사나 독립운동 유공자일 경우, 자부심을 갖는 젊은 세대가 많은데도 불구하고 이같은 이야기들이 대중적 확장성을 갖지 못한 것이다. 태극기부대나 군을 냉전세력의 유물로 악마화했던 문재인 정부의 갈라치기 탓이 크다. 따라서 국가를 위해 활약한 할아버지의 역사를 당당하게 발굴하고 알려서 국가관을 고취시키고 자부심을 갖는 미담을 찾아내는 서사를 발굴해야 한다. 또한 현재 정치권에서 부각되는 세대 갈등을 조정하며, 젊은 세대에게는 선배 세대의 역사와 국가에 대한 자부심을 고취시키고 노년 세대에게는 위로와 격려를 전달하는 것을 목표로 한다.

이 프로젝트를 통해 가족의 가치와 미덕을 강조하고 세대 간의 통합을 이끌어낼 수 있다. 사회 갈등을 치유하고 소외된 보수 영웅들을 위로하고 추모하는 다양한 효과를 기대한다. 이는 보수 지지층의 단결과 자부심을 높이는 데 큰 기여를 할 것으로 기대할 수 있다.

'청산'과 '화해'를 통한 국민 통합

배우 이영애씨가 이승만 기념관에 기부금을 냈다는 사실이 알려지자 좌파들이 집중 공격을 하고 심지어 〈열린공감TV〉 같은 극좌 유튜버들은 이영애씨가 김건희 여사와 친분이 있다는 루머를 퍼트러 이씨가 참다못해 고소를 하는 지경에 이르렀다. 이영애씨는 이승만 대통령에 대해 "북한처럼 되지 않은 나라에서 살게 해 주신 분"이라고 감사를 표하며 자신은 노무현 재단에도 기부를 했음을 밝혔다.

배우 이영애씨는 군인 가정 출신으로 평소에도 보훈 유공자들에게 많은 지원을 하는 흔치 않은 스타였는데 이번 논란을 통해 이승만도 노무현도 긍정하는 품 넓은 정치적 화해를 말한 것이다. 보수 우파의 메시지나 컨텐츠 이미지 전략이 부재한 가운데 이같은 이영애씨의 품 넓은 행보는 보수 진영이 최대한 벤치마킹할 만한 부분이다.

문재인 정권의 갈라치기 정치와 마녀사냥 공포 정치에 대한 피로감이 보수 정권을 탄생시켰다. 특히 의사 등의 특정 직군, 이대남 등의 특정 세대가 문재인 정권에 반감을 갖게 된 것은 지나친 갈라치기 정치로 인한 반감 때문이었다. 따라서 우파는 좌파를 따라해 갈라치기를 하기 보다는 진정한 보수 가치를 강조하는 '공통체' 스토리텔링에 주력해야 한다. 보수 가치와 공동체의 복원을 통해 갈라치기, 혐오 부추기기, 괴담 선동하기와 같은 정치적 갈등을 해결하고, 치유와 통합을 통해 전국민이 하나로 연결되는 캠페인을 진행해야 한다.

이런 측면에서 '통합'에 방점을 찍은 캠페인 전략을 고려해 봄직 하다.

2024년 가칭 〈청산과 화해〉 프로젝트 캠페인이다. 이 캠페인의 방향은 두 가지로 나뉜다. 첫째로, 갈라치기 정치의 희생이 된 집단들의 이해와 화해를 도모할 것이다. 둘째로, 마녀사냥의 표적이 되었던 의사, 군필자, 천안함 전사자, 서해공무원가족, 남성, 검사, 원자력계 등의 직군 집단에게 위로와 응원을 전달하여 핵심 지지층을 결집시킨다.

예컨대 이 캠페인의 슬로건은 다음과 같이 제시될 수 있다: "혐오/갈라치기/마녀사냥/괴담선동의 정치 악습 청산! 보수의 가치와 공동체의 힘! 국민의 힘!"

문재인 정권을 거치면서 갈라치기로 인해 이공계-인문계 갈등, 의사-간호사 갈등, 군필자-미필자 갈등, 정규직-비정규직 갈등 등이 심화되었다. 따라서 이 캠페인은 "지역, 세대, 성별, 이념 등을 극복하고 보수의 가치로 우리 사회를 통합하자"는 긍정적인 성격을 지향하면서도 동시에 문재인 정권의 심각한 병폐였던 '갈라치기' 정치를 간적접으로 고발하는 플랫폼을 마련하여 지지자들에게 정치적 효능감을 제공할 것이다.

이 캠페인은 "의사도 간호사도 대한민국 의료인 모두 '국민의 힘'이다", "탈북자도 이민자도 모두 국민의 힘이다", "전라도도 경상도도 모두 국민의 힘이다", "이대남도 이대녀도 모두 국민의 힘이다", "문과 전공자도 이과 전공자도 모두 국민의 힘이다", "6·25 참전용사도 민주화 유공자도 모두 국민의 힘이다", "군필자도 미필자도 모두 국민의 힘이다" 등의 메시지를 통해 모든 집단이 하나로 결집하여 국민의 힘을 형성한다는 의미를 전달할 것이다.

때로는 돌려서 말하는게 더 뼈아픈 비판이 될 수 있다. 직접적으로 "전정부" 때문이라고 비판하는 것은 책임 회피로 비춰질 가능성이 크다. 전정권을 입에 올리는 것 보다, 전 정권과 차별화되는 행동으로 전 정권의 폐해를 유권자들 스스로 돌아보게 하는 형식이 더 큰 울림이 있는 켐페인이 될 수 있을 것이다.

세대 젠더를 넘어,
정책오디션 '정책공감'

이준석이 국민의힘 대표 시절 도입했던 〈나는 국대다〉 오디션 이벤트는 전에 없이 처음 시도 되는 것이라 신선했다. 그리고 MZ 세대들이 열광하는 능력주의와도 맞닿아있고 대변인 선발 과정의 투명성을 높인다는 점에서도 괜찮은 이벤트였다.

이같은 이벤트가 시즌 2에 이르러 실패한 것은 오직 이준석을 위한 이준석에 의한 이준석을 위한 이벤트로 기획됐기 때문이다. 따라서 이준석을 진정 극복하는 건 이준석을 숙청하여 당에서 내치는 것이 아니다. 그가 보여준 홍보-여론전에서의 강점들을 구현할 수 있는 대체 모델을 만들어야 진정한 극복이 되는 것이다.

만약 정책의 퀄리티를 높이는 동시에 세대 공감을 높이는 정책 개발로 젊은 층 및 전 세대의 관심도를 높이는 정책오디션 캠페인을 한다면 신선한 바람을 일으킬 수 있을 것이다.

정책 이슈가 딱딱하고 지루한 만큼 엔터테인먼트적 요소를 가미해 "데이터 기반 오디션" 포맷으로 전개하는 거다. 정책이나 법안 요구 당사자가 정책 오디션에 참가해 왜 이같은 법안이나 정책이 필요한지 프리젠테이션을 하고 오디션 방식으로 참여 패널들이 심사하며 여의도연구원의 국민여론조사를 통해 정책공감지수를 발표하는 방식의 캠페인이라면 반응이 어떨까?

"나는 국대다"의 경우 포맷이 신선했으나, 참여층이 이대남으로 한정되고 단순히 말을 잘 하는 것만으로 정치적 역량을 검증할 수 없다는 한계가 있었다. 이를 극복하기 위해, 김포 서울 편입이나 뉴시티 정책 이슈에 대해서 이해당사자인 지역주민들이 나서서 발제를 하고 토론을 하는 형식이라든가, 노년층 유권자가 제안하는 "노인 복지 정책 확대"에 얼마나 타 세대도 공감하는지 등을 알아보고 논쟁한다던가, 일반 사업자가 요구하는 "일회용기 규제" 등의 규제 철폐안에 얼마나 다른 일반시민들도 얼마나 공감하는지, "군복무자 우대 정책"에 얼마나 미필 여성들도 공감하는지, "경단녀나 보육정책"에 얼마나 남성층이나 노령층도 공감하는지 등 각 세대별 패널 심사단을 모집해 심사하고, 여론 조사 점수도 반영하는 포맷 등을 고려해 볼만 한 것이다.

항상 정책을 만들 때는 수혜 집단이 누구인지, 그리고 득표에 도움이 되는지 손해가 되는지 등의 정치공학적 접근만이 난무했던 것이 사실이다. 그러나 'before and after'의 서사를 차용하는 makeover show나 선의의 경쟁이라는 오디션 프로그램의 서사를 차용해보자. 논쟁적 정책들의 본질적 진정성과 국민의 공감도에 맞춰진 show가 기획된다면 국민의힘이 주장하는 "정책 중심" 정당 이미지는 물론 실력으로 도전하고자 하는 젊은층의 관심을 높이는데도 기여할 수 있을 것이다.

뉴보수의 캐릭터, 산전수전 겪은 '흑화된 범생이'

이재명 대표가 제1야당 대표로서 보여주는 행태는, 아무리 좋게 보려 해도 좋게 보이질 않는다. 국회의원 체포동의안 표결과 구속적부심 심사를 앞두고 속이 다 들여다보이는 뻔한 단식쇼로 자해를 하면서 구속을 피해가려고 하는 꼼수는 영화 〈아수라〉를 보는 듯 하다. 황정민이 기자들이 몰려있는 가운데 조폭과 연관성을 부인하기 위해 빠져나가려 자해를 하고 피를 흘리는 그 장면이 연상된다.

과거에는 홍길동이나 다윗과 골리앗 같은 고전적 서사에서 보듯, 언더독은 주류에 비해 정의감이 있다는 전제가 있었다. 언더도그마는 거기서 기인한 것이다. 그런데 현재 좌파와 좌파 친화적인 대중 선동적 미디어의 네러티브는 정의로운 언더독에서 그저 일탈적이고 반규범적인 언더독Underdog Villain으로 변화하고 있다.

민주당의 아무말 대잔치와 다름없는 생떼쓰기와 같은 이재명의 언어적 전략 뿐만 아니라 이준석, 조민, 전우원 등의 정치 셀럽들이 범죄 혐의와 관련되었음에도 오히려 피해자 코스프레를 하며 "나는 당당한 개인"이며 기득권에 희생되었다고 주장하는 현상 역시 언더독 빌런 서사의 한 형태로 해석할 수 있다.

전에는 보수가 가진게 많은 기득권이라서 쫄보 쫌생이 같은 겁쟁이 샌님 이미지였는데, 이 정권 들어 그 이미지가 바뀌고 있다. 좌파의 전략에 대응해 보수의 캐릭터 또한 착한 아이 컴플렉스에 빠진 유약한 모범생에서 더 이상 만만하게 대접받지 않는 '흑화된 범생이'로 진화하는 것이다.

이같은 서사는 전 세계적으로도 트렌드이다. 일테면 언더독 아이텐티티를 내세워 마케팅에 성공하고 관종끼만으로 스타가 된 케이스가 카다시안 열풍을 불러온 킴 카다시안이다. 2000년대 초중반 방영돼 신드롬적인 인기를 끈 "Keeping up with Kadasian"의 주인공인 카다시안 일가는 섹스 비디오 유출, 공공장소에서의 난동, 동료 아티스트 모욕 등 일탈적 행동을 오히려 마케팅 수단으로 삼으며 환경보호, 게이 레즈비언 커뮤니티 지지 등 PC적인 담론에 편승하면서 지지층 커뮤니티를 결집시킴으로써 할리우드에서 가장 영향력 있는 셀럽으로 자리잡았다.

카다시안 가문은 할리우드에 나름대로의 인맥이나 입지는 있었지만, 모델도 연기자도 가수도 아닌 유색인종 집안이었을 뿐 결코 주류는 아니었다. 그러나 이들은 검은 피부를 무기화하고 백인에 금발 푸른 눈이라는 미의 도식을 깨 부수며 가수나 배우가 아니라도 '유명한 것이 직업'인 TV personality라는 새로운 장르를 선보였다. 또 이들은 안티들의 비난이나 스캔들에도 아랑곳하지 않고 기행을 마케팅 요소로 활용하면서 사람들의 보는 재미나 관음증을 충족시킨다.

대표적으로 이들의 관종질에 희생당한 것은 테일러 스위프트였다. 테일러는 애초에 우리나라로 치면 아이유 같은 국민여동생의 이미지로 대중에게 나타났다. 전형적인 백인 중산층 미녀에 통기타를 들고 나와 멜로우한 컨트리송을 부르며 짝사랑하는 남학생과의 로맨스를 갈구하는 귀여운 소녀가수의 정체성 말이다.

그런데 당시 킴 카다시안의 남편이었던 래퍼 카니아 웨스트는 지속적으로 테일러가 "가식적"이라고 공격했고, 급기야 어메리칸 뮤직 어워드 시상식에서 테일러가 비욘세를 누르고 뮤직비디오상을 수상하자 무대에 난입해 이 상은 비욘세가 받아야 했다고 소리치는 엽기적 행동으로 미디어의 관심을 빨아들였다. 걸크러쉬의 원조격인 댄스 가수로 비욘세는 흑인 페미니즘의 대부격인 아티스트다. 이처럼 카다시안가는 전형적인 Identity Politics를 통해 테일러 팬덤과 전선을 그으며 흑인, 히스패닉 등 유색인종의 마켓 파워를 활용해 천대받던 시녀 역에서 놀라운 상업적 파워를 자랑하는 할리우드의 신주류, 로얄 패밀리로 입지를 다졌다.

대중들은 그들의 빌런 서사에 열광한다. 여러가지 구설수를 항상 달고 다니지만 이들은 절대 반성하거나 사과하지 않으며 과한 성형이나 명품 등 과소비를 과시하는 '나르시시즘'을 대중화하고 자매애, 즉 가족간 의리를 부각시키며 공동의 적인 테일러나 안티들에게 대항함으로서 팬덤을 결집시키고 있다.

심지어 테일러는 킴 카다시안의 남편인 카니에 웨스트의 노래에 성희롱적으로 묘사되며 논란을 겪는데, 이들은 테일러를 가사로 조롱하고 모욕한 것도 모자라 심지어 테일러의 사전 승인을 받았는데도 테일러가 '피해자'인 척 한다면서 적반하장격 공격을 했다. 킴 카다시안은 녹취가 있다며 테일러가 이를 승낙한 듯한 뉘앙스의 녹취록을 공개했는데, 상대방에게 허락도 받지 않고 대화를 녹음하고 유출한 것은 명백한 반칙이다. 이로 인해 심각한 이미지 손상을 입은 테일러는 급기야 자신에 대한 "뱀" 같은 이미지를 역이용해, 걸크러시를 차용한 캐릭터 변신과 음악적 장르 확장을 꾀한다.

스스로를 뱀처럼 영악해지겠다고 하며 귀엽고 샤방한 음악을 하던 컨트리 장르에서 벗어나 "흑화된 테일러"를 컨셉으로 안티들에게 선전포고를 한 테일러는 강하고 그로테스크한 이미지의 팝가수로 변신한다. 추후, 킴 카다시안의 녹취가 사실은 악의적으로 편집된 악마의 편집이었음이 드러나고, 테일러의 흑화 컨셉이 성공을 거두면서 현재 테일러는 미국에서 가장 큰 팬덤을 거느린 가수가 되었다.

이처럼 과거의 언더독 서사는 주류에 대항하는 비주류가 정당성을 '도덕적 우위'로 내세워 도덕적인 합리화를 통해 폭력적 방식을 용인시키는 형태로 다가왔다. (예: 다윗과 골리앗, 노무현 팬덤 등) 그러나 현재의 언더독 서사는 도덕적인 관습에서 벗어나 자유로운 욕망을 추구하며 매력적인 빌런을 중심으로 구성되고 있다. 카다시안 신드롬이나 트럼프 신드롬이 일맥상통하는 점이다.

이러한 트렌드는 개인의 욕망을 솔직하게 표현하여 집단 대중의 보편적인 욕망과 공감을 형성하는 방식, 그리고 개인주의와 상호주의에 기반하여 개인의 희생이나 선행을 강제하지 않는 문화, 가식적인 친절보다는 솔직한 불친절이 쿨한 매력으로 받아들여지는 문화, 인스타그램과 같은 미디어의 발전으로 자의식 과잉과 소비지향적 문화가 용인되는 현상을 낳고 있다.

미국의 리버럴 매체가 전파하고 좌파 진영이 차용한 언더독 빌런 내러티브에 대항하기 위해서는 보수 진영 역시 새로운 '스타일'을 통해 지지층을 결집시키는 노력이 필요하다. 이는 '흑화된 모범생' 같은 캐릭터와 서사를 통해 지지층에게 정치적인 몰입감과 효능감을 부여하는 방식으로 이루어져야 한다.

민주당의 다양한 선전 선동에도 불구하고 윤석열 대통령의 지지율은 하락하지 않고 어느 정도 콘트리트를 다지는 추세를 보이고 있는데, 이는 기존의 보수 정치인들과 다른 윤석열 대통령의 당당하고 결단력 있는 태도와 관련되어 있다. 더불어 한동훈, 원희룡, 한덕수와 같은 주요 정부 인사들이 윤석열 대통령과 유사한 공세적인 모습을 보여 보수 지지자들의 정치적 효능감을 높이고 있다. 카다시안 패밀리에 의해 위선적인 거짓말쟁이로 몰려 많은 안티들의 비난에 시달렸던 백인 금발 소녀가수 테일러 스위프트가 '착한 소녀' 이미지를 버리고 안티들에게 거침없는 디스를 날리는 센 언니로 이미지 변신에 성공한 것과 비슷하다고 할 것이다.

따라서 한동훈 장관에 대한 보수 일각의 "장관이 품위가 없다, 참아야 한다" 등의 훈수는 도움이 되지 않아 보인다. 마찬가지로 원희룡 장관의 양평 고속도로 "백지화" 초강수 이후 정책의 추진 또한 한동훈식 '당당하게 부조리에 맞서는 엘리트 보수'의 연장선상의 전략으로 프레임 해야할 것이다.

민주당보다 국민의힘이 도덕적 우위에 있다고 생각하는 국민은 그다지 많지 않을 수도 있다. 그러나 민주당의 억지에 끌려다니지 않고 당당하게 자신의 소신과 권리를 스스로 피력하는 관료 정치인들의 모습을 매력있게 보는 국민들은 많을 것이라는 점을 염두해 둬야 한다. 대중은 언제나 새로운 캐릭터와 새로운 이미지에 열광하기 때문이다. 따라서 언더독 빌런 서사에 맞춰서 보수 또한 '눈치보고 계산하는' 샌님형 보수에서 '당당하고 전투력있는' 화끈한 보수로서의 레토릭 강화에 주력해야 한다고 본다.

이대녀 공략법?
그들은 왜 '걸크러시'에 열광하나

한창 대선 경선 열기가 한창이던 2021년 가을, 젊은 여성들은 〈스트리트 우먼 파이트〉의 신드롬에 들썩였다. 이준석 돌풍으로 이대남의 지지율을 높이는데는 어느 정도 성과를 보였던 국민의힘은, 그러나 이대녀와 이대남 사이의 젠더 갈등이 가열되며 여전히 보수당에 냉담한 이대녀 지지율에 대한 고심이 컸다. 어떻게 하면 이대녀를 끌어당길 수 있을까에 대한 전략 수립이 시급히 요구되었던 것이다.

그 질문에 대해 나는 "신드롬을 일으키고 있는 '스우파'를 한번 보시고 이대녀들의 정서와 사회적 욕망에 대해 먼저 이해하라"고 권했다. 그 당시 이대녀들은 〈스우파〉에 완전히 매료되어 있었다. 참 재밌는 것이 댄스 서바이벌 프로그램에 열광하는 주시청층이 십대는 물론 2030 여성층이라는 것이다. 또 이들 여성 시청층이 남성 댄스팀이 등장한 〈스트리트 '맨' 파이트〉 보다는 〈스우파〉에 열광한다는 것도 이채롭다. 실제 〈스우파〉에 나오는 댄스 팀들의 팬덤은 여성층이 90퍼센트가 넘는다.

각종 여론 조사 지표를 보더라도, 이대녀들은 정치에 상당히 무관심해 보인다. 그럼에도 투표는 남자들보다 더 열심히 한다. 더 규범적인 문화, 공동체적인 문화에 익숙하기 때문이다. 〈스우파〉가 기존의 댄스 프로그램보다 신드롬에 가까운 인기를 얻은 것은 댄서들의 스타성에 기댄 부분도 있지만 '리더십'과 '팀워크'라는 걸크러시 서사를 보여주었기 때문이다.

요즘 이대녀나 십대 여성을 대상으로 한 문화 콘텐츠들을 보면 로맨스의 대상은 남성이 아니다. 뉴진스나 아이브 등 걸그룹들 또한 여성 자신의 주체성이나 나르시시즘, 우성 서사 등 여성층을 주력 대상으로 마케팅 한다. 여자가 여자를 좋아하는 건 정치적으로 바람직하게 여겨지는데 남성을 좋아하는 건 오히려 정치적으로 바람직하지 못하게 여겨진다. 스스로 루저의식을 갖고 있는 이대남들이 여성에게 친화적인 남성을 "스윗"하다면서 조롱하는 현상과 맞닿아있다.

이들은 수년째 서로 사랑하고 응원하는 변치 않는 댄서들의 우정이나, 팀을 지키기 위해 희생하고 고군분투하는 여성 리더에게 깊이 몰입하고 감동 받았다. 즉, 스우파는 춤을 매개로 하여

이 시대 여성들이 원하는 삶의 롤모델을 제시했기에 스맨파보다 훨씬 큰 인기를 얻은 것이다.

요즘 여성들은 현모양처가 되어 사랑받는 아내나 엄마가 되는 것에 인생의 목표를 두지 않는다. 자신의 커리어가 중심이며 스우파에 나온 워킹맘 댄서 '아이키'처럼 자신의 꿈을 응원하고 가정을 위해 헌신하는 남편이나 시댁을 갖는 것을 더욱 이상적으로 여긴다. 아무리 페미니즘이 대두됐다고는 하지만, 현실의 여성들은 여전히 일과 가정을 병행하는 것에 힘겨움을 느낀다. 여전히 경단녀가 일에 복귀하는 것은 녹록치 않다. 〈스우파〉는 열악한 댄서 신에서 생계를 유지하면서 버텨낸 댄서들의 '전문직 여성으로서의 생존기'에 주목한다. 환경탓을 하기보다는 실력을 갖추며 커리어를 포기하지 않고 동료들에게 리스펙트를 받고, 후배들에게 존경받는 리더로 또 의지할 수 있는 선배이나 언니가 될 수 있길 희망하는 것이다.

사실, 여의도연구원 시절 접해본 이대녀들의 정치 무관심이 이토록 심할 줄은 몰랐다. 개인적 경험을 이대녀 전체로 일반화할 수는 없지만 개인적 에피소드를 소개하자면, 인턴 채용을 위해 내가 면접을 본 대다수의 이대녀 지원자들이 아는 국회의원이 하나도 없다고 답할 정도였다. 정치를 전공한 친구들조차 이준석을 아느냐는 물음에 "이름은 들어봤는데 국회의원 아니냐"고 반문한 경우도 있었다. 이같은 현상은 20대 무당층이 과반에 육박하는 일련의 설문조사 결과들과도 결을 같이 한다고 보여진다.

이대녀들이 걸크러시 서사에 빠져있고 여대를 중심으로 한 페미니즘 교육이 대중화되다 보니 막연하게 "민주당은 여성친화적 정당", "국민의힘은 이대남-꼰대 결합 정당"으로 인식하고 있는 듯 보인다. 한 삼대녀는 문재인 시기에 미투 캠페인이 대중화되면서 여성에 대한 성희롱이나 차별 등의 문화가 근절되는 것 같아 보호되는 느낌을 받는다고 했다. 이대녀들이 원하는 것은 자신들의 고민과 미래에 대한 사회적 관심이다. 정부여당이 "우리가 당신들을 소외시키지 않고 소통하려고 한다"는 시그널를 보내는 것만으로도 지지율 상황이 나아질 수 있지만 국힘 내에서 그런 혁신적 움직임이 전무한 상황인 것이다.

정치에는 관심이 없지만, 걸크러시에는 열광하는 이대녀들의 정서를 알고 싶어서 스우파를 보고 이해해 보려고 했다. 스우파의 슬로건은 "실력이 권력이 될 수 있는 세상"이었다. 요즘 여성들의 열망과 시대적 판타지가 엿보이는 지점이었다. 이대녀들은 더 이상 민폐나 끼치는 신데렐라 캔디 형의 여성을 롤모델로 삼지 않는다. 백마를 탄 왕자를 만나 행복하게 살았다는 신데렐라 이야기와 같은 고전적인 이야기는 개연성을 잃어갔다. 이대녀들은 내가 가진 능력에 의존하고 싶어한다. 그래서 정부는 능력을 키우려는 사람들을 지원하고, 성공한 모범적인 인물을 보여주어야 한다.

그리고 젊은 여성들은 여러 리얼리티 쇼나 오디션 쇼의 주요 소비자층으로서 '팬덤'을 조직해 투표하는 게 아주 체질화됐다. 투표라는 행동으로 자신의 취향 및, 애정과 충성을 표현하는 걸 좋아하는 문화가 강하다. 또 집단 규범을 따르고 어기지 않는 것이 사회 도덕에 부합한다고 여기는 경향이 있다. 당연히 이대남보다 투표율이 높은 정치적 집단으로서 여러모로 주시해야만한다.

여성들이 인정할만한 실력과 의리와 리더십을 갖춘 걸크러시의 주인공을 찾아라. 그리고 그들과 소통하고 지원하라. 성공의지가 강한 여성들을 발굴하고 지원할 수 있는 플랫폼을 만들어라.

현재 젊은 여성들은 페미니즘을 정치적 무기로 이용한 민주당이나 정의당을 정치적 '친정'으로 여기고 있다. 따라서 정부여당은 젊은 여성들의 커리어, 그리고 단란한 가정이라는 두 가지 꿈과 목표를 이해하고 지지해주는 든든한 남편이나 시댁의 느낌을 주어야 할 것이다. 이에 걸맞는 이미지와 서사를 가진 인물들을 영입하고 또 이같은 스토리에 조응하는 실질적 정책으로 승부를 걸어야만 할 것이다.

‘일진 페미니즘’에 반발하는 이대녀들, 보수당은 이들에게 매력적인가?

일각에서는 이대녀의 정치적 성향이 좌편향 된 것에 대해 페미니즘 교육 때문이라고 보기도 하는데, 내가 볼 때는 이를 꼭 그렇게 해석할 일만도 아니니다. 실제 이대녀들 중 합리적인 사고 방식을 가진 친구들도 많다. 이들은 겉으로 강하게 드러내진 않지만, 강성 페미니즘을 표방하면서 ‘나대고 설치는’ 소위 말해, ‘일진 페미니즘’에 피로감과 반감을 보이는 조짐이 보이기도 한다. 그러나 이들의 목소리가 표면화될 수 있는 정치적 매개체나 리더를 보수가 발굴하지 못하고 있을 뿐이다.

예전에 나는 한 유튜브 방송을 통해 보수는 이대녀의 트렌드 즉, 〈스트리트 우먼 파이터〉 같은 인기 프로그램이 보여주는 여성들의 직업적 성취나 의리 등의 스토리텔링을 이해해야 한다고 지적한 바 있다. 나의 논평에 대해 달린 장문의 댓글을 보면 이대녀 안에서도 주류인양 설치는 민주당에 기생하고 봉사하는 듯한, 청년여성 정치인 "용혜인"스러운 페미니즘에 반감이 적지 않음을 읽을 수 있었다.

그 당시 댓글을 소개하자면 이렇다.

"말로만 리더쉽 있는 여자, 걸크러쉬 이딴 소리 하지 그건 그냥 여자애들 관념 속의 세상에서나 존재하는 자아구요 현실에선 그냥 징징대고 남자한테 의지하고 그냥 예전 모습 그대롭니다 그래놓고 자기가 원하는 그런 관념속의 '승리자'가 되지 못하는게 전부 세상 탓이고, 남자 탓이고, 이 세상이 맨즈 플레인인 탓이라고 남탓하고 남들한테 이것저것 해달라고 징징대죠."

사실, 요즘 〈스우파〉 같은 걸크러쉬 프로그램의 주요 서사도 무조건 남탓을 하거나 징징대기만 하는 캐릭터는 비호감으로 전락한다. 여성들 또한 페미니즘이 오도되어 남탓하기나 편가르기로 변질되는 현상에 비판적 시각을 갖고 있는 것이다. 한 이대녀 대학생은 학교 현장에서 여성 교사들이 "생물학적으로 남성보다 여성이 더 우수하고 영리하다"는 등의 이야기를 주입하는 것에 반감을 느꼈다며 페미니즘을 여성 우월주의 등으로 착각하는 일부 여성들과 편향된 교육에 문제를 제기하기도 했다.

문제는 이처럼 여성 내부에서도 페미니즘의 변질과 그 해악을 지각하고 있는데, 보수당이 이 같은 부분에 대응할 수 있는 적절한 정치적 전략을 구사하지 못하고 있다는 것이다.

'73년생 한동훈'과 '89년생 송서율'의 동행

이런 면에서 나는 현재 여러 정부 정책을 위한 청년 활동가로 활약중인 송서율 씨의 이야기를 소개하고자 한다. 송씨는 흔치 않은 30대 여성 호남 보수다. 평소 소셜미디어를 통한 나의 정치적 발언에 크게 공감해 팬이 되었다며 연락해 온 여성인데, 일단 이력이 범상치 않다.

우선 30대 호남 여성이라는 면에서 그가 왜 보수 정치에 관심을 갖게 됐는지 그 계기가 궁금했다. 특이한 점은 송씨가 주변의 정치적 관심이나 성향 때문에 혹은 어떤 특정한 계기로 보수가 된 것이 아니라는 점이다. 보통 주변의 젊은 보수들은 연고나 집안 성향이 보수 쪽이어서 이를 따라 자연스럽게 보수가 되거나, 아니면 586 민주당 식 세뇌를 강요하는 부모님이나 전교조 교육에 반감을 갖거나 반페미니즘 성향을 가지면서 보수가 된 친구들이 대부분인데 이 친구는 그런 정치적 경험이 전혀 없었다고 말한다.

송씨는 어려서부터 여성이라고 억압받거나 혐오 받은 경험도 없고, 지역이 목포라 친지들 중 민주당 지지층도 상당하지만 그다지 강성은 아니며 어떤 정치적 태도나 견해도 용인되는 매우 리버럴한 환경에서 성장했다는 것이다.

"당신의 상식 선에서 윤리적 기준에서 왜 인기도 없는 보수 정권을 지지하는 것인가"라는 질문에 송씨는 이렇게 답한다. "일단 조국 사태로 촉발된 민주당의 내로남불에 대해 비판적인 시각을 갖게 됐고, 민주당의 퍼주기식 포퓰리즘이 국가 경제와 미래에 짐이 될 것으로 판단했다"는 것. 이런 비판의식이 바탕이 되어 국토교통부의 '청년정책위원단', 대한민국 청년정책을 심의·조정하는 국무조정실 산하 '청년정책조정위원회'에 지원하게 되었고, 지금까지 성실히 활동하고 있다는 것이다. 그는 거주지인 목포와 서울을 오가며 열심히 활동하게 된 것을 계기로 현 정부가 청년들을 정치파트너로 인식하고 있으며 청년 정책에 대한 진정성을 가지고 있다는 신뢰와 희망을 갖게 됐다고 한다.

89년생 송서율 씨의 이야기는 우리가 익히 아는 '85년생 이준석'과는 너무나도 대조적이란 생각이 들었다. 이준석은 아버지의 후광으로 집권 여당이었던 한나라당 비상대책위원으로 화려하게 스포트라이트를 받으며 정치권에 등장했지만 89년생 송서율은 밑바닥부터 차근차근 청년의 역할을 하면서 현 보수정부에 기여를 하고 있는 셈이니까. 이준석은 여성혐오와 갈라치기의 정치지형을 동력으로 삼은 이대남 정치, 에프엠 코리아의 커뮤니티 정치로 스타가 됐지만, 송서율은 성장과정에서 커리어를 쌓는 동안 어떤 여성 혐오나 성적 갈등을 겪어본 적이 없다고 했다.

정리하면 이준석은 박근혜 키즈로 미디어에 등장해 방송 인맥을 쌓아가면서 대중 선동 스킬을 탑재했지만, 송서율은 묵묵히 지방과 서울을 오가면서 '지방 시대'를 열기 위한 청년 인재 유치 정책 등에 헌신하고 있지만, 아직 일반 대중에게는 '듣보잡'에 머물고 있다.

자. 이제 국민의힘이 청년과 여성에 어필하기 위해 무엇을 해야 하는지 명확하지 않은가? 수많은 송서율들이 국민의힘에 있고 대한민국에 있다는 점을 깨달아야 하고 느껴야 한다. 그들을 새로운 시대의 '스타'로 '인플루언서'로 발굴하고 지원해야 하는 것이다. 송씨는 보수 정치 불모지나 다름없는 목포에서 나름의 목소리를 내기 위해 최선을 다하고 있지만, 언론의 무관심은 물론이거니와 당내에서도 호남을 '가성비'가 떨어지는 곳으로 취급하는게 너무 속상하다고 했다. 힘들게 호남의 보훈 세력과 연대해 "정율성 공원"을 의제화하고 열심히 투쟁까지 했지만 좌파 언론의 홍범도 흉상 이전 공세에 그마저도 묻혀 버렸고 당에서도

호남 보수의 목소리를 크게 키우려 하지 않는다는 것이다.

여기서, 다소 아픈 현실이지만 국민의힘이 깨닫고 인정해야 할 점이 있다. 현재 대한민국에서 보수 세력은 소수파가 됐다는 점이다. 더 많은 플레이어들을 판에 참여시켜 선수 육성을 하지 않는다면 이 게임은 질 수밖에 없는 게임이라는 것을 명확히 인지하고 전략을 세워야 할 것이다.

73년생 한동훈과 89년생 송서율이 함께 동행할 때만이, 보수의 지지세를 바닥부터 '영끌'해야 만이 총선 승리는 물론 향후의 보수 정치의 단단한 입지도 가능하다는 것을 말하고 싶다.

보수 여성 정치, '여적여' 프레임 부수고 연대와 의리 보여야

과거에 유력하게 회자되던 레토릭, "보수는 부패로 망하고 진보는 분열로 망한다"는 얘기는 거의 정설이었다. 그러나 보수가 소수파가 된 이후로 이 말은 이제 반대로 적용되는 것 같다. 생계형 정치인이 주류인 강성 좌파들은 자신의 이해 관계에 따라 잘 뭉치고 단단한 팀워크를 보여주는데 오히려 제 잘난 맛에 취한 보수들이 구심점 없이 분열하는 양상을 보이고 있는 것이다.

이 같은 상황에서 보수가 대중에게 어필할 수 있는 이미지는 '화합'과 '리더십'일 것이다. 왜 아니겠는가. 그런데 보수 여성 정치인들의 이미지는 어떠한가. 예컨대, 대표적인 보수 여성 정치인인 나경원 전 미래통합당 원내대표는 귀족적인 깍쟁이 이미지에 갇혀 확장성에 한계를 보였다. 박근혜 대통령만 해도 보수의 귀족

이미지가 강했다. 또 '엄친딸' 이미지가 강했던 나 전 대표와 박 대통령은 서로 라이벌 의식을 느끼며 견제했다는 등의 불필요한 루머에 시달렸다. 문제는 보수 여성 정치인에 덧씌워진 부정적인 이미지를 불식시키기 위한 보수당의 전략적 대응 자체가 전무했다는 것이다.

흙수저 출신 청년 정치인으로서 강단있게 문재인과 부산에서 맞붙었던 손수조는 한 방송에서 "어린 여성으로서 보수 정치권에 발을 디뎠을 때 그 어떤 조언을 해주는 선배가 없었다"고 말했다. 손수조는 추후에 나경원 전 대표가 전화를 해서 선배로서 끌어주고 도움을 주지 못해 미안하다는 전화를 받았다고 밝힌 바 있는데, 나 또한 어떤 편견을 갖고 보았던 나경원 전 대표가 상당히 정치적으로 성숙한 모습을 보인 게 아닌가 하는 생각이 되었다. 나경원 또한 화려한 외모와 경력으로 주목받은 여성 정치인으로서 느끼는 외로움이 컸을 것이고 그래서 다른 여성 정치인들과 파트너십을 구축하기 어려웠을 것이라는 짐작도 되었다.

그러나 이제 이같은 '여적여' 프레임, 즉 여성에게 정해진 쿼터를 놓고 여성끼리 경쟁한다는 식의 프레임을 보수 정치 내의 여성들 스스로가 타파하지 않으면 아마 보수가 여성들의 강고한 지지세를 구축하기는 요원할 것 같다.

한 정치 관련 세미나에 참석했을 때 "보수가 이대녀를 어떻게 공략 해야 하나"라는 질문을 받은 적이 있다. 여성 정치의 문제는 여성들 스스로 해법을 내 놓고 노력하는 모습을 보여줘야지, 대통령과 정부가 내놓는 정책이 민주당 좌파식 '여성 친화성'을 띈다고 해서 해결되는 문제가 아니라고 생각한다. 이 문제는 결코 쉽지 않은 것이다. 보수가 여성의 마음을 얻기 위해서는 현재 보수 진영이 가지고 있는 여성 정치의 자산을 풀가동하여 이들이 스스로 여성들과 파트너십을 구축하기 위한 그라운드를 만드는 노력을 보여야 할 것이다. 나경원, 윤희숙, 김은혜, 배현진 같은 의원들부터 '나는 국대다'로 발굴된 베테랑 방송인 김연주 씨, 백만 구독자를 가진 보수 유튜버 배승희 변호사, 정치 평론가로 열심히 활동하는 전여옥 전의원이나 오진영 작가, 경단녀와 자영업을 거쳐 정치에 컴백한 손수조와 정치 새내기 송서율까지.

보수가 가진 여성 정치인들의 스펙은 여성운동 경력을 완장 삼은 586 페미집단보다 훨씬 뛰어나다는 게 나의 판단이다. 이들이 서로 견제하고 각자도생하는 모습 말고, 댄스 여가수의 신구세대가 뭉친 '댄스 유랑단'처럼 서로의 목표를 격려하고 멘토와 멘티가 되어 고단함을 녹여주는, 여성 정치인만이 공감하는 지점들을 보여주면 어떨까. 많은 여성들이 걸크러시에 열광한 이유를 정치에서 찾을 수 있다면 그리고 여성 정치인들이 징징거리지 않고 자신만의 능력으로 인정받기 원하는 많은 여성들의 롤모델이 될 수 있다면 그 자체로 보수가 영역을 확장하는 솔루션이 될 수도 있지 않을까.

CHAPTER 5

‘청년보수’ 없이 승리는 없다
‘펨코’ 선동 정치와 쿨한 결별하고
‘현실’ 청년들의 꿈과 열정을 품어라

이준석은 왜 한동훈이 되지 못했나. 리더십도 '기본기'다

이재명의 구속영장 실질심사에서 기각이 결정되자 아니나 다를까, 이준석이 친야성향 언론에 다시 출동하여 기세를 올리기 시작했음이 포착됐다. 이준석의 준동은 보수 정권의 면역체계에 빨간 불이 들어왔음을 의미한다. 마치 면역력이 떨어지면 강해지는 감기 바이러스처럼, 혹은 집안이 청결하게 관리되지 못하고 습기가 차면 스멀 스멀 퍼지는 곰팡이처럼, 이준석은 보수 진영에는 조직의 건강함과 안정성을 위해 제거해야 하고 철저하게 관리해야 할 해악이 되버린 것으로 보인다.

이준석은 자신이 주인공이 돼야 할 대선 이후의 보수 정가가 한동훈이라는 뉴스타에 "올인"해 이재명을 구속시키지 못한 리스크를 떠안게 됐다며, 이재명 구속 기각의 의미를 확대 선동하고 있다. 어떻게든 정권의 입지를 약화시켜 총선에서 또한번 국민의힘의 구원투수로 나서보겠다는 속셈일 것이다.

이준석은 여러모로 '2030 버전'의 이재명에 가깝다. 다만 그 스케일이 "뿌띠"할 뿐이다. 당내 비주류로서의 적개심, 분열을 통한 팬덤 정치, 여론을 빠르게 캐치하고 지지자들에게 땔깜을 주입해주는 방식의 선전 선동 능력 등이 그렇다.

강서구청장 선거 패배 후 인요한 혁신위가 들어서고 나서 국민의힘은 이준석의 징계를 취소했다. 그렇다고 해서 이준석이 다시 한 번 보수지지층을 결집시켜 총선 승리에 공을 세울 것인지에 대해서는 회의적인 시각이 대다수다. 설사 대선 때처럼 막판 대화해를 이룬다 하더라도 그 정치적 효과 또한 그 때와 같지 않을 것이다. 이미 이준석의 이미지나 신뢰도는 회복 불가할 정도로 망가졌기 때문이다.

일부 친이준석 성향의 인사들은 DJP 연합에 준하는 지분을 이준석에게 주어야 한다고 주장하는 데 이준석의 체급이나 영향력을 감안하면 정말 코웃음이 나오는 소리다. 이준석이 과연 세력이 있는 정치적 거물인지부터가 의문이거니와, 기본적인 예의도 없이 조롱과 경멸의 경박한 언행은 물론 무차별 폭로 정치를 일삼는 좌충우돌 통제 불가 캐릭터인게 적나라하게 드러난 지금, 어느 누가 그와 거래를 하고 협상을 할 수 있을까? 북한식 벼랑끝 전술, 고춧가루 뿌리기 행태 밖에 남은 선택지가 없어보이는 이준석은 이미 정치적으로 고립된 모양새다.

이준석의 입장에선 강서구 재보궐 선거 패배후 여당이 위기에 처했을때 한껏 몸값을 높이고 인요한 위원장의 구애를 짐짓 못이기는 척 받아들이면서 노원병에 공천을 받아 재기를 노리는 것이 최선이었다. 그러나 역시 "이준석이 이준석했다"는 세간의 평가대로 또 오버를 하다가 자기 이미지만 깎아 먹으면서 추락중이다. 이준석이 인요한 위원장에게 영어로 응대하는 인종차별적인 모습을 보이면서 보수층은 물론이고 중도층에게도 몰상식하고 매너없는 자신의 인성만 부각시키고 말았다.

이미 이준석은 자신이 노원병에 나갈 의사가 없다는 점 그리고 신당을 차리겠다는 점 등을 공공연히 떠들고 다녔는데 또 그러다가 노원병에 나가고 싶다고 하는 등 계속 말을 바꾸고 있다. 아마 자신도 어떻게 해야 할지 모른 채 감정에만 치우친 행동을 보이는 것 같다. 이렇게 패를 일찍 투명하게 드러낸 이준석의 속내에 맞춰 먼저 손을 내민 국민의힘의 전략은 당장의 지지층의 반발은 부르더라도 중장기적으로는 매우 효과적인 한 수로 보인다. 국민의힘으로서는 이준석을 최대한 포용하는 그림을 그려 이준석이 당을 떠나든 아니면 남아있든, 그 어느 경우에도 이준석의 리스크를 최소화하는 것이 최선임을 잘 알고 있는 것이다.

이준석으로서는 최대한 중도와 보수로부터는 동정을 유발해야 하고, 좌파로부터는 보수의 파이를 최대한 가져올 수 있다는 인상을 줘야 한다. 그러나 현실은 속 좁고 가벼운 떠벌이에 자기 당에서 밉상으로 찍혀 버려져 날서고 분노에 차있는 루저의 이미지가 강화되고 있다.

즉, 이준석은 이 시대 청년의 도전과 성장이라는 생산적 의미의 '청년성'을 이미 상실했다. 이제 그가 대변하는 것이라고는 오로지 낙오되고 부적응한 이들의 정치혐오감, 소외감, 열패감, 분노, 따위일 뿐이다.

보수층에서 동정받고 지지 받지 못하는 이준석은 결국 좌파들의 눈에도 먹을게 별로 없는 가격표만 요란한 허풍쟁이처럼 느껴질 것이고 피로감이 더해질 것이다. 이런 시나리오에서 이준석은 기존의 민주당 지지층으로부터 받던 지지마저 기회주의 행보로 비난받으며 잃고 말 것이라는 게 나의 진단이다.

말로는 신당을 차리겠다고 하지만 많은 평론가들이 막상 신당의 실체가 드러나면 지지율은 거품임이 드러날 것으로 전망하고 있다. 그리고 어디가서나 내부 권력 투쟁 즉, '싸움'을 주특기로 하는 이준석의 특성상 이준석이 신당을 차리는 것이 국힘으로선 나쁘지 않다. 싸움의 대상이 윤석열이나 안철수, 손학규, 황교안에서 또 다른 누군가로 바뀔 것이다. 정의당과도 손을 잡겠다는데 과연 이준석이 이념과 성향이 다른 집단과 갈등을 조정하고 대의를 위해 희생하는 리더십을 발휘할 수 있을까? 또 자신만이 주인공이 돼야 한다는 선전 선동이나 관종 정치를 벗어나지 못하고 당내 패권을 두고 싸움을 벌일 것이고 그 싸움이 중계되면서 국힘은 자연스레 이준석 리스크를 벗게 될 것이 자명하다.

누구보다도 여론의 향방에 민감한 이준석의 워딩을 잘 분석해 보면, 현재의 여야의 정치지형을 파악하는 데 도움이 된다. 이준석은 이재명이 구속위기에 몰리자 구속될 것을 예상하면서도 만약 기각이 된다면 한동훈이 탄핵될 것이라고 예상했다. 이준석으로서는 체포동의안 가결을 보고선 이제 '이재명은 끝이구나'라는 생각을 한 것이다. 그래서 총선은 윤석열 대 문재인의 구도로 될 것으로 보고 이재명이 구속될 것이라고 말했는데, 막상 구속기각이 결정되자, "검찰의 수사가 부실했다, 이재명이 범죄자인지 잘 모르겠다"는 등의 태세전환을 한 것. 이와 같은 민주당 지지층을 향한 아부성 발언으로 다가올 총선 경선에서 역선택을 노리고 친야 성향 언론에 환심을 사는 것은 덤이다.

단기적으로는 이준석의 존재감이 여전한 것 같지만, 이렇게 이재명식의 자극적인 선전 선동으로 '나만 살고보자'식의 단편적인 정치 기술이 정치적 생존과 성장을 보장할까? 나는 이에 몹시 회의적이다.

설사 이재명 구속영장 기각이 윤석열과 한동훈의 일시적인 패배로 해석된다고 해도 그것이 전쟁에서의 이준석의 승리를 의미하는 건 아니다. 박근혜 대통령을 탄핵시키고 친박을 몰락시켰다고 해서 유승민이 보수의 맹수, 대권주자가 될 수 없는 것과 이 역시 마찬가지인 거다.

이준석, 기대가 실망으로 무너진 순간들

고백컨대 나는 이준석 신드롬에 굉장히 열광했던 보수 중의 한 명이었다. 사실 이준석에 대한 나의 평소 이미지는 막연한 비호감에 가까웠다. 일단 우리나라 정서상 나이 어린 청년이 낙하산을 타고 등장해 이래 저래 똑똑한 척을 하는 것에 대한 거부감이 있다.

박근혜 당대표 시절 비대위원의 타이틀을 달고 나타난 이준석이 딱 그 모양새였다. 어리고 별다른 경력이 없는 사람이 하버드대 출신이라는 학벌과 성과와 실체가 확실치 않은 벤처 사업가라는 타이틀을 달고 깜짝 출세한 것.

그러던 내가 이준석을 눈여겨 보게 된 계기는 싱가포르 대학에서 교편을 잡고 있던 2016년 쯤이었는데, 조교 중 한국인 남학생 한 명이 '이대남 보수' 성향이었다. 그 학생은 정치에 별 관심은 없지만, 팔로우 하는 두 명의 정치인이 있는데 그게 바로 이준석과 오세훈이라고 했다. 당시 난 딱히 정치에 큰 관심을 갖고 있지 않을 때였는데, 당시만 해도 내가 상당히 부정적으로 평가하던 오세훈과 이준석이, 젊은 남성 보수층에게 합리적인 정치인으로 받아들여지고 있음을 실감하고 다소 놀랐던 기억이 있다. 그 후로 어쩌다 언론에 등장하는 오세훈과 이준석을 좀 더 곰곰히 들여다보게 됐는데, 탈이념적이고 실용적인 정치, 좌파식 감성정치에 염증을 내는 화이트칼라 보수층에 소구하는 지점이 크다는 걸 깨닫게 됐다.

두 사람 다 선굵은 정치를 선호하는 내 스타일의 정치인은 아니었으나, 찬찬히 관심을 갖고 지켜보니 나름 장점이 많이 보였다. 특히 이준석의 경우, 정치 데뷔 후 보수가 몰락하는 와중에도 나름대로 종편에 패널로 활동하면서 정치판에서 경력을 쌓아가고 노원에 세 번이나 나가서 패배할 지언정 도전을 했다는 것도 칭찬할 만했다. 보수에 유리하지 않은 수도권 험지라는 점, 자신이 노원 토박이라는 점을 강조하는 패기도 청년 정신으로 추켜세울 만한 것이었다.

그런 나름대로의 전사가 쌓여서인지, 4·7 재보궐 선거를 통해 오세훈의 부활과 더불어 이준석이 주목받았을 때 상당히 반가웠다. 윤석열 검찰이 정국의 주도권을 장악한 상황에서 민주당이 자멸하여 보수 부활의 재반 여건이 마련된 셈이었다. '친박'으로 인식되던 올드한 느낌의 보수가 이제 좀 더 중도친화적이고 세련된 주자들로 물갈이 되는 듯한 느낌도 들었다. 또 그 또래 중에서는 이준석의 경험치가 최상급이고 나름의 헌신과 노력이 기반됐다고 봤기 때문에 누구나 그 당시에는 이준석 신드롬에 들떠 있었고 기대감이 커진 상황이었다.

이준석 신드롬은 그 자체로 하나의 사건이었고 젊은층의 관심이 보수당에 향하는 계기가 되었다. 사실, 이준석 신드롬을 추동한 계층은 2030 세대가 아니라, 4050 전향자 보수, 그리고 6070 정통 보수층이라고 보는 게 맞을 것이다. 4050 보수는 박근혜 탄핵에 대해 동의하는 입장이었지만 문재인의 실정으로 돌아선 세대라서 박근혜 탄핵 동의 입장이었던 오세훈이나 이준석에 대해 우호적이었다. 그들은 보수의 판이 정통 보수에서 뉴보수로 바뀌길 바라는 마음이었던 것이다. 한편 6070 정통 보수층도 이준석의 등장을 반겼다. 마치 호남 정치인들이 이낙연보다는 문재인이나 조국 이재명 같은 영남 출신 좌파 정치인을 선호하는 것과 마찬가지 심리다. 6070은 보수에 씌워진 '노인정당'이라는 타이틀이 두려운 것이다. 호남인들이 지역적 고립과 낙인을 두려워해 지역확장성을 가장 중시하는 것처럼, 정통 보수층 또한 그같은 낙인 효과를 제거해줄 새로운 세대의 보수 간판을 원했던 것이다.

강성 친박 지지층의 비토를 오히려 정치적 자산으로 삼아, 20·30·40·50·60까지 모든 보수 계층의 지지를 아우른 이준석은 그때만 해도 보수의 다음 주자로 입지가 굳건할 것으로 보여졌다. 그것은 비단 나만의 분석은 아니었을 것이다.

최소한 윤석열을 잘 뒷받침하고 보수의 통합을 견인하는 리더십 아니 최소한의 참을성과 인격만 있었더라도 파국은 피할 수 있었을 텐데, 그러나 이준석은 가벼움과 조급증으로 결국 지금의 모습처럼 몰락하고 말았다.

정치적 기본기가 부실한 커뮤니티형 정치 선동가, 이준석

사실 이준석에겐 여러 차례 부활할 수 있는 조짐 또는 기회가 있었다. 먼저 성상납 추문이 터지고 당대표 사퇴 압박을 받았을 때, 윤리위의 결정이 난 후 가처분 신청을 하고 인용됐을 때 등이 그렇다. 그때만 해도 보수 내 여론조차 이준석에게 일말의 동정심이 있었다. 그러나 2차 가처분 신청에서 패배함으로써 이준석은 스스로 보수로서의 정체성을 부정하고 퇴로를 막아버렸다.

냉정하게 판단컨대, 대선 당시 두 번의 가출이 지선 후 이준석의 숙청을 기정사실화하는 사건이었다면, 사실상 두 번의 가처분신청 청구는 총선에서 이준석의 퇴출을 예약한 사건으로 봐도 무방하다.

현재 극단적 여야 대립구도 속에서, 이준석의 선택지는 별 수 없어 보인다. 윤석열 정권의 몰락을 획책하면서 좌파 우위의 여론 지형에서 '역선택', 즉 좌파가 '안심'하는 우파의 명패를 달고 정치난민으로 살아가는 것이다.

총선에서도 존재감을 발휘하려면, 무소속으로 대구에 나가거나 분당을 하는 수밖에는 없어 보인다. 거기에 성상납 의혹 무고죄의 사법 리스크도 종결되지 않았다. 올해(2023년) 봄, 여론 분석 연구차원에서 빅데이터를 분석해보니 보수나 중도 일각에서 이준석에 대한 일부 동정론은 감지 된다. 그러나 이준석 전성기 대비 이준석 팬덤은 그 규모 자체가 삼분의 일로 축소되었고, 이준석의 성상납 의혹에 대한 본질적인 대중의 의구심은 전혀 해소되지 않은 것으로 나타났다.

즉, 이준석을 퇴출한 보수당의 과정이 거칠고 무리한 점이 상당했다는 것이 전반적인 여론인 것은 맞지만, "청년정치"로 대변되던 이준석 본인의 정치적 자산은 이미 돌이킬 수 없이 무너지고 그저 "반윤원툴", "리더십 파탄을 스스로 증명한 기본적인 인성이 안 된 정치인"이 되고 말았다는 것이다.

이준석은 어린 나이에 정치권에 들어와 정치 지지자들의 심리를 읽고 그것을 자극적으로 날 것으로 뱉어내어 사람들의 주목을 끄는 정치에 능하다. 강준만 교수는 이준석이 7억 각서로 촉발된 자신의 도덕성 문제를 권력의 탄압으로 프레임하는데 귀신같은 재능을 보였다고 평한다. "사람들은 듣고 싶은 것만 듣는

다", "사람들은 설사 그것이 거짓이거나 선동이라 해도 자신들의 이해관계에 일치한다면 그것을 믿는 것에 개의치 않는다"는 자신만의 정치적 "노하우"를 과신하는 것 같다.

이준석을 보고 있으면 일부 예능 스타들의 몰락을 보는 것 같기도 하다. 예컨대, 별다른 사회생활 경험 없이 쇼 비즈니스의 세계에 데뷔했다가 대중의 '관심'을 끌고 그때 그때 힘있는 결정권자의 비위를 맞추면 된다는 생존 전략에만 충실한 몇몇 연예인들을 보는 것 같다. 대중은 가식없는 날것의 애티튜드를 처음에는 신선하게 받아들이지만 도가 지나치면 점차 피로감을 느낀다. 한 리얼리티쇼 스타의 경우 처음에는 '패리스 힐튼' 컨셉을 차용한 듯 가볍고 도발적인 것이 귀여운 매력으로 보였다. 그러나 끊임없이 동료 연예인들을 공개적으로 디스하거나 기싸움을 하고 스태프에게는 갑질을 하는 등 자기만 주목 받으려는 욕구와 센척하는 허세를 놓지 못해 업계에서 나쁜 평판을 형성하고 대중의 비호감이 굳어지게 된 케이스로 보인다. 그 서사의 맥락이 이준석과 유사하지 않은가.

반규범적이고 예의에 맞지 않는 행동이라도 '자극적인 행동으로 주목을 받으면 나를 욕하는 사람들도 나를 무시하지 못할 거야' 라고 정신 승리를 하는 듯한 이준석을 보면 그냥 한때 모두가 기대를 품고 귀여워 했던 반짝 아역스타의 끊없는 몰락을 보는 것 같아 안타까운 느낌마저 든다.

이준석의 정치 멘토, 펨코에 서식하는 '대깨준'

다시 이준석이 신드롬을 일으켰던 4·7 재보궐과 뒤이은 국민의힘의 전당대회 당시로 시계를 돌려보자. 이준석 신드롬을 일으킨 동력은, 이준석의 '정치기술'이 색다른unconventional 부분이 있었기 때문이었다.

정치인들의 언어가 가식적이고 뜬구름을 잡았다면 이준석은 항상 주적이 확실하고 메시지가 간명하며 자기 이득과 욕망에 주저함이 없는 MZ 세대의 문법으로 말했다. 그래서 정치적 변방의식을 갖고 있던 이대남들이 이준석에 자신들의 욕망을 투여해 열광하기 시작한 것이다.

이준석의 또하나의 무기는 '어리다'라는 것이었다. 이준석을 공격한 장제원이나 정진석 등의 기성 정치인들, 그리고 박근혜 지지층 노년 보수는 이준석 지지층에게 '틀딱'이라고 비아냥의 대상으로 조롱당했다.

이준석은 자신의 일탈적 행동을 지적하는 사람들을 "구태의연한 기성세대"로 적대시 하면서 대중과 지지층을 효과적으로 선동했다. 때문에, 젊은 여성층이 이준석을 공격할 때 이준석은 가장 난감할 수 밖에 없었다. 이준석 퇴출 과정에서 배현진 의원이 앞장 서 나선 것은 이준석의 이미지를 부정적으로 전환하는 큰 요소였다.

또한 이준석은 정치란 투쟁이며 싸움을 통해 체급을 키울 수 있다는 공식에 빠져 있는 것으로 보인다. 그래서 자신보다 높은 체급인 사람을 건드리면서 자신을 언더독으로 포지셔닝하고 자신보다 체급이 낮다고 생각하는 사람에 대해서는 대응하지 않는다.

이준석은 또 자기에게 유리한 지형이 아니면 싸우지 못하는 겁이 많은 인물로 보인다. MBC나 KBS 등 자신을 "정치 천재"라며 추켜 세워주는 방송에 나가서는 언변을 뽐내지만, 자신에게 적대적인 방송에 나가거나 패널을 만나면 당황하는 기색을 역력히 드러내는 게 그 증거라면 증거다.

그런데 이 같은 이준석의 전략은 기본적으로 정치적 한계에 봉착하게 되는데 이유는 다음과 같다.

일단 2030남성만으로는 보수의 주류가 될 수 있을 만한 베이스가 되지 못한다는 점이다. 2030은 기본적으로 인구수가 타 세대에 비해 터무니 없이 적은데다가 정치적 관여도 또한 매우 떨어진다. 청년층에 팬덤을 갖고 있다는 이준석 신드롬의 거품은 이준석 가처분 국면 당시 형편없는 장외 동원력에서 실체를 드러내고 말았다.

게다가 이준석의 영향력은 성별에 있어서도 제한적이다. 이준석은 세대 갈라치기도 모자라 남녀 갈라치기까지 했다. 이대남들은 열렬한 지지자라고 쳐도 이대녀들에게는 거의 공적과도 같은 비호감으로 굳어졌다.

지난 재보궐 당시 이대남의 70퍼센트가 넘게 오세훈을 지지했다고 알려졌으나, 재보궐에 대한 낮은 투표율 등을 감안하면 전체 이대남의 25프로 만이 오세훈을 찍은 것에 불과했다. 그나마 여성층은 이준석이 싫다는 이유로 지난 대선에서 대거 이탈해 이재명에게 결집했으니 이준석이 가지고 있는 2030에 대한 정치적 지분 자체가 굉장히 왜곡된 언론이 만든 신기루 임을 알 수 있다.

기존의 지역이나 이념 지형에 기반한 팬덤이 아닌, 특정 세대와 성별, 온라인 커뮤니티 문화, 그리고 친야성향의 선호를 기반으로 한 이준석의 지지기반은 향후에도 약화될 가능성이 더 커보인다.

더 심각한 것은 이준석이 줄곧 "나이가 어리다"라는 것을 무기로 한 세대 갈라치기를 선동 도구로 삼았다는 점이다. 한마디로 말해 어리고 귀여운 이미지를 과다하게 소비한 아역스타가 성숙한 성인스타로 변신하기 힘들어지는 것과 마찬가지다.

결정적인 문제는 이준석 자체가 '에펨코리아'. 즉 펨코 라는 자신의 팬덤에 스스로 매몰돼 버렸다는 점이다. 말로는 김종인이나 유승민이 자신의 멘토라고 하는데, 현재의 이준석의 정치적 멘토는 다름 아닌 '펨코'에 서식하는 일명 '대깨준'들인 것 같다. 이준석 수호 집회를 주최했던 최우성에 따르면, 이준석은 모든 정치 행동과 의사 결정에 있어 펨코 커뮤니티를 절대적으로 의존한다고 한다. 직접 대면 중인 상대의 말을 경청하지 않고 커뮤니티 여론만 모니터 한다는 것이다. 이미 이준석은 대선 당시 김종인의 만류에도 아랑곳하지 않고 가출로 '어그로'를 끈 바 있다. 통제불가로 폭주하는 이준석식 '커뮤 정치'는 당연히 지속가능성을 상실할 수밖에 없을 것이다.

여전히 내 주변에도 이준석의 재기를 바라는 소위 말해 '정통보수'들이 적지 않지만 이건 과거 화려했던 아역스타가 역경을 딛고 언젠가 재기하길 바라는 안쓰러운 격려 정도로 그칠 가능성이 많고, 이준석은 정치 경력 내내 '언젠가는 부활할지도 모르는' 청년 정치 낭인의 이미지를 벗어나지 못할 가능성이 크다. 게다가 "어리다"는 무기 또한 이제 40이 넘어가는 시점에서는 그 효과가 더욱 반감될 것이다. 이준석도 결국 남들처럼 늙게 돼 있으니까.

이준석 세력이 또 한 번 대통령을 탄핵시킬 수 있을까?

이준석은 박근혜 키즈로 정치에 입문해 박근혜의 몰락을 지켜 봤기 때문에, 인기가 없는 윤석열 정권도 마음만 먹으면 거대 야당과 공조해 탄핵시킬 수 있다거나 몰락시킬 수 있다는 신념을 갖고 방송에 나와 선동을 하며 방송 지분을 확보하려고 애쓰는 것처럼 보인다.

또 당대표라는 직위로 당내 자기 사람을 심는데 굉장히 열성을 다하는 모습을 보였다. 그러나 기본적인 갈등 조정 능력이 부재한 그저 내 사람 챙기기 작전은 많은 역풍을 불렀고 결국 이준석 자멸의 큰 요소가 됐다.

혁신위원회를 한답시고 최재형을 들러리 세워서 공천 룰에 시험을 적용하려고 한 것, 〈나는 국대다〉 오디션을 통해 자신을 추종하는 '펨코 스타일'의 젊은 남성만을 줄줄이 뽑은 것 등이 이준석 리더십의 한계와 확장성 부재를 여실히 드러낸 대목이다.

만약 이준석이 설사 당에서 퇴출 되었더라도 그가 제안하는 철학과 가치가 많은 사람들의 공감을 샀다면, 혹은 최소한 오세훈처럼 실패를 각오하더라도 자신의 이미지에 손해를 보더라도 당을 위해 헌신하는 성실성을 보였다면 이준석은 정치적으로 부활할 수 있는 여지는 남아 있었을 것이다.

이준석이 당대표가 된 후, 내가 여의도연구원에서 일할 때, 이준석과 긴밀한 인연을 맺은 인사들을 여럿 보았는데, 이준석에 대해서 "인성이 좋다"는 말을 아무도 하지 않는 것이 내겐 충격적이었다. 내가 이준석이라면 함께 선거 운동을 했던 지인들, 후배들을 살뜰하게 챙기고 좋은 매너와 품격으로 당내 사람들을 우군으로 만들텐데 어린 시절부터 정치판에 입문한 사람이 왜 정치의 기본을 모를까 의아했던 지점이다. 사실 진중권 같은 인사도 방송에서는 모두까기에 싸가지 없는 것 같은 이미지를 풍기지만, 실제 생활인으로서의 그는 철저한 시간관리와 책임감으로 '프로'다운 모습을 보이고 사적으로 대하는 관계에서는 예의나 매너도 바른 편으로 알려져있다. 이준석이 방송에서 보여지는 모습 이외의 "반전"의 미덕이 없었다는 건 나로서는 상당히 의아한 일이었다.

이준석이 보여준 강점도 분명 있었다. 그는 여론을 커뮤니티

등을 통해 빠르게 파악하고 순발력있게 메시지를 내놓는다. 보수에는 드물었던 선동가의 역할로서 제격이었다. 그러나 그뿐이었다. 정치의 기본인 도덕성, 책임감, 리더십 어느 것 하나 확실히 보여주지 못하고 주변의 가까운 지인들로부터도 손절을 당하고 말았다.

이준석과 형 동생 할 정도로 가까웠다는 한 인사는 "아무리 준석이에게 조언을 해도 자신이 설득하려고 하지 받아들이려고 하지 않더라"고 안타까워했다. 심지어 이준석의 열렬한 지지자였던 유튜버 정운기씨와 이준석 수호 집회를 주최했던 최우성씨는 가까이 지켜볼수록 이준석의 인성과 정치력이 실망스럽다는 폭로를 하며 "돌아선 팬이 가장 무섭다"는 속설을 증명하고 있다. 총선 출마를 도왔다는 한 젊은 당원은 선거를 도우며 어울리는 시간도 적지 않았지만 "인간성이 좋은 사람이라고는 말 못하겠다"고 한다. 사실 주변의 젊은 지지자들이 측근 중의 측근이 되었다면 이준석의 당내 신망도 상당했을 텐데 내가 만난 그 어떤 청년 정치인들도 이준석을 진정으로 인정하는 경우는 없었다. 이준석 신드롬이 일자 수도권 당협위원장을 맡고 있던 한 청년 정치인은 "이준석 신드롬은 허상이다. 펨코 일베 등에서 떠들던 여성 혐오에 기반한 루저들의 목소리를, 다른 이도 아닌 제도권에 있는, 하버드를 나온 그럴 듯한 정치인이 대변해주자 그들이 대리만족하고 카타르시스를 느낀 것 뿐이다"라고 지적했다.

반면 이준석의 재주를 아까워하는 상당수의 중견 정치인들은 대체로 '선비연'하는 점잖은 인사들이 많았다. 그들은 보수들이 가지고 있지 못한 이준석의 재기발랄함과 똘끼에 대리만족하는 부분이 많아 보였다. 그러나 정치의 기본기가 허약한 이준석은 자기 스스로 한계를 드러내며 자멸하고 있다.

이준석의 정치자산을 구성하는 요소들이 비전이나 가치가 아닌, 당내 정치에 특화된 선동, 관종, 분열, 이간질, 폭로, 내부총질, 사람 챙기기 등의 얕은 정치적 권모 술수 뿐이었기 때문이다. 보수 내의 비주류로 전락해 당내 패권에만 몰입하다가 스스로의 가치마저 상실할 가능성이 높아 보인다.

이준석은 가처분 소송과정에서 윤석열을 독재자에 비유하면서 마치 거대한 폭로라도 할 듯 허세를 떨었는데, 정작 권성동은 체리따봉을 받았는데 나는 못 받았다는 징징 거림 외에는 아무런 알맹이가 없는 폭로였다.

다시 여의도연구원에 몸담던 시절을 상기해보면, 이준석은 당내에서 새보계라고 불리는 당직자들이나 정치인들에게조차 인정받지 못하고 따를 당하는 당대표에 가까워 보였다. 이것 저것 자기 입지를 불리기 위해 자신에게 아부하며 접근하는 사람들을 챙기려고 하는 모습도 당료들에게 외면 당하는 요인이었다고 생각된다. 이준석이 대구에서 기자회견을 하면서 정상적이라면 "미관말직"까지 나를 의전해야 했다는 소리를 운운하는 걸 보면, 이준석이야 말로 권력과 권위의식에 갈급한 징글징글한 애어린애가 아닌가 싶다. 그처럼 나이도 어린데 누구보다 더 권위적이고 소통에 장애가 있으니 그 어느 누구도 이준석을 진정한 협력 파트너로 보지 않았을 것이다.

이준석은 일단 몸을 낮추고 당내 주류를 이루고 있던 새보계 성향이나 친홍준표 세력과 협력을 해야 했으나, 오히려 친홍계였던 배현진과 적대적 관계를 온 대중에게 노출했다. 그 당시 그가 보여준 리더십을 보면 모두가 두 손 두 발 들 정도의 좌충우돌한 관종 행태와 개인플레이만을 반복했다. 종국에는 자신의 측근이던 김철근까지 당의 징계를 받으면서 정치생명을 끊어버리게 됐으며, 마치 자신의 후배 격인양 낮은 급으로 보던 장예찬이나 박민영 등에게도 역공을 당하는 신세로 전락하고 말았다. 이런 점들만 보더라도 이준석은 당에서 철저히 고립된 존재였고 실질적인 의사결정 체계에서 철저히 소외됐다는 점을 알 수 있다.

역으로 보자면, 이준석을 벼랑 끝에 몰아세우고 엄지척으로 포섭한 뒤 정국 전환을 한 뒤에도, 철저히 이준석에게 정보를 차단하고 보안을 유지한 윤석열의 위기 관리 능력이 주효했다고 보여지기도 한다. 호남의 보수 정객 주동식은 "이준석의 정치적 존재감은 점점 소멸될 수밖에 없다"고 냉정한 진단을 내린 바 있다. 그는 "이준석은 그나마 예능 존재감에 의지할 수밖에 없는데 그것도 쉽지는 않을 거다. 애초에 준석이의 예능 존재감도 정치적인 소스에 기인하는 것이기 때문이다. 이런 현상이 생기는 건 준석이가 당대표 지위를 상실했기 때문이기도 하지만 보다 본질적으로는 자체 콘텐츠가 없기 때문이다. 말장난하는 재주야 있지만 그걸로 버티는 것은 한계가 있다"고 일갈한다.

돌이켜 보면 이준석 신드롬은 정치적 기초 체력이 부족한 반짝 스타, 미디어가 만들어낸 환상에 불과했다. 보수 내 주류 여론을 이끌어가는 한 언론이 이준석을 청년 정치의 상징처럼 띄우자 보수와 일부 커뮤니티 정치 팬덤이 반응했을 뿐이었던 셈이다.

이준석의 미래는?
역사 속의 '반란성애자'들

이준석은 보수로부터 숙청 당한 뒤 친야 언론에 기생하며 생존을 모색하고 있다. 그러나 역사적으로 봐도 이준석과 같은 캐릭터는 숙청 당한 뒤 여러 번 저항하고 반란을 도모해도 결국엔 비극을 맞았다는 점이 명확하다.

몇몇 역사적 인물이 이준석과 유사한 캐릭터를 갖고 있는 것으로 보여진다. 이들의 공통점은 나 위주로 모든 것이 돌아가야 한다는 '주인공병'과 감정 콘트롤을 하지 못하고 말이 많고 허세가 강하며 신의와 대의없이 권력을 불나방처럼 좇으며 상황에 따라 이리 저리 '태세전환'을 한다는 공통점이 있다. 조선시대에는 인조반정에 참여했으나 2등 공신이라는 것에 불만을 품고 평안도 접경 지역의 군사를 동원해 다른 왕자까지 옹립하여 삼일천하를 이루었던 이괄의 난의 주인공, 즉 이괄의 역할과 캐릭터가 이준석과 흡사해 보인다. 이괄도 실제로는 허세가 심한 말이 요란한 "책략가" 스타일임에도 "무장 장수"처럼 역사에서 프레임되었다. 이괄은 이차의 난을 일으키며 끈질기게 인조 정부를 괴롭혔지만 결국 반란자로 극형을 받고 제거된다.

유럽사를 보면 파란만장한 삶을 살았던 스코틀랜드의 메리 스튜어트를 파멸로 이끈 남편이며 향후 잉글랜드와 스코틀랜드의 최초의 동군이 되는 제임스1세의 아버지, 해리 단리 경과 유사해 보인다. 해리는 부인 메리에 대한 집착은 물론, 메리에게 왕권을 달라고 징징대는 등 찌질하고 집요한 면모를 보였다. 질투심에 눈 멀어 신교도 귀족들과 연대해 메리의 수족을 살해한 뒤에는, 다시 메리 여왕의 포섭에 넘어가 귀족들에 맞섰다가 오락가락하는 배신의 대가로 양쪽 모두에게 버림받고 무참히 살해 당한다.

영국의 왕정복고 이후, 찰스 2세 이후 왕위를 계승한 제임스 2세에 맞서 "반란성애자"로 불렸던 제임스 스콧, 일명 몬머스 공작 또한 비슷한 역사적 캐릭터라 할 만하다. 찰스 2세의 서자이자 맏아들이었던 제임스 스콧은 왕위계승권을 요구하며 카톨릭 강경파였던 제임스 2세에 대한 귀족들과 대중의 불안을 자극해 선동했다. 그는 정작 제임스 2세와의 전쟁에서 패한 뒤에는 가톨릭으로 개종하겠다며 구차하게 살려달라고 애원했다. 많은 귀족들이 제임스의 구명을 요청했으나 결국 형장의 이슬로 사라졌다. 수많은 패배와 기사회생을 반복하며 죽는 날까지 반란을 멈추지 않았던 주인공병 허세남은 아버지의 정치적 조언마저 거부하다 정치적 고립과 몰락을 자초했던 것이다.

역사적으로 이준석류의 주인공병 관종형 반란자를 상대해야 했던 정권은 반정, 여성왕위자, 종교적 반대파 등 취약한 지지기반으로 인한 태생적인 한계를 내포한 경우가 많았다. 그런 취약성과 불안정성이 이런 '정치 금쪽이'들이 활개칠 정치적 공간을 형성한 것이다. 이들은 공통적으로 엘리트의식이 강하고, 타인에 대한 질투심이 많았으며, 유혹에 약해 이리 저리 태세전환을 하고 강자에게 비굴했다는 공통점이 있다. 이들은 절대 단칼에 제거되지 않고 끊임없이 정적 세력을 곤경에 몰아 넣으며 존재감을 과시하다가 절멸했다. 윤석열 정권의 성공 여부와 별개로, 이준석의 미래는 결국 우리가 역사 속에서 숱하게 보아왔던 '반란성애자'들의 궤적을 반복할 가능성이 크다는게 나의 판단이다.

국민의힘,
탈영병을 보충할 묘안이 있는가?

대선 당시, 이준석의 가출 사태가 두번이나 터졌을 때, 나는 당시 스페인의 군사독재 시절 지도자였던 프랑코의 일화를 소개하며 윤석열이 대선을 위해 해야 할 일은 이준석에 대한 강력한 경고와 처벌, 그리고 이준석이 요구하는 것에 대한 수용, 이 두 가지라고 일갈한 바 있었다.

지인인 서민 교수님과 사담 중 나눈 얘기인데, 그는 자신의 페이스북에 이런 글을 남겼다.

스페인에 프랑코라는 포악한 독재자가 있었습니다.

1936년 그 유명한 스페인 내전을 통해 권력을 잡은 뒤 사망할 때까지 무려 40년간 철권을 휘둘렀죠.

제게 늘 가르침을 주는 A라는 분에 따르면, 프랑코가 외인부대 사령관이던 시절 다음과 같은 일화가 있었답니다.

당시 병사들에게 가는 급식이 부실해 원성이 높았는데요,

한 졸병이 시찰을 나온 프랑코의 얼굴에 음식을 집어던지는 사건이 발생했습니다.

프랑코는 미동도 하지 않고 그 자리에서 급식 담당자를 불렀습니다.

그러곤 그 병사가 보는 앞에서 "즉시 급식의 질을 개선하라!"고 명령했죠.

이어서 프랑코는 자신에게 음식을 던진 병사를 즉시 끌어내 총살하라고 명령합니다.

A의 말을 그대로 옮깁니다.

"저는 그게 권력의 본질이라 생각해요. 음식을 개선하지 않으면 군대에서 봉기가 일어나 프랑코가 망했을 거고, 그 병사를 바로 심판하지 않았다면 프랑코는 측근들의 신뢰를 얻지 못하고 실각했을 거예요. 전 지금 윤석열이 프랑코의 상황에 놓여 있다고 봐요."

당시 이준석에게 분노한 지지층의 민심은 이준석에게 따봉을 날린 윤석열의 포용을 비판적으로 바라봤지만 나는 생각이 달랐다. 이준석이 석고대죄하듯한 모습으로 의총에서 궁지에 몰렸고 이를 윤석열이 살려주는 듯한 모양새가 됐기 때문에 결과적으로 이준석을 무릎 꿇린 것은 맞았던 것이다. 식사의 질 개선은

그 후 '여가부 폐지' 등의 메시지에 이대남이 호응하고 지지율이 올라가면서 이뤄졌다..

문제는 대선 당시의 이준석과의 반목 상황, 더 정확하게는 이준석을 지지하던 이대남들이 느끼는 정권에 대한 불만족, 즉, 식사의 질 개선이 근본적으로 이뤄지지 않았고 이준석을 대체할 만한 선동가도 나타나지 않았다는 점이다. 그 당시 내가 프랑코의 예를 들면서 설명했던 "식사의 질 개선"은 선 넘는 무례한 병사, 이준석이 당내에서 퇴출된 뒤에도 이뤄지지 않고 있다는 것이다.

이준석 청산은 실력으로, '정치'와 '정책'을 무기화하라

이재명이 구속 위기에서 벗어나 생환한 가운데 4개월 앞으로 다가온 총선은 다시금 윤석열 대 이재명 대선의 연장전이 될 가능성이 높다.

대선 당시 구도는 5대5 였다. 윤석열 진영에 친박 친이 펨코당까지 다 붙어서 2030-4050-6070 보수가 모두 풀결집한 결과가 48프로였던 것이다. 대선 당시, 이재명 진영은 친문의 약이탈로 결집이 느슨해진 상황에서 석패했다고 볼 수 있다. 그러나, 현재 총선은 여전히 담론지형이 다 민주당 친화적인 상황에서 치러지게 된다. 그리고 당시 대선에서 언론친화적인 스피커, 민주당에 대적할 만한 선동 스킬을 가진 스피커는 '펨코당수'이준석 뿐이었다는 점을 상기해야 한다.

그럼 현재 전황을 보자, 펨코당이 이탈해서 반군이 되었는데 이 화력을 충당할 즉시 전력은 없다. 겨우 검찰에서 수혈한 한동훈으로 버텨왔는데, 구속기각 선동으로 전황이 열세로 바뀌었다. 그런데도 국힘은 장수를 키울 생각이 전혀 없어 보인다. 청년 정치 했다가 또 통제 불가의 나르시시즘에 빠진 관종 낭인이 등장하면 어떡하지? 라는 우려만 보이고 액션은 취하지 않는 것이다. 보수당의 무사안일과 보신주의가 윤석열 체제에서도 여전한 것이다. 그러다보니 싸우겠다고 나서는 사람들은 결국 과거에 한번 싸워봤고 데여봤던 구 정권 인사들 뿐이다.

반면 이재명은 당내 '약자' 포지션으로 살아남아서 "대통합" 운운하면서 친문까지 아울러 패권을 장악할 가능성이 크다. 그리고 총선판이 "정권 심판" 구도로 짜여지면 전투력에서 이재명이 문재인보다 월등히 앞서기 때문에 친문이나 이낙연 등의 구정권 인사들이 득세할 가능성은 제로라고 봐야 한다. 결론적으로 말해 지난 대선에서는 윤석열은 당의 주류의 지지를 받고, 비주류까지 포섭한 상태였고 이재명은 당의 비주류로서, 주류의 비토를 완전히 해소하지 못한 상태에서 대선을 치렀다.

그런데 지금은 그때와 상황이 정반대로 역전됐다고 봐야 한다. 윤석열 체제 후 비주류가 탈영했고 이재명은 비주류로서 살아남아 주류가 된 상황이란 말이다. 따라서 입법-사법이 왼쪽으로 굳어진 상황에서 전황을 변화시킬 변수는 오로지 '정치', 그리고 '정책'에서 찾을 수밖에 없다.

공천을 빌미로 민주당 내부 갈등 상황을 최대한 증폭시키는 정치적 기술이 고민되어야 한다. 민주당의 중진들에 대한 물갈이 여론이 많기 때문에 이재명이 개혁을 명분으로 원외 홍위병등을 동원해 당을 장악하려고 할 것이다. 민주당의 중진과 원로들과 정치적 협상을 주고 받으면서 이들의 세력화를 간접적으로 부추겨야 한다.

중도 보수를 결집시킬 수 있는 타겟은 '민생 아젠다'일 수밖에 없다. 이 아젠다를 통해 여러 중도 보수 성향의 이들을 모을 수 있고, 이렇게 해서 당이나 정부의 지지 기반을 확장할 수 있다.

현재 윤석열 대통령이 외교 일정이나 민생행보에 강한 드라이브를 걸면서 '열심히 하는 대통령'의 이미지를 만들어가고 있지만, 세대-지역 맞춤형 정책이 효과적으로 적절히 결합 되어야만 정치적 효과가 극대화될 수 있을 것이다. 대통령 민생행보에 "세대-지역 맞춤 정책" 메시지가 부재하여 이미지 노출에만 그치고 확산성이 제한적인 상황인 것이다.

민생 현안 관련해서 대통령 관련 키워드가 제대로 나오지 않는 것이 문제라고 보여진다. 오직 이념, 야당 관련 이슈 등으로만 연결 키워드가 치중되어 나타나고 있는 것이다. 단순히 소방서 가고 어르신들을 만나고 청년 만나고 이미지만 나오는 것으로는 부족하다. 예컨대, 소방서 방문 시 '관련 공무원 지원 정책', 군부대 방문 시 '처우개선' 등 해당 세대 맞춤 지원 정책이 정부 여당에서 뒷받침돼야 지지층 결집 및 중도층에 우호적인 여론 형성 및 확산성 효과가 뒤따를 것이다.

또한, 교사들에게 교권보호법 약속, 2030 청년 관련 공약, 여가부 폐지 공약, 원전정상화로 전기요금 인하 방안 제시 등 국민 생활과 밀접한 '변화'를 중점으로 "이미지-메시지"의 시너지를 효과적으로 디자인해야 한다. 정책과 결합된 •청와대 문화 행사, •군부대 방문, •청년 격려, •결혼 커플 격려, •보육시설 방문 등 다양한 정치 이벤트를 통해 '정부·여당은 민생'이라는 기조를 강화할 수 있을 것이다. 구체적인 메시지와 논쟁과 관심을 불러일으킬 정책 변화와 방향성이 나와 줘야 하는 것이다.

진정한 의미에서 이준석을 청산하려면 보수 내 건강한 청년정치가 구축돼야 한다. 정부 여당은 한동훈의 개인기에만 의존하는 듯한 기회주의적 마인드부터 버려야 한다. 확실한 새판 짜기가 이뤄지지 않는다면 총선 승리는 요원하다 할 것이다. 먼저 적재적소에서 싸울 수 있는 '장수 선발'하고 '30·40·50 보수 스쿼드' 확충과 집중 마케팅이 판을 바꿀 수 있는 방법이다. 젊은 인재들이 새로운 생각과 에너지를 생산해야만 전체적인 '미디어 스턴트'에 큰 변화를 가져올 수 있다.

단순히 얼굴마담이 아닌 '당대표급'의 위상을 가진 3040 뉴페이스 스피커 집단을 발굴하는 것도 필수적인 미션이다. 민주당처럼 깜짝스타 찾지 말고, 당내에서 활동해온 청년들을 잘 트레이닝하고 조직화해야 한다. 또 전문분야에서 리더십이 검증된 청년들을 찾아서 인재영입을 통해 청년 정치 내부의 신구의 조화를 갖춰야 한다. 요즘 청년들을 보면 똑똑하고 책임감 강한 인재들 상당히 많다. 마케팅 분야, 리테일 분야, 법조계, 학계 등에 자수성가형 청년들이 얼마나 많은지 솔직히 유튜브만 뒤져봐도 찾을 수 있다.

3040만 되어도 여러 시행착오를 거치고 인생의 성취를 이뤄낼 수 있는 시기 아닌가. 당대표부터 지도부가 눈을 맞추고 발품을 팔아 뛰지 않아서 묻혀져 있을 뿐이다. 그들에게 '권한'과 '타이틀'을 줘라. 위상에 맞게 책임을 지도록 뛰게 하라.

결론적으로 말하면, 이준석은 또래 청년들보다 훨씬 일찍 정치에 입문했지만, 그리고 정치문법을 게임의 문법으로 커뮤니티 정서를 도입하는 데는 성공했지만, 유권자와의 스킨십, 동지들과의 비전과 동료의식 공유라는 리더십의 근본을 탑재하지 못했기에 모래성처럼 무너졌다. 결국 디지털 시대의 정치도 사람과 사람 사이의 관계를 만들어가는 것이고 신뢰를 구축하는 것이라는 본질은 같다. 이준석이 대선 승리의 공에도 불구하고 한동훈에게 보수의 차기 슈퍼스타 자리를 내어준 것은 정치 기술의 부족이 아닌, 조직과 사회 구성원으로서의 윤리 의식과 자기 관리, 즉, '기본기'의 부재 때문이라고 할 수 있겠다.

그러나, 이준석의 한계와 몰락과 별도로, 앞서 제시한 “3040” 청년 중심의 뉴페이스 시스템이 구축되지 않는다면 이준석이 보수에 입힌 내상을 극복하기 힘들다. 이준석보다 더 새롭고 업그레이드 된 3040이 전면에 나서 펨코 정치의 디톡스를 실행해야 한다. “청년” 정치는 말그대로, 진짜 “청년”들이 해내야 한다. 그런 판을 짜지 않고 흘러간 시대의 인물들로 ‘땜빵’ 해보겠다는 생각은 어림도 없다.

CHAPTER 6

급변하는 세계, 사대주의 버리고 전략적 변용으로

싱가포르식 '실력주의'와 '법치주의'에서 배울 점

나는 미국에서 박사과정을 마치고 2014년부터 4년간 싱가포르 경영대Singapore Management University에서 조교수로 재직했다. 그렇게 직접 경험한 싱가포르 대학들은 마치 우리나라 초일류 기업 삼성의 시스템이 연상될 정도로 굉장히 엘리트적이고 기업적인 방식으로 운영됐다.

싱가포르 대학의 특징을 꼽자면 철저히 논문 발표 등 학문적 성과와 능력주의에 의거해서 연봉이나 처우가 결정된다는 것이다. 능력을 따지는 데 있어서는 외국인 내국인을 차별하지 않는다. 초임 교수 첫해부터 싱가포르 정부 그랜트에 응모해 상당히 큰 규모의 연구 프로젝트를 수주할 수 있었는데 교수 직급이나 연차, 시민권 여부 등을 따지는 관료주의가 팽배한 다른 나라에서는 굉장히 어려운 일이다.

예전에 방송출연으로 샐럽이 된 피부과 의사 함익병 씨가 한 언론 인터뷰에서 "유능한 왕정이 무능한 민주주의보다 낫다"는 발언을 해서 큰 논란을 불러 일으켰던 적이 있다. 나는 그 말 뜻을 이해할 수 있는데, 실제로 독재라는 것은 후진적인 경제와 봉건적 시스템을 갖춘 후진국들에서만 나타나는 현상이 아니다. 아랍의 왕족들이 통치하는 국가도시들, 그리고 싱가포르처럼 국부 리콴유 가문이 통치하는 도시국가들을 보면 효율적인 독재가 국민들의 삶을 획기적으로 높일 수 있는 원동력이 될 수도 있음을 보여주는 실례라고 할 수 있다.

싱가포르에서 4년 동안 살면서 가장 여실하게 느낀 부분은, 싱가포르의 국가 통치 시스템과 법치가 강력한 효율을 발휘하고 있다는 점이었고 그 결과 일반 국민들이 '정치적' 액션을 취할 필요가 없다는 점이었다. 내가 지금 몸담고 있는 스페인 대학에서의 경험과 비교해보면, 대학에서 3~4명이 담당하는 일을 싱가포르에서는 단 한 명의 비서가 처리하는 식이다. 한 사람이 효율적 시스템에 따라서 행정 처리를 하기 때문에, 책임소재나 권한 등을 따져야 할 일도 없고, 개인이 의사 결정을 내려야 하는 부담도 없다. 그런데 전 조직이 공유하는 의사결정이 확고한 원칙없이 "그때 그때 달라요"가 되버리면 그 조직 안에는 정치가 개입하고 눈치 싸움이나 기싸움 같은 게 펼쳐진다. 조직원으로서의 삶이 피곤해질 수밖에 없는 구조다. 한국이 딱 그렇다.

나는 4년의 싱가포르 생활을 마치고 2018년에 호주 멜버른대로 직장을 옮겼다. 노조 문화가 노조 관료주의 형태로 진화된 호주의 대학 사례도 언급하고 싶은데, 호주 대학에는 다양한 이름을 딴 위원회가 많고 또 그에 따라 회의가 너무 많았다. 그러나 내 경험으로 그닥 생산적인 회의체라고는 할 수 없었다. 예컨대, 새로 부임한 직후 내가 새로운 과목을 개설하려고 했을 때 일일이 위원회의 승인을 받아야 그게 가능하다는 걸 알았다. 지금 생각해 보면 이것은 새로운 혁신이 기존의 플레이어들에게 '위협'이 되는 것은 아닌가 하는 호주인들 특유의 보수주의적 성향 때문이었던 것 같다. 그래서 새로운 구조를 시도하고 개혁하는 건 굉장히 어려운 일이다. 반면, 싱가포르는 미국처럼 '자본'이 있는 곳에 '권한'과 '책임'이 있다는 간단한 기업가 정신을 교수사회에 도입했기 때문에 교수의 재량권의 범위나 권리 주체의 의사결정이 분명하고 신속했으며, 교직원들은 정해진 매뉴얼에 따라 일사천리로 움직였다.

싱가포르 사회의 가장 눈에 띄는 장점은 완전한 'Meritocracy', 즉 '실력주의'를 통해 사회적 약자들에게도 기회를 준다는 것일 테다. 싱가포르 오차드 도심가에 위치한 싱가포르 경영대는 학생들이 타 대학에 비해 유복한 계층이 많은 것도 사실이었지만, 어려운 가정에서 공부를 잘해 입학한 경우도 있었고, 인도네시아나 말레이시아 등 주변 동남아국가에서 유학 온 영특한 학생들도 꽤 많았다.

내가 가르친 첫 제자 중 한 명은 인도 혈통의 또래 학생보다 서너 살이 많은 남학생이었는데, 아버지가 아파트 경비로 일하고 어머니는 청소일을 하는 서민가정 출신이었다. 싱가포르는 철저히 성적에 따라 고등학교의 순위가 결정되고 학생들도 그렇게 줄을 세우는 식의 성적에 따라 고등학교에 입학하게 된다. 마치 과거 우리나라에 경기고, 경복고 같은 명문고등학교들이 존재했던 구조와 같다고 할 수 있다. 이 학생은 처음에는 어려운 가정 형편 때문에, 우리나라로 치면 실용위주의 지식을 가르치는 전문대학인 '폴리텍'에 입학했다고 한다. 그런데 싱가포르 정부는 폴리텍에서 성적이 매우 뛰어난 학생들에게는 할당제를 시행해 명문 4년제에 입학할 기회를 준다. 일종의 '패자부활전'인 셈이다. 내 경험상 고등학교를 마치고 바로 대학에 입학하는 학생들보다 폴리텍을 거쳐 입학한 학생들은 또래보다 성숙하고 진지한 면이 있었고 학업 성적도 우수하고 학업 태도 또한 좋았다.

이처럼 싱가포르는 철저히 경쟁을 통해 질적 향상을 이루는 교육 정책을 실시하지만 '다양성'의 가치 또한 놓치지 않는 것이다. 조교 중 인도네시아에서 온 학생은 중학교 때부터 장학생으로 뽑혀서 싱가포르에 유학을 온 친구였다. 이 친구는 인도네시아 현지의 의사 집안 출신으로 인도네시아에서도 유복하고 우수한 학생이었다. 싱가포르는 중고등학교가 학업 성취도에 의해 전국 순위가 매겨지고 정부로부터 받을 수 있는 혜택도 그 같은 성과에 따라 달라진다. 때문에 학교 교장이나 교육 행정가들이 자신의 지역 및 학교에 우수 학생을 유치하기 위해 해외를 순회하면서 우수학생들을 시험을 통해 선발한다. 이들에게는 전액 장학금과 생활비까지 지급하는 제도를 자체적으로 시행하는데 이 학생은 그런 우수 학생 유치 정책의 수혜자로 싱가포르에 오게 된 것이다.

인구 500만 명의 작은 나라인 싱가포르가 우리나라나 중국보다 우수한 경쟁력을 확보한 세계적 레벨의 대학들을 보유한 비결이 여기에 있다. 즉, 싱가포르는 정치적으로는 철저하게 일당 독재를 고집하지만, 군부 독재가 지배하고 민주화 요구나 지역 계급 갈등 등으로 정치적 혼란이 심한 주변국에 비해 정치적 안정과 경제력의 우위를 유지한다. 일당 독재에 대항하는 정치, 사회적 갈등과 대립, 그리고 그로 인한 혼란 등의 사회적 비용이 거의 없는 것이다. 물론 리콴유 집권초기에 말레이시아계나 인도계의 운동가들이나 반정부시위대를 탄압한 것은 인근 동남아 국가의 군사정권과 다르지 않았다. 그러나 리콴유 일가의 일당 독재체제가 확고하게 확립되고 나서 싱가포르는 지금까지도 탄탄한 체제와 사회 안정을 유지하는 편이다. 또, 일사분란한 행정 시스템과 통치 체제를 기반으로, 오히려 타국에 비해 해외의 인재를 적극적으로 영입하고 실용적 다양성을 추구하며 순혈주의를 타파할 수 있는 다민족 국가 시스템을 유지하고 있다.

싱가포르에서 3대 국립대학으로 꼽는 싱가포르 국립대, 난양 공과대, 싱가포르 경영대로 진학하는 학생들은 싱가포르 정부로부터 상당 부분 학비를 지원 받는다. 우리나라 스카이 입시처럼 3대 대학에 들어가는 것은 경쟁율이 상당히 높기 때문에, 집안이 부유하지만 성적이 마땅치 않은 학생들은 유럽이나 미국, 호주권의 대학으로 유학을 가기도 한다. 싱가포르 내에도 해외 유명 대학의 분교가 무수히 많다. 공부를 잘 하는 학생들은 학비 지원을 받을 수 있는 국립대에 가고 공부를 잘 못하지만 경제적 여력이 있는 학생들은 사립대나 외국 대학을 가는 구조가 정착된 것이다.

앞서 언급한 인도계 학생의 경우, 아버지가 경비로 일하시며 생활 환경이 녹록치 않았지만, 싱가포르의 공공 주택 정책 덕분에 기본적인 의식주와 교육비 등에 있어서는 큰 어려움을 겪지 않고 살았다고 한다. 싱가포르 정부는 국가 소유의 아파트를 분양해 전 국민이 자기 집을 가질 수 있고, 신혼 부부에게는 특공의 혜택을 주기 때문에 싱가포르에서는 대학을 졸업하자마자 교제하던 애인과 일찍 결혼하는 게 일반적이다.

싱가포르는 또 국가간 협약을 통해, 필리핀, 태국 등에서 값싼 여성 인력을 가사 및 육아 도우미로 수입하는데 나의 경우 한

국돈으로 60만원도 되지 않는 가격에 필리핀 가사 도우미를 고용해 육아와 커리어를 손쉽게 병행할 수 있었다. 육아 지옥이라는 한국에서는 꿈도 꿀 수 없는 일 아닌가. 필리핀 가사 도우미는 정부에 20 만원 내외의 부담금levy를 내는데, 필리핀에서도 철저한 교육을 이수한 사람만 싱가포르에서 일할 수 있는 기회가 주어지고 정부 또한 인력 관리를 철저히 하는 편이다. 이를 "Modern slavery"의 형태로 비난하는 많은 리버럴들이 있지만, 그럼에도 싱가포르의 이 같은 정책이 일하는 여성들에게 큰 도움이 되는 것은 사실이며, 내가 고용했던 필리핀 도우미 또한 이 같은 혜택으로 필리핀에 집을 짓고 생활 터전을 마련하는 등 수혜를 받은 것도 부인할 수 없는 사실이다.

물론 싱가포르 또한 해외 인력들에게 자국민들의 일자리를 빼앗기고 있다는 피해의식이 강해지면서 점차 외국인 학생 유치 정책 등의 혜택이 줄어들거나 중단되는 추세이고, 심화되는 경쟁사회 탓에 출산율도 여타 선진국들의 추세처럼 낮은 편이다. 그럼에도 홍콩의 중국 반환과 신냉전 국면에서 반사이익을 얻으며 주변 동남아 인국 국가들의 풍부한 인적 자원을 빨아들이고 있어 싱가포르식 효율적 행정 모델은 여전히 우리나라뿐 아니라 전 세계의 벤치 마킹 대상이다. 내가 경험한 싱가포르 사회의 효율성만 놓고 보면 벤치마킹 대상이 되는 게 하나도 이상할 게 없다.

싱가포르에서 언론사 특파원으로 활동한 적이 있는 한 지인은 싱가포르처럼 뉴스가 없는 심심한 나라도 없다고 말한다. 그런데 그는 역으로 말하면 한국 사회는 알지 않아도 되는 불필요한 뉴스들을 너무 많이 생산하는 게 아닐까라고 반문을 하게 된다고 말했다.

다수 야당과 지난 정부의 인맥에 지배당해 사사건건 현 정부를 트집잡는 보도만 하는 방송들을 보면 그의 말에 동의가 된다. MBC가 대통령이 혼잣말하듯 한 불분명한 워딩을 자의적으로 왜곡해 자막까지 달아 확대 재생산 한 것도 모자라, 백악관에 고자질까지 한 행태를 보면 정말 이게 공영방송으로서의 사명감과 책임감이 있는 행동인지 아니면 나라 망하길 바라는 행동인지 가히 충격적이라 아니할 수 없다. 언젠가 MBC 뉴스를 봤더니 대통령이 참석한 국군의 날 행사를 보도하면서 국방부가 다른 예산까지 끌어다가 썼다면서 비판을 하던데, 나는 "뉴스거리가 저렇게도 없나?"라는 생각이 절로 들었다.

문재인 정부 당시 북한을 자극하지 않기 위해 국군의날 행사를 축소했고 군의 사기가 많이 떨어졌는데, 군의 자긍심을 높이기 위한 행사를 추진하면서 국방부가 가용할 예산들을 최대한 끌어모아 훌륭한 행사를 치르는 게 베알이 꼴리다는 얘기인가? 그러면서 항저우 아시안 게임에서 북한이 우리에 대해 "괴뢰"라는 표현을 쓴 것을 두고는 북한을 비난하기는 커녕 우리 선수들이 자괴감을 느끼는 이유가 남북관계가 경색되어서라고 분석하는 것을 보면 이게 우리나라 정부의 공영방송이 맞는지 북한 대변 방송인지 헷갈릴 지경이다.

싱가포르에서는 국영이 대부분인 뉴스 채널들은 내부의 검열 대상이 되고, 사회풍속을 해치거나 지나친 위화감을 조장하는 뉴스는 차단된다. 정부에 불리한 데이터의 투명성이 의심되기 때문에 일각에서는 학생들의 낮은 자살율이나 낮은 범죄율에 대해서도 의문을 제기하기도 한다. 싱가포르는 공무원에 대한 처우가 사기업보다 더 뛰어나고 부정부패에 대해서는 일벌백계하기 때문에 세계에서 정부의 청렴도가 가장 높은 나라 중 하나이지만, 일각에서는 각종 국영 기업의 지분을 장악하고 있는 리콴유 일가의 재산 규모가 파악 자체가 안 되기 때문에 역설적으로 비리도 없고 청렴한 것처럼 느껴진다는 주장도 있다.

싱가포르에도 일부 반체제적 비판적 지식인이 있다. 이같은 사안에서 싱가포르 정부는 철저히 '법치'로 대응한다. 의도적인 비판 기사를 쓰는 외신들에 대해서도 허위사실 유포나 명예훼손 등으로 소송을 걸어 사실상 기자들이 리스크를 지면서 함부로 근거 없는 비판 기사를 내지 못하도록 유도한다. 사실상 아무말 대잔치를 벌이는 우리나라의 상황과는 정반대의 상황이다.

미국식 '비밀-보통선거'의 민주주의로 돌아가는 싱가포르에서 마치 북한처럼 국민행동당PAP이 장기 집권을 하는 건, 국민과 국가의 관계가 철저히 쌍무적 계약 관계로 돼 있기 때문이라고 이해하는 게 맞다. 일례로 2010년대 싱가포르 총선에서 딱 한 지역구에서만 여당이 아닌 야당 후보가 당선이 됐는데, 그 지역에 바로 지하철부터 끊겼다고 한다. 노골적인 보복성 행정이었지만, 싱가포르 시민들은 이를 정치적 프레임으로 비판하는 대신 냉엄한 정치 현실과 자신의 이득에 집중하는 편이다. 집권 세력을 서포트 해줘야 자기 지역에 이득이 돌아온다는 거래의 법칙, 그리고 집권당이 더 나은 처우로 경쟁력있는 인력풀을 유지하며 내부에서 후보가 되기 위해 치열한 능력주의적 검증과 경쟁이 벌어진다는 사실 때문에 싱가포르 정치 체제에서 야당이 들어설 공간은 매우 좁다.

앞서 말했지만 내가 싱가폴에서 느낀 건 싱가포르가 세계에서 가장 효율적인 정부를 가진 나라라는 것이었다. 싱가포르는 "잘 사는 북한"이라고 조소하는 사람들도 많은데, 철저히 합리성에 기반한 법치를 통한 통치를 한다는 점에서는 북한과는 다르다. 이해하기 쉽게 말하자면, 싱가포르는 삼성 일가가 삼성이라는 국가를 경영하는 식으로 국가를 기업화해 경영하고 있다. 싱가포르 항공과 같은 국영 기업들은 전 세계 항공사를 상대로 경쟁력을 갖추기 위해 치열한 성과주의로 돌아가는 것이다.

대학교의 교직원은 보통 짤리지 않는 준공무원 같은 꿀보직으로 여겨지며, 소위 말해 '빽'으로 들어오는 직원들이 많다는 편견이 있는데, 싱가포르는 교직원들의 턴오버가 굉장히 잦았다.

'회의'는 없는 편이지만 항상 하는 게 '서베이'였다. 학교 내 기관이 행사를 열면 반드시 성과를 평가하는 서베이를 하는 게 관례이다.

예산이 있는 곳에는 성과에 대한 평가가 뒤따르기 때문에 공무원들도 철밥통이 아니라 성과에 따라 보상 받는 사기업 직원 문화가 있다. 적게 일하고 적게 받겠다는 마인드가 아니라 최고의 엘리트들을 흡수하여 최고의 보상을 하는 곳이 싱가포르 정부 부처들이다. 일례로 외국인 교수로 싱가포르 대학에 부임하자마자 '경쟁 피티'만으로 억대 규모의 정부 연구 지원 프로젝트를 따낼 수 있었지만, 호주 같은 노조 경영 국가에서는 꿈도 꾸지 못할 일이었다. 일단 시민권자가 돼야 가능하고 호주에서 상당 기간 거주하면서 여러가지 정부 인증 절차를 거쳐야만 큰 규모의 그랜트 수주가 가능했다. 호주로 이주한지 10년이 넘은 유럽출신 중견 교수가 토박이 호주 교수들에게 치여 여러가지 그랜트 프로젝트에서 매번 물을 먹으며 신세한탄했던 기억이 난다. 물론 싱가포르의 능력주의가 부작용이 없는 것은 아니다. 치열한 경쟁 때문에 많은 교수들이 호주나 캐나다 등으로 옮겨가는 경우가 많다. 그러나 좁은 땅덩이에 사회적 갈등이 첨예하고 변화가 빠른 한국의 경우, 큰 땅덩이에 작은 인구로 자기들만의 기득권을 유지하는 평화로운 호주 사회보다는 비슷한 조건의 싱가포르를 레퍼런스로 삼을 부분이 많다는 것을 지적하고 싶다.

지금 한국에서 유행중인 마약, 성범죄, 흉악범죄 등 공공의 질서에 심각하게 피해를 주거나 위협을 주는 악의적인 행위에 대해 싱가포르는 태형 같은 형벌로 추상같이 대응한다. 외국인도 예외가 아니다. 한마디로 '당근은 달콤하게, 채찍은 매섭게'의 전략이다. 지구상 가장 외국인 친화적인 나라이지만, '수질관리'는 매우 엄격한 것이다.

한 번은 마사지샵에서 일하시는 현지 중국계 싱가포르 분이 싱가포르 내의 국제학교에서 마약을 하다가 걸린 외국인들은 바로 추방시킨다고 하면서 우리는 절대 관용이 없다는 것을 아주 자랑스럽게 얘기하던 기억이 난다. 싱가포르 사람들은 자신의 나라에 대한 자부심이 굉장히 강하다. 한 택시 기사는 말레이시아로 여행을 간다고 하니, 거긴 싱가포르가 아니니 꼭 소지품을 조심하라고 당부를 한다. 싱가포르는 동남아에 비해 치안이 압도적으로 좋다. 국민들도 사회 질서가 잘 잡혀있다고 자부심을 갖는 이들이 대부분이다.

싱가포르의 사회 통제 시스템과 관련해 인상적인 일이 있었는데, 하루는 아들 녀석이 아이스크림 들고 지하철 플랫폼으로 들어가자 CCTV를 모니터하던 역무원이 바로 따라와 버리라고 한 적도 있다. 또 도서관에서 누가 드러눠 졸고 있으면 사서가 와서 규정 위반이라며 깨우는 나라가 싱가포르다. 필리핀 도우미들이 싱가포르에 와서 가장 먼저 듣게 되는 말은 "여기는 필리핀이 아니다"라고 한다. 지하철역에서 담배를 피고 꽁초를 함부로 버리고 침을 뱉는 행위를 했다가 수백만 원의 벌금을 물게 된 도우미의 사례가 공유되면서 이후 사소한 경범죄라도 어기는 도우미는 없다는 것이다. 싱가포르는 수많은 인권 단체로부터의 비난을 감수하고 호주와 외교 분쟁 사태까지 일으키며 싱가포르 공항을 거쳐 마약을 운반하던 베트남계 호주인을 사형시킨 적이 있다. 강대국에 둘러쌓인 소국일수록 자신들의 원칙에 대해 일관성을 지키고 여론에 흔들리지 않겠다는 점을 여실하게 보여준 상징적인 사건이었다. 그러나 이 같은 "인권 탄압국" 싱가포르가 실상, 외국인노동자나 여성 같은 사회적 취약 계층이 가장 안전하게 살 수 있는 나라라는 건 얼마나 역설적인가.

범죄자의 인권이 피해자의 인권보다 우선시 되는 경향이 있고 공권력에 대한 두려움이 없는 한국 사회, 그리고 좌파 시장들이 선출되어, '인권' 우선 정책으로 '범죄 천국'이 돼버린 샌프란시스코나 캘리포니아 등 미국 사회와 싱가포르를 비교해 보자. 오히려 공권력을 통해 취약한 인권이 보호되는, 그래서 모든 구성원들이 만족하는 싱가포르 사회를 비교해 보면, 도대체 좌파들이 말하는 "인권"이 무엇을 위한 "인권"일지 질문을 던질 수밖에 없다.

과연 싱가포르는 좌파들이 주장하는 대로 인권 후진국일까? 나는 여기에 회의적인 대답을 할 수밖에 없다. 이를테면, 싱가포르는 '껌'을 씹는 것도 금지인 나라인데, 그 시초는 뭘까. 사정을 모르는 사람은 어떻게 껌까지 국가가 통제할까 생각하기 쉽다. 그러나 민도가 낮은 시민들이 껌을 함부로 버리면서 이로 인해 지하철 등 각종 교통 수단을 고장내는 잦은 원인이 됐다는 것을 알게 되면 싱가포르 사회가 왜 그런 규제를 시행하게 된 것인지 이해의 단초가 생길 것이다.

도덕상규를 위반한 잡범들에게는 엄청난 고통이 행해지는 태형을 내리고 국민들의 껌 씹는 자유조차 박탈하는 나라인데 정작, 홍콩에서 연구와 강의를 검열당하는 대학 교수들이 사상의 학문의 자유를 찾아 가는 곳이 싱가포르의 대학인 점도 싱가포르라는 나라의 가치를 이해시켜주는 아이러니다.

싱가포르 시절 절친했던 한 싱가포르인 동료 교수는 외신의 싱가포르에 대한 독재 프레임과 인권 후진국이라는 프레임에 상당한 피해의식을 표현하며 분개한 적 있다. 자신들은 싱가포르 국민으로서 삶의 질에 만족하고 정치권력으로부터 부당한 억압을 당한다고 느낀 적이 없는데- 즉 자발적으로 리콴유 체제를 지지하는 것인데도 - 마치 싱가포르인들을 독재 가문에 가스라이팅 당하는 삼류 국민 취급하는 시각에 화가 난다는 것이다. 게다가 싱가포르는 어느 나라보다도 개방적이고 외국인 친화적인 정책을 펼치는데 "이것들이 고마운 줄 모르고 오히려 우리를 비하해?" 하는 피해의식을 표출했던 것이다. 싱가포르야말로 이와 같은 내재적 접근이 필요한 나라일 것이다.

실제 인구가 작은 도시국가인 싱가포르는 해외 인력을 유치하기 위해 낮은 세금은 물론, 각종 외국인 우대 정책을 펼치며 내국인들이 상대적으로 박탈감을 느끼는 경우가 많다. 내가 호주나 스페인에서 교수 생활을 할 때, 외국인이라고 특별 대우를 받은 적은 전혀 없었다. 그러나 싱가포르는 외국인 교수 유치를 위한 부가적 혜택이 많았다. 기본적으로 교수가 박봉 집단에 속하는 다른 나라에 비해, 싱가포르 대학의 교수 처우는 전세계적으로 최고일 뿐 아니라, 대학 경쟁력을 위해 유치한 외국인 교수에게는 내국인 교수보다 더 많은 혜택, 즉 집세 지원이나 자녀 국제학교 학비 지원 등이 더해졌다. 싱가포르에서 외국인들은 국가가 제공하는 공공 주택의 혜택을 받지 못하기 때문에 비싼 고급콘도에서 살아야 하는데, 그에 대한 지원을 통해 우수 자원을 유치하는 것이다.

즉, 자국인들을 시장으로부터 보호하면서도 능력있는 외국인들을 위한 유인 전략도 탄력적으로 병행하는 곳이 싱가포르다. 싱가포르인 동료 교수는 "싱가포르가 그렇게 인권 후진 국가라면, 미국 호주 유럽 사람들은 왜 여기서 직장을 구하지 못해 안달이지"라고 반문하면서 열변을 토한다. 실제로는 높은 경제적 이득을 위해 싱가포르에서 일하고 싶어하면서 입으로는 민주주의를 들먹이며 싱가포르인들을 무시하는 이중성을 꼬집는 것이다.

오히려 좌파들이 주장하는 '인권'과 '평등'은 싱가포르에서 '법'으로 철저히 보장된다고 볼 수 있다. 싱가포르에서는 절대 타인의 명예를 훼손하거나 조롱하는 행위를 하면 안 된다. 한국 좌파들은 타인에 대한 모욕과 조롱을, 기득권에 대한 풍자 혹은 표현의 자유라며 내로남불하고, 명예를 보호해야 할 대상을 518이나 노무현 등의 특정 진영에만 강화해 선택적으로 주장하지만 말이다.

싱가포르에서는 소셜미디어를 통해 특정 성이나 종교, 인종을 비난하거나 조롱하는 행위, 즉, 타인종과 타문화, 동성애, 여성에 대한 혐오 조장 행위는 내국인 외국인을 막론하고 사회적 지탄의 대상이 되며 직장에서 해고는 물론, 외국인은 즉시 추방된다.

싱가포르인 동료 교수는 내게 "우리는 주는 만큼 베풀고 또 베푼 만큼 돌려 받는 Transactional한 마인드"라고 말한 적이 있다. 이 교수와 협업할 때도 나는 한국인들과는 차원이 다른 직설적인 실용주의를 실감했다. 눈치를 보고 할 말을 하지 못하면서 속앓이를 하거나 뒤에서 '뒷담화'를 하는 한국인들과 달리, 싱가포르인 동료는 자신이 하고 싶은 것 하기 싫은 것을 당당하게 말하는 편이었고 자기 자랑도 대단히 노골적으로 했다. 그러나 차츰 나는 이 교수의 커뮤니케이션 방식이 오히려 편해졌는데 나 또한 싫은 소리 냉정한 거절의 말을 별 부담갖지 않고 할 수 있게 됐기 때문이다.

돌이켜보니, 일적으로는 서로 생각이 달라서 "노"라고 분명히 말한 부분이 있지만, 사적으로는 오히려 뒤끝없이 쿨하게 친하게 지낼 수 있었다는 생각이 든다. 정리하자면, 싱가포르 모델은 정부가 인권 탄압하고 국민에게 '삥'을 뜯고 부패까지 했는데 어쩔 수 없이 여당을 찍어주는 것이라고 볼 여지가 없다. 사실 싱가포르 서민들은 주공 아파트 공급이 잘 돼 있어서 홈리스도 없고, 호커 센터 등 가격이 싼 푸드코트가 국가의 지원으로 조성이 돼 있어서 결식 없이 잘 먹고 사는 편이며, 필리핀이나 태국 등에서 우수한 자원을 영입해 가정 도우미로 쓰기 때문에 여성들의 경제 참여율도 높다. 공교육 시스템이 경쟁적이기 때문에 집안 형편이 어렵더라도, 본인의 의지로 성적을 올린다면, 학벌도, 좋은 직장도 어느 정도 성취가 가능한 사회가 싱가포르다.

그러니 싱가포르인 교수가 "그렇게 잘났으면 자유로운 니들 나라 가서 살지, 왜 여기서 꿀 빨면서 지적질이냐, 왜 그렇게 자유롭고 경쟁도 없는 미국 호주 유럽 사람들이 싱가포르에 와서 좋은 직장을 차지하며 싱가포르 인들의 일자리를 뺏는 것이냐"라고 일갈하는 것도 이해가 가지 않는 바는 아니다.

물론, 한국의 경우 남북 대치의 정치적 긴장, 싱가포르에 비해 많은 인구와 지역갈등, 미국식 양당제의 정착 등, 정치 경제적 지형에서 싱가포르와 상이한 점이 많다. 그럼에도 불구하고, 아시아적 가치로 서구 강대국 중심의 자본주의적 질서에서 경쟁력을 가지기 위한 레퍼런스로 싱가포르 사회를 면밀이 들여다보고 연구해야 할 이유는 충분하다. 인구 500만에 불과한 다인종 다문화의 싱가포르를 국가 공동체로서 기능하게 하는 두 축은 실력주의와 법치주의다.

점점 급속화되는 인구 감소를 타개하기 위한 이민정책과 인재유치 정책, 법치를 통한 사회적 기강 확립과 공동체의 안녕과 질서를 유지하는 방식에서 싱가포르의 정치 행정 시스템은 특히나 보수 진영에서 벤치마킹해야 할 부분이 크다고 할 것이다.

한국이 부러운 싱가포르인들, "한국인은 왜 그렇게 창의적인가요?"

우리가 싱가포르에 배울 점은 성과주의와 법치주의를 통한 효율과 사회적 질서 확립, 소수자를 위한 기회의 확충으로 가는 선순환적 구조일 테다. 그러나 어느 사회나 장단점이 있고 빛과 그림자가 있다. 세계 정세가 어떻게 돌아가는지 영민한 눈으로 트렌드를 읽고 빠르게 대처하는 것이 한반도 정세 속에 한국이 생존할 수 있는 필수전략일 것이다. 그렇다면 지나친 사대주의나 패배의식에 빠지지 않고 한국인만의 강점을 자긍심으로 승화시키는 태도가 바람직하다.

여러 면에서 한국과 정반대의 양상을 보이는 싱가포르 사회는 효율적인 법치에 있어서는 벤치마킹의 대상이지만, 싱가포르 또한 한국을 부러워하는 점이 많다. 이 장에서는 한국인 특유의

에너지와 활력이 어떻게 콘텐츠 강국으로서의 위상을 이끌어냈는지 고찰해 보려고 한다.

싱가포르 생활을 시작했던 2014년 여름, 싱가포르 어느 쇼핑몰이나 시장에 가도 투애니원이나 빅뱅의 노래가 흘러 나왔었다. 당시 싱가포르인들은 K-pop 아이돌 음악 뿐 아니라 한국 드라마나 영화 등에 대해서도 지대한 관심을 갖고 있었다.

절친한 중년 여성 교수들은 한국 드라마를 보며 스트레스를 푼다고 했다. 학교 구내 식당을 가면 직원인 중년 여성들이 한국인인 나를 보며 반갑고 신기하다는 듯 "안녕하세요~"라며 한국말을 건네는 모습이 되려 나에겐 무척이나 신기했다. 한국 아이돌과 드라마 열풍으로 싱가포르 젊은이들 사이에서는 제주도나 부산 여행, 그리고 한식당과 치킨, 소맥 문화 등이 들불처럼 유행이 되었다.

문화적으로 일본의 영향력이 강했던 싱가포르에서 2등 국가 취급받던 한국의 위상이 한껏 높아지며 일약 문화 선진국 대접을 받게 된 것이다. 경제적으로나 문화적으로 자신들보다 한 수 아래로 취급받던 한국이 문화 강국으로 우뚝 선 것에 대해 싱가포르인들은 경외감을 드러내는 데 인색치 않았다.

싱가포르 최대이자 유일한 공영방송국 미디어콥Mediacorp 소속의 한 프로듀서가 나에게 "왜 한국인들은 창의적인가요?"라는 질문을 던진 것은 이 때문이었을 것이다. 왜 한국 드라마나 예능 프로그램은 싱가포르 드라마보다 재밌는지, 한국 가수들은 천재적인 재능을 뽐내는지 도저히 궁금해서 참을 수 없는 지경이 된 것이다. 그에 대한 나의 대답은 간단했다.

"그건 한국 정부가 싱가포르와 달리 무능하기 때문이에요."

내 대답이 예상 밖의 의외로 다가왔는지, 프로듀서는 순간 당황한 듯 보였다.

이어 나의 설명이 길게 이어졌다. 이런 내용이었다. 한국 사람들은 외부의 것을 받아들이고 흡수하는 데 천재적인 능력이 있다. 한국이라는 나라는 대대로 국가와 왕조가, 정부가 무능했고 외세의 침략에 굴복하는 역사를 보였다. 그래서 한국인들은 스스로 자생력을 갖추고 적응하는 능력을 갖춰야 했다. 그 덕분에 가장 빨리 인터넷 시대에 부응해 세계화를 이룰 수 있었고, 문화적 변방국에서 전 세계 어느 국가와도 공감할 수 있는 소통 능력과 플랫폼을 갖추고 정서적 공감대를 만들면서 빠르게 변모할 수 있었다.

정부의 무능으로 인한 민간 분야의 각자도생이 결국 국가적 경쟁력으로 이뤄진 셈이다. 반면 싱가포르는 서구 교육을 받은 엘리트인 리콴유 일가에 의한 족벌 체제가 장점이자 한계로 작용하고 있다.

무슨 말이냐면, 다른 동남아 국가들이 군부 독재 시절을 거치며 문화적으로나 경제적으로 피폐해지고 부정부패로 신음할 때

작은 나라인 싱가포르는 서구식 문화와 매너를 갖춘 리콴유가 지배하면서 다른 나라보다 더 자본주의적 마인드를 갖춘 효율적이고 유능한 정부를 갖게 됐다.

이는 국가가 '주식회사 싱가포르'처럼 빠르게 안정적으로 성장할 수 있는 기반이 됐다. 하지만 언론과 문화 분야에서는 일당 독재에 가까운 통제 시스템이 민간의 활력을 억제하는 결과를 낳았다. 비유컨대, 싱가포르 국민들은 똑똑하고 돈도 잘 버는 아버지를 둔 덕에 큰 어려움 없이 부모에게 잘 순종하면 집도 직업도 순탄하게 얻어낼 수 있는 경우다. 반면 한국은 언제 아버지 사업이 망할지, 혹은 아버지가 직장에서 해고될지 불안한 상황이다. 경제적 위기 혹은 정치적 격변을 살아내면서 '믿을 건 나 뿐이다'라는 생각으로 자생력과 독립심을 갖추게 된 상황과 같다. 집구석이 언제 망할지 모르는 상황이라면 아이들이 직접 거리로 뛰쳐나가 호객행위라도 하면서 살 궁리를 하게 되는 법이다.

반면 싱가포르는 어떤가? 여전히 문화, 언론의 중심이 정부이다. 그 어떤 일도 정부를 통하지 않고는 되는 일이 없다. 효율적이고 유능한 정부를 가진 것은 경제적으로는 축복이지만, 다양한 문화권과 공감대를 이루고 시련과 역경 속에 예술적 성취를 이뤄야 하는 문화 산업에서는 오히려 창의력과 혁신을 저해하는 걸림돌이 된 것이다.

한국사에 대한 배경 지식을 곁들여 이렇게 설명하니 그 프로듀서가 고개를 끄덕였다. 경제적으로 풍부한 자원과 효율적인 정부를 가진 싱가포르가 이래서 문화 전쟁에서는 한국에 게임이 안 되는구나 깨닫는 눈치였다.

생각해보면 한국 아이돌 산업에 유입되는 인재들만 보더라도 중국이나 태국, 일본 아이돌 지망생은 많아도 싱가포르 출신 아이돌 연습생은 본 적이 없다. 싱가포르의 시장이 작지 않고 한류 열풍도 엄청나다는 점을 감안하면 이 또한 아이러니다. 그런데 이 아이러니에도 위와 같은 배경이 있었던 것이다.

연습생을 거쳐 아이돌이 되는 것은 낙타가 바늘 구멍 찾는 것만큼이나 어려운 일이다. 그만큼 혁신적이고 도전적 마인드가 필요하다. 하지만 내가 본 싱가포르 학생들은 대체로 똑똑하고 성실하지만 안정 지향적이고 계산적인 성향이 강했다. 그런 문화적 토양이 우리가 싱가포르 출신 아이돌 연습생을 보지 못하는 한 배경 요인이 아닐지 생각해 보기도 한다.

왜 싱가포르에서 아이돌이 나오지 않을까와 비슷한 맥락에서, 요즘 한국의 문화 산업을 MBC나 KBS 같은 공영방송이 아니라 CJ나 롯데 같은 민간 기업과 하이브, SM, YG, JYP 같은 엔터테인먼트 기업이 주도하는 건지도 유심히 생각해 볼 필요가 있다. 민간 자본의 적극적 투자와 글로벌 시장 진출은 예술가들에게 표현의 자유는 물론이거니와 무한한 경쟁압력을 통한 질적 향상을 이끌었다. 봉준호 감독의 '기생충'이 아카데미를 석권한

데는 CJ의 도전정신과 과감한 투자가 있었고, 황동혁 감독의 '오징어게임'이 전세계인을 열광케 한 배경엔 온라인 스트리밍 서비스인 '넷플릭스'의 글로벌 영상 플랫폼 시장의 재편이라는 전사가 있었던 것이다.

즉, 한국이 이뤄낸 이같은 문화적 쾌거는 미답지를 개척하는 과감한 투자를 가능하게 했던 기업가 정신과 불확실성에 도전하는 예술혼의 성공적인 결합이라고 할 수 있다. 돌이켜 보면 내가 어릴 적엔 "드라마는 MBC"라는 말이 있었다. 공무원 공기업 문화가 강했던 KBS에 비해 반관반민인 MBC가 더 창의적이고 혁신을 주도하는 느낌이었다. 하지만 넷플릭스, 유튜브 등 인터넷 플랫폼과 대기업 자본이 드라마 시장을 주도하는 지금, 지상파 드라마는 현격한 질적 저하를 보이며 시장에서 외면 받고 있다. 언론 방송 쪽 진출이 막힌 재벌들이 영화산업과 엔터산업에 큰 투자를 주도하는 동안 공룡 같은 지상파 방송국들은 현실에 안주해온 탓이다. 요즘 KBS 수신료 문제가 정치적 이슈가 되고 있다. 빅데이타 조사 등으로 여론 분석을 해보니 국민들은 정치적 스탠스로 이 사안을 보기 보다는 그냥 보지도 않는 방송 때문에 내 주머니에서 돈 나가는 것에 대해 민감한 것으로 나타났다.

국가의 지원으로 유지되던 MBC, KBS의 호시절은 지나갔다고 보는 게 맞을 것이다. 국민들 눈에 공영방송은 새로운 플랫폼 시대에 질 떨어지는 콘텐츠나 만들면서 세금이나 축내는 기득권

적폐로 비쳐지고 있다. 민간 플랫폼과의 경쟁에서 뒤진 채 기득권 마인드에 빠져 있는 이들이 할 수 있는 거라고는 정치적 이전투구 말고는 많지 않을 것이다. 그러나 시간은 이들에게 호의적이지 않다. 한국인들은 낡은 것을 버리며 새로운 시대 변화에 적응하는 데 그 누구보다 익숙하기 때문이다.

전 세계적으로 좌파식 정치의 부작용이 터져나오고 PC의 허구성에 대해 의구심이 커지는 지금, 한국 역시 콘텐츠 혁명은 '아래에서 위'로 나타나고 있다. '노영주의'와 '선민의식'에 빠진 4050 좌파 방송인들이 장악한 공중파 방송의 파급력은 과거와는 많이 다르다. 지금은 여러분야의 마이크로인플루언서들이 유튜브, 인스타그램, 틱톡 등 각종 플랫폼을 통해 콘텐츠 생태계를 형성하고 있고 이 같은 '실용주의,' '능력주의,' '기업가정신'의 정서를 빠르게 흡수하여 반영하는 정치집단이 시대 정신과 조응해 민심을 얻을 가능성이 크다. 한국의 보수가 크게 각성하고 명민한 정치 전략을 펼쳐나가야 할 시점이라는 진단은 그래서 설득력을 갖는다.

스페인 너는 자유다?

스페인에 대한 한국인의 인식은 세계적인 축구리그의 명성 그리고 풍요로운 관광 유산 때문인지 대체로 긍정적인 편인 것 같다. 2000년대 중반에 화제를 모았던 〈아내가 결혼했다〉라는 소설을 보면 한국인들이 유럽에 대해 가지고 있는 일종의 '환상'과 '동경'이 잘 나타나 있다. 영화로도 제작된 이 소설은 'FC 바르셀로나'의 팬인 여주인공을 자유와 체제 전복의 "여신"으로 상징하면서 모계사회나 가부장적 결혼 제도에 대한 근본적 질문을 던지는 책이다. 남성 문화의 상징인 '축구'를 좋아하는 주인공 여성은 그래서 남성과 말이 잘 통하고 최고의 경제적 성적 매력을 갖춘, 그리고 가부장적 관점에서 남성에게 결혼의 효용감을 최고로 선사하는 (시댁 식구들에게도 깍듯하게 정성을 다하는) 무결점 슈퍼우먼으로 묘사된다. 주인공 여성은 자신의 강력한 매력을 통해 능력있는 남자는 두 집 살림을 할 수 있다는 가부장적 가치관을 역으로 뒤집어 "가부장제적 사회가 요구하는 성적, 경제적 능력을 가진 여성은 두 집 살림을 할 수 있다"는 시나리오를 제시한다. 가부장적 결혼 체제에서 가장 경쟁력있는 '아내'가 되는 것이 기존 결혼 제도의 틀을 스스로 벗어나고 파괴할 수 있는 주체적 권력을 부여한다는 논리인 셈이다.

재밌는 것은 소설이 관습 파괴적인 저항의 매개체로 일처다부제를 묘사하면서 카탈루냐의 스페인에 대한 저항의 역사와 이를 상징하는 FC바로셀로나라는 축구팀의 팬덤을 메타포로 적극 활용하고 있다는 것이다.

이처럼 'FC바르셀로나'를 '레알마드리드'의 라이벌로, 스페인의 카탈루냐 지배를 전제세력의 수탈로 스토리텔링하는 바르셀로나의 마케팅 전략은 굉장히 강력해 보인다. 바르셀로나가 리버럴과 저항의 표상처럼 인식되고 있으니 말이다. 소설을 각색한 영화에서 '한 명의 아내와 두 명의 남편'으로 일처다부제의 가족을 이루기로 합의한 인물들이 한국사회의 억압을 피해 자유를 찾아 떠나는 안식처가 다름 아닌 바르셀로나이니 말이다.

내가 한국에서 이런 소설이 히트쳤다고 얘기해주니, 강성 페미니스트인 나의 스페인어 강사는 껄껄 웃으며 참 말도 안 되는 소리라는 듯한 반응을 보였다. "스페인은 지상 천국이 아니라고."

대부분 나의 스페인 지인들은 스페인에 대한 한국인의 환상에 대해 유럽 내에서도 가장 보수적이고 권위주의가 강한 편으로 꼽히는 스페인의 이미지가 자유와 개방으로 소비되는 것에 놀랍다는 반응이지만, 사실 유럽에 대한 환상은 비단 한국만이 아니라 미국 사회도 마찬가지라 새삼스럽게 볼 건 없다. 타문화에 대한 동경과 현실도피 심리가 결합되는 양상이 유독 한국인에게 강하게 나타나는 것도 사실이지만 그렇다고 비하거나 자책할 건 아니라는 거다.

미국에도 지나친 과시 문화 경쟁문화에 대한 반감으로 '힐링' 트렌드를 좇아 유럽이나 한국 사회를 동경하는 사람이 많으니까. 요즘 스페인에는 미국인 이민자들도 늘고 있는데 분석해보면 지나친 정치적 경제적 사회적 양극화와 높은 물가와 과시적 소비 문화와 경쟁에 지친 미국인들이 마치 '귀농'하는 심정으로 스페인이나 이탈리아의 소도시로 이주하는 트렌드가 생겨난 것이다.

내가 미국에서 공부할 당시 절친했던 한 이혼남은 페이스북에 전 와이프의 패악질을 폭로하는 온갖 찌질한 포스팅을 해서 내가 경악한 적이 있다. 매우 모범생이고 건실한 생활인이었는데 와이프가 자신을 호구로 보고 자신의 신용카드를 쓰면서 바람을 피는 행동 등에 너무도 충격을 받은 것이다. 그 친구는 나에게 한국인 여자친구를 소개시켜달라고 부탁을 했는데 내가 보기엔 미국인 와이프의 만행에 대한 트라우마로 한국 여성 혹은 한국 문화에 대한 판타지가 만들어진 듯 싶었다.

내가 한국도 요즘 남자 등쳐 먹는 여자도 많고 이혼도 많으니 환상을 벗으라고 했는데 그가 했던 말은 "그래도 너희 문화에서는 인륜이라는 걸 알고 할 짓, 안 할 짓은 구분하고, 개인의 욕망보다는 가정이 우선시돼야 한다는 미덕이 있지 않아?"라는 것이었다. 그렇다. "That grass looks greener"라는 말처럼 항상 남의 떡이 커보이고 다른 문화가 더 인간적이고 자유로워 보인다는 건 우리나라든 외국인이든 마찬가지다.

기회를 찾아 미국으로 갔던 백인들이 이제는 안정을 찾아 유럽으로 턴하는 것처럼, 박근혜 정부 시절 등장한 "헬조선" 세대가 해외로 나간 뒤 요즘엔 다시 한국 유턴이 늘고 있는 듯하다. 왜 일까?

결론적으로 말하자면, 이방인을 제 식구로 반겨주는 나라란 지구상 어디에도 없다. 손님에게는 사랑방을 내어주며 잘 대접하지만, 손님이 안방을 차지하겠다고 나설 경우 호락호락 내어줄 민심은 그 어디에도 없는 것이다.

입장을 바꿔 생각해 보면 간단하지 않을까? 필리핀이나 태국 사람이 와서 서울대 총장을 하고, 내 옆 자리에 앉은 조선족이나 중국인 동료가 나보다 더 빨리 승진하고 더 높은 급여를 받는다는 걸 당연하게 받아들일 한국인이 과연 얼마나 될까?

해외 나가서 편안하게 살고 싶다는 생각에 이민이나 유학등을 계획한다면, 이 질문을 자신에게 먼저 던져보길 권한다.

구시대의 산물,
문화적 사대주의

내가 한국의 지식인들에게 가장 실망했던 부분은, 주체성이 없고 지나치게 사대주의에 빠져 있다는 것이다. 김종인이나 진중권, 유시민 류의 좌파들의 얘기를 들어보면 독일 사회를 레퍼런스로 마치 한국사회가 비정상인양 떠든다. 한국 사회를 기준점으로 놓고 다른 사회와 우리 사회가 무엇이 다른지 그래서 그들의 문화와 법 정책들을 직수입하면 어떤 효과와 역효과가 있을지 따져야 하는데 그냥 무턱대로 기본소득이니 임대차 3법이니 이미 유럽사회에서도 문제가 많은 정책들을 그대로 주장하며 서구 문화에 대한 열등감이나 사대주의를 자극한다. 지식 사회 자체가 주체성이 없고 미국이나 유럽에서 학위를 따왔다는 걸 밑천삼아 지식 장사를 하니 표피적인 포퓰리즘으로 그치고 깊이 있는 자생적 학문이 만들어지지도 못한다.

유시민이 과거 국회의원 재보궐 선거에서 승리한 뒤 국회에 등원할 때 "백바지" 차림을 한 적이 있었는데 나는 그걸 보고 코웃음이 나왔다. 어디서 본 것은 있어서 독일의 녹색당이 했던 짓을 카피한 것이었다.

좌파 포퓰리즘에 몸살 앓는 스페인

내가 경험한 스페인은 한국 사회와 유사한 점이 참 많다. 흥미로운 동시에 레퍼런스가 될 만한 현상이다. 이를테면 내전과 독재를 거친 후 좌우갈등이 심한 정치 체계가 자리 잡은 것도 그렇고 정많고 감성적인 국민성도 유사점이 많다. 그래선지 선전 선동이나 포퓰리즘이 유행하는 점도 비슷하다. 여가부 폐지 문제가 화두인 한국처럼 스페인도 평등부의 해체가 논란의 대상이 되고 있다. 축구, 야구 등의 스포츠로 지역주의가 표출되고 지역감정도 강하다. 그런데 스페인의 지역감정은 우리와는 차원이 다르다. 아무래도 인종과 언어가 다르기 때문일 것이다. 내가 근무하는 마드리드에 위치한 대학 또한 유럽 각지에서 온 유학생은 많지만 바르셀로나 출신 학생은 거의 없는 것이 그 방증이라고 하겠다.

스페인에 처음 도착했을때 나는 '미국화'가 비교적 덜하고 조금은 비효율적이고 비합리적이던 로컬 문화가 남아있던 IMF 이전의 한국사회를 보는 듯해 반가웠다. 사람들의 감정 표현은 강하고 때로는 거칠기도 했지만 악의 없이 순수했다. 마치 소금과 후추, 토마토 소스 등 MSG를 치지 않고 기본 조미료만으로 강한 맛을 내는 스페인 요리처럼 다소 과장돼 보이는 스페인 사람들의 제스처는 진심이 느껴져서 그리 이물스럽지 않았다.

한국처럼 보수적인 스페인 사회는 강성 페미니즘 운동까지 거울처럼 비슷하다. 현재 스페인 또한 보수적인 가톨릭에 대한 반동으로 낙태나 동성애 등을 허용하는 "평등부"에 강성 페미니스트 정치인들이 진출해 비동의 강간, 임신 여성 이중 고용 보호 등 급진적이고 논쟁적인 법안들을 추진해 논란이 많다.

겨털보여주기 시위라든가 남자처럼 길거리에서 소변보기 운동까지 각종 기이한 행태들도 일각에서는 벌어지고 있다. 심지어 페미니스트를 자처하는 동료 여성 교수들까지 일부의 과도하고 기괴한 행동에 그게 도대체 사회정의를 구현하는 것과 무슨 연관이 있냐고 의문을 던질 정도다.

이처럼 서구식 자본주의와 민주주의를 뒤늦게 수용하고 따라가는 한국 입장에서는 서방 선진국들이 먼저 걸었던 성취와 시행착오의 발자취에서 교훈을 얻어 사회적 갈등 비용을 줄일 수 있는 이점도 있는데도, 서구의 것은 우월하고 우리 사회는 후진적이라는 자격지심에 무조건적 수용만을 외치는 형국이다. 이런 지식 사회의 분위기 때문에 생산적인 논의는 없고 갈라치기 선동이 횡행할 뿐이다. 싱가포르의 리콴유가 말했던 "아시아적 가치" 즉 "한국의 가치"를 주장하는 지식인은 좌우 어디에도 없다. 미국 학계 인맥을 중심으로 구성된 보수 쪽도 사정은 별반 다르지 않다. 미국이 시행한 제도들을 비판적 검증없이 받아들이며 미국도 하니까 우리도 해야 한다는 정신적 속국의 모습을 보이는 경우가 왕왕 있다. 한국에서 가장 주체적인 사람들은 먹고사니즘과 무한경쟁에 무한 노출돼 있는 기업가들이다. 최근 가장 부가가치 높은 산업군을 이룬 것은 문화 콘텐츠 산업이라고 할 것이다. 일테면, 끊임없는 도전과 혁신으로 진정한 한국식 모델을 구축하고 우리 경제 문화 영토를 확장한 방시혁, 박진영 같은 기업가들이 우리 사회의 진정한 리더이자 혁신가가 아닐까. 이들은 공장같이 찍어내는 음악이라는 서구 미디어의 비하에도 아랑곳하지 않고 결국 대중이 원하고 즐기는 음악과 팬덤 문화라는 '상품'과 '마케팅'의 본질적 가치를 구현하면서 빌보드를 정복했다.

나는 해외에서의 경험을 통해 세계 정세의 변화에 대해 많은 인사이트를 얻는 것은 중요하지만, 그렇다고 우리가 미국처럼 해야 한다 혹은 호주처럼 해야 한다고 말하고 싶지는 않다. 분명한 것은 현재 세계에서 무슨 일이 벌어지고 있는지 비판적으로 따져보고 냉정하게 우리만의 전략을 짜야 한다는 것이다.

전세계적인 반중정서, 그 이유는?

전세계적인 현상으로 떠오르고 있는 몇 가지 이슈 중 내가 가장 먼저 지적하고 싶은 게 바로 반중정서의 득세다. 미국으로 유학을 떠났던 2008년엔 동구권이 무너진 후 미국 패권 체제가 고착화되고 중국이 부상하던 시기였다.

이제 체제 전쟁에서 확실한 절대 패자로서 미국과 서방의 가치가 우월한 것으로 증명된 만큼, 중국도 이념 전쟁의 대상이 아닌 경제적 협력국으로 보자는 게 대세일 때였다. 그리고 오바마 대통령 탄생을 기점으로 미국은 이른바 PC시대로 접어들었다.

당시 대학가의 청년들은 전에 볼 수 없었던 젠틀한 흑인 정치인 오바마의 등장에 열광했고, 오바마는 군비를 축소하고 그 돈을 복지와 교육에 쓴다고 했다. 오마바 케어에 대한 찬반 여론이 사회적 담론을 지배했고, 동성애를 합법화하는 주들이 하나둘씩 등장했다. 〈섹스 앤더 시티〉의 시대, 게이들이 트렌드를 주도하는 소비 집단으로 부상했고, 요즘은 아예 퀴어 베이팅Queer baiting 이라는 말이 있을 정도로 성소수자적 어필은 주류 문화적 상품가치가 됐을 정도다.

그런데 2023년의 세계는 어떠한가. 다시 러시아는 푸틴이라는 독재자를 내세워 전쟁을 일으키며 신냉전 시대로 퇴행했고, 싱가포르는 홍콩의 쇠락으로 반사이익을 누리며 성공 가도를 달리고 있다. 내가 미국에서 학위를 마친 후, 싱가포르에서 목격한 건 싱가포르 사회의 확연한 반중 정서였다. 이는 사실 어느 날 갑자기 뚝 떨어진 게 아닌, 싱가포르 사회에 내에 팽배해 있는 문화와 같은 것이다. 싱가포르는 경제적으로 본토 중국인들의 자본 유입으로 큰 호황을 누리면서도 대학이나 사회 각계 각층에 본토 중국인들의 진출을 극도로 경계했다. 대학 교수들도 한국인, 대만인, 홍콩인들 같은 아시안들을 영입하면서도 본토인은 웬만하면 배제하려는 문화가 적지 않았다.

좀 더 싱가포르를 이야기하면, 싱가포르는 스위스처럼 세계 열강들과 지리적으로도 정치적으로도 등거리를 유지하며 최대한 실용외교를 해왔다. 그래서 싱가포르의 정치 외교 노선을 보면 국제 정치 패권의 잣대를 가늠할 수 있는 바로미터라고 할 수 있다. 싱가포르는 중국의 개방으로 인한 차이나머니의 유입으로 엄청난 반사 이익을 얻었다. 한창 차이나머니가 대거 유입되고 미국이 리만 사태의 후유증을 털어내고 재기한 2014~2018 무렵은 싱가포르 내에서도 친중이냐 친미냐의 논쟁이 활발할 때였다. 대부분 내 주변의 싱가포르 지인들은 해군력이 강한 미국을 중국이 뛰어넘기는 어려울 것이라는 전망을 내 놓곤 했다. 싱가포르는 홍콩의 중국 반환으로 홍콩이 슬럼화되고 중국화되자, 탈홍콩한 외국 자본의 대안처로 또 한번의 호황을 누리고 있다. 최근엔 홍콩과 싱가포르 싸움에서 이제 완벽하게 싱가포르가 승리했다는 분석이 나오는데 결국 중국은 결코 미국을 이길 수 없다고 분석하며 친서방 정책을 고수한 리콴유의 통찰과 강력한 리더십이 어떤 국제 정세 속에서도 작지만 강한 나라를 지켜낸 원동력이라는 분석이 나온다.

호주는 어떤가. 호주 대학들은 중국 자본으로 꿀을 빨고 친중을 하다가 팬데믹으로 큰 후유증을 치렀다. 대학 교수 회의를 할 때마다 "중국 의존도가 너무 높다, 줄여야 한다"는 문제 제기가 끊이지 않았다. 주류 언론들은 캐시카우로 중국 유학생에게 의존하는 호주 대학들이 호주의 전반적 수준을 떨어뜨리고 있다고 비판한다. 정작 중국 학생들은 자신들을 인재로 키우지 않고 돈벌이로만 보는 호주 사회에 대해 불만과 스트레스가 엄청나다. 주요 호주 언론들은 연일 반중감정을 나타내는 여론 조사 등을 실시한다. 또 중국의 비밀경찰이 호주의 선거에 개입했다는 스캔들로 나라가 발칵 뒤집힌 적도 있고 지난 2017년에는 친중 청년 노동당 정치인 샘 다스타리가 중국 재벌에게 향응을 받은 게 밝혀져 사임하기도 했다.

그런데 친중반미 성향을 띄는 우리나라 좌파와 달리, 호주나 캐나다 등의 영연방 국가들은 좌우 할 것 없이 반중 노선을 확실히 하고 있다. 중국은 국가 안보를 위협하고 내정에 개입하며 스파이를 심는 적대적 국가로 인식되고 있다. 지난 해 총선에서 승리한 호주 노동당은 기존 자유당의 친미 반중 노선을 계승하고 있으며 오히려 "중국이 나라를 이 지경으로 만들동안 보수 정권은 뭐했냐"라는 식의 스탠스를 취했다. 보수 정권의 "노동당은 중국의 스파이다"라는 프레임은 노동당의 이같은 철벽 손절 전략으로 무력화됐다고 봐야 한다.

이민자들로 국가가 만들어진 호주는 잘 알려진대로 백호주의, 즉 백인 기득권들의 이민자에 대한 방어적이고 보수적인 성향이 강한 나라다. 차이나머니가 호주의 항만 사용권이나 공기업 인수, 리조트 단지 및 부동산 개발 등에 쏟아지면서 많은 중국계 호주인들이 브로커로 호주 정계에 침투했고 그 후유증은 큰 사회적 갈등을 낳았다. 중국 자본에 대한 반감 여론이 고조되면서 중국의 공기업 인수 합병 등이 무산됐는데 브로커 노릇을 하던 중국 출신 호주인인들은 계약이 무산되자 중국 정부의 무자비한 보복 상대가 됐다. 호주 정부에 대한 화풀이를 이들 중간 로비스트에 대한 처벌로 대신한 것이다. 이들 중국계 호주인들은 중국에서 십년 이상의 중형을 선고받고 징역을 살게 됐는데, 중국이 뿌려댄 엄청난 로비자금을 함께 먹은 호주 정치인들은 이들 중국계 호주인들에게 덤태기를 씌우고 신속하게 꼬리자르기를 하는 태세전환을 보여주었다.

호주의 대학가 또한 중국 학생들로 인해 심한 몸살을 앓고 있다. 호주의 한 대학에서는 현지 교수들이 중국인 학생들을 "스포일드"된 도피 유학생들이라며 비판적인 시각을 보이며, 영어 실력이 부족한 학생들을 공개적으로 질책하고 F를 남발하는 바람에 중국학생들이 집단행동을 하며 인종주의자라고 공격해 학교에서 짤릴 뻔한 적도 있었다.

반중 정서는 다시 말해 세계적 트렌드다. 이것은 결국 국제질서로 연동되어 나타날 수밖에 없다. 한국 정치의 지배세력인 좌파들이 노골적인 친중 스탠스를 취하는 것은 그러므로 여러 가지 측면에서 시대 착오적이고 큰 리스크를 안고 있는 것이라고 할 수 있다. 현재 중국은 내부의 부동산 침체와 실업 증가 등 심각한 내홍을 겪고 있어 우리나라와의 경제적 협력 등 관계 개선이 아쉬운 상황이다. 전 세계적인 반중 트렌드를 감안해 중국을 압박하면서 한 편으로는 관계개선의 여지를 남겨두는 밀당, 즉 투트랙 전략으로 중국을 다루는 현명함이 요구되는 시기인 것이다.

왜 '한미연합'은 여전히 중요할까?

최근, 한 지식 정보 유튜브 채널에서 리콴유의 책을 소개하는 영상을 보게 됐는데, 내가 싱가포르 생활을 하면서 깊이 천착했던 "리콴유"라는 정치인이 여러모로 작금의 현실을 꿰뚫어보고 있었구나 새삼 노정객의 통찰에 탄복한 기억이 있다. 리콴유가 나에게 매력적으로 다가왔던 것은, 세계 정치의 소수자인 아시아인으로서 친서방 정책을 견지하면서도 자신만의 아시아적 철학을 성공적인 통치술로 구현했다는 것이다. 또 싱가포르는 북한과도 수교를 할 정도로 중립국으로서의 실용적인 외교 정책을 보였는데 이렇게 입맛대로 움직이지 않고 꼬장꼬장한 리콴유에 대해 미국 미디어에서 '독재자' 프레임 등을 씌우며 리콴유의 약점을 잡고 길들이려하는 모습을 보이지만 그에 절대 굴하지 않고 당당하고 결기있는 엘리트의 모습을 보여 주었다는 것이다. 미국 저널리스트들에게 아시아적 가치를 설파하면서 논리적으로 그들의 질문을 유창한 영어로 설파하는 30대 총리 시절의 리콴유의 모습을 보면 현재 한동훈 장관이 보여주고 있는 당당한 애티튜드가 자연스럽게 오버랩된다.

리콴유는 리먼 사태 영향으로 미국이 흔들리던 2010년 전후에도 미국호는 굳건하다고 보았으며 그 이유를 다름 아닌, 미국이 끊임없이 인재들을 빨아들이기 때문이라고 분석했다. 나 또한 미국 생활 중 미국의 저력과 파워는 인재를 흡수하는 미국의 대학과 연구기관 그리고 세련된 '문화 강국'의 이미지에서 나온다고 봤다. 비록 미국 생활을 하지 않고 영국에서 유학생활을 한 리콴유는 누구못지 않게 미국사회의 저력과 경쟁력의 원천을 직시하고 있었던 것이다.

리콴유는 싱가포르의 관료들이나 엘리트들을 유학보낼 때 미국에 보내지 않고 영국에 보냈다고 하는데 이유는 영국으로 보내면 다시 고국으로 오지만 미국으로 간 사람들은 다시 돌아오지 않고 미국에 눌러 살기 때문이라고 했다고 한다. 영국은 리콴유 말대로 유럽은 계급이 고착화된 사회이다. '잘 사는 인도'와 같은 영국은, 마치 이동 불가한 사실상의 사회적 계급이 정해져 있어서 새로 시장에 진입하는 사람들이 사회 상층부에 올라가기 힘들다. 그러나 미국은 능력주의의 끝판왕인 세계 최고의 대학들이 있고 할리우드, 실리콘밸리 같은 변동성이 강한 문화 기술 산업의 최첨단을 주도하고 있는 나라다.

리콴유는 또한 중국이 어느 정도 세계 질서를 존중하고 자세를 낮추면 성장하겠지만 절대 아이폰을 만드는 국가는 될 수는 없다고 공언한 바 있다. 즉, '떠벌이 관종'들과 '사기꾼'들의 천국인 미국에서는 결국 천재 한명이 나타나 판을 뒤흔드는 혁신을 주도할 수 있으나, 전체주의적 습성으로 움직이는 중국은 결코 미국이 가진 창의력과 기업가 마인드를 구현하지 못할 것이라는 얘기다.

할리우드가 상징적으로 보여주는 미국인 특유의 낙관주의나 국가주의는 촌스럽지 않고 세련된 문화상품이 되어 군대와 전쟁이 아닌 소프트파워로 미국 제일주의를 자연스럽게 전파시킨다. '탑건 시리즈' 같은 미국 국뽕 시리즈는 이를테면 미국판 '태극기 휘날리며'이지만 세련된 문화상품으로 받아들여진다. 또 마틴 스콜세지, 올리버 스톤, 크리스토퍼 놀란 같은 미국 사회에 대한 비판적 성찰을 하는 작가들마저 미국의 문화적 우수성과 다양성을 과시하는 세계적 지식 셀럽 커뮤니티의 중심에 있다.

여러가지 이유로, 나는 우리나라 좌파들이 반미감정을 자극하면서 "중국이 미국을 추월하는 것은 시간 문제다, 중립외교를 해야지 친미 노선을 하면 위험하다" 떠드는 것에 굉장히 회의적인 시각을 갖고 있다. 일단, 길가는 한국 사람 아무나 잡고 물어

보자. 중국 시민권과 미국 시민권 중 어느 것을 원하는지. 일본에서 살고 싶은지 아니면 북한에서 살고 싶은지 말이다. 리콴유가 그런 통찰에 이르게 된 것도 대중의 본능적 욕구에 내재된 심플한 물음에 대한 답이었던 것이다. 일등 국가란 단지 무력 군비 경제 경쟁 같은 숫자로 결정되는 게 아니라는 말이다.

미국의 대학과 연구소, 실리콘밸리와 할리우드, 월스트리트는 전 세계 최강의 지식문화산업 인재를 끌어들이고 있다. 최강의 해군력과 군수산업이라는 채찍과 자유민주주의 및 종교와 표현의 자유라는 당근으로 전 세계를 식민지화하는 게 미국의 힘이다. 그리고 미국의 엄청난 자본력 덕에 중국인이든 인도인이든 국적과 출신을 불문하고 뛰어난 인재는 장학금을 받고 그랜트를 따고 투자를 받을 수 있다. 관료주의가 강한 유럽과 호주 대학은 절대 하지 못하는 것들이다. 그래서 나는 입으로는 반미를 외치면서도 정작 자식들은 미국에 유학을 보내는 윤미향이나 조국 같은 좌파들의 위선을 끔찍하게 싫어하고 이들의 허위가 결국엔 정치적 힘을 얻지 못할 것이라고 전망하는 것이다.

미국의 힘,
기회의 무한 창출에 기반한 낙관

좋게보면 낙관주의, 나쁘게 말하면 자의식과잉이라고도 말할 수 있는 이같은 미국의 정서는 무엇보다도 넓은 땅과 기회의 창출 때문이라고 생각된다. 2010년 경, 미국에 있을 때 남편이 맨하튼으로 회사 연수를 와서 함께 생활한 적이 있다. 석 달 정도 뉴욕 근교의 베드타운인 팰햄 지역에서 홈스테이를 했는데, 주인장 찰스 아저씨는 월스트리트 금융사의 간부로 일하다 리먼 사태로 직장을 잃고 생활비를 충당하기 위해 자신의 하우스의 방 한 칸을 홈스테이로 내 놓은 것이었다. 그 당시 뉴욕의 중산층들의 문화나 사고 방식을 많이 배울 수 있었다. 이분은 MIT, 스탠포드 등 최고 학부를 졸업하고 뉴욕의 모기지 전문 금융사에서 나름 부사장까지 승승장구 하다가 실직과 이혼이라는 최악의 중년의 위기에 처해 있었다. 이분에 따르면 부인은 정신질환자였고 결혼 생활은 내내 아내의 편집증 때문에 불행했고 이혼의 과정은 고통스러웠다는 것이다. 모기지 사태가 터지자 해직됐는데 이혼 변호사에게 날린 돈만도 백만 달러 가까이 됐다면서 얘기를 듣는 내가 다 안쓰러운 마음이 들 정도였다. 미국에서 "이혼하면 남자는 거지된다"의 산증인격이라 할 만한 인물이었던 셈. 인상적이었던 것은 자신의 불행을 얘기하면서도 담담하고 평온한 모습이었는데 특히 다시 직장을 찾아야 한다면서 보험판매원이 되기 위한 자격증 공부를 열심히 하던 점이 인상 깊었다.

사실 우리나라에 대입해 보자면, 대기업에서 간부까지 지낸 명문대 최고 학부 출신의 엘리트 중년 남성이 한 순간에 해고 당하고 아내에게도 이혼 당한 후, 새로운 커리어를 시작하기 위해 새로운 분야에 도전하면서 20대 사회초년생처럼 기본적인 자격증 공부부터 시작한 것과 같은 상황이라고 할 수 있다. 보통 체면을 중시하는 문화에 길들여진 엘리트 중년 남성의 경우 주변인에게도 수치스러워 해고 사실을 숨긴다든가 경험도 없는 식당을 차려 사장이 될지언정 밑바닥부터 시작하는 도전을 쿨하게 받아들이는 경우는 드물 것이다.

그런데 미국인들은 특유의 낙관이 있어서인지, 고난과 스트레스도 우울증 약을 먹으며 버텨내고 또 당장 슈퍼마켓 알바를 하면서 돈을 버는 것을 전혀 부끄럽게 생각하지 않는 경향이 있다.

버티다가 또다시 직장을 잡으면 된다라는 생각을 어렵지 않게 하는 것 같다. 해고와 재취업 등이 워낙 빈번한 문화이니 가능한 마인드일지도 모르겠다. 우리나라에서는 대학교수나 기업 간부, 연예인 등 큰 사회적 지위나 성취를 이룬 사람들이 단 한번의 실패나 명예가 훼손되는 상황을 이겨내지 못하고 자살하는 경우가 많은데 그런 풍토와 비교하면 확실히 미국인들은 낙천적인 마인드가 강하다고 할 수 있다.

찰스 아저씨는 결국 보험판매 자격을 취득해 보험사에서 새출발을 했고 미국 경기 회복이 빨라지면서 4년 쯤 후 다시 한 보험판매사의 부사장에 올랐다. 끊임없이 일자리가 생기고 산업이 파생하는 미국이기에 이런 부활의 서사가 가능한 것이 아닌가 생각해 본다.

리콴유의 한국 분석, 유능하지만 단결심이 약한 국가

리콴유는 자신의 회고록에서 한국은 놀라운 성장을 거두었지만 한국인들의 국가적 단결심이나 충성심이 부족하다고 지적했다. 또 김영삼의 '역사 바로 세우기'에 대해서도 아주 부정적으로 평가했다. 리콴유는 김영삼이 한국의 발전에 공이 있는 이전 정부의 국가 지도자들을 법정에 세움으로써 한국인들이 권위에 대해 냉소적인 시각을 갖게 했으며 김영삼 본인 또한 한보 관련 비리 사태로 정치적 코너에 몰리는 빌미를 제공한 것이라고 했다. 또한 김영삼의 뒤통수식 정치 보복으로 인해, 인근 동남아 국가들의 군부 지도자들이 민주적인 방식으로 민간 정부에 정권 이양을 주저하게 하는 안 좋은 선례가 됐다고도 말한 바 있다. 일리가 있는 예리한 분석이라 하겠다.

즉, 권위주의정권이 민주적인 방식으로 정권을 이양했으면 그에 대한 사회적 합의와 화해를 이뤄야 했는데 한국의 민주주의가 폭력적인 방식으로 이뤄져 불법 시위나 사회 소요 요소에 대한 대책을 마련하지 않은 채 사회갈등이 고착화됐다는 것이다. 그리고 이같은 권위에 대한 냉소적인 전통과 정치적 합의 파괴는 계속해서 한국사회의 갈등의 씨앗이 되고 경쟁력을 저하하는 요인이 될 것이라는 분석은 놀랄 만큼 정확하다. 내가 지금 보는 한국 사회의 가장 큰 문제 또한 국가의 기본적인 법치 시스템마저 여론 선동 포퓰리즘에 흔들리고 부정되는 상황이니 말이다.

리콴유의 정치한 통찰은 북한에 대해서도 예외가 아니었다. 리콴유는 중립국을 표방하면서 이미 1970년대 북한과 수교를 한 실용주의 정치가다. 그럼에도 북한에 대한 묘사는 굉장히 부정적이었고 이는 리콴유 사후 10년이 지난 지금 시점에서 모두 정확한 예측으로 증명되고 있다.

그는 북한 정권은 자신들의 지배 체제 유지를 위해 절대 개방하지 않을 것이며 동구권의 해체와 독재자들의 몰락을 목도하면서 더욱 핵개발에 집착하고 절대 어느 경우에도 핵을 포기하지 않을 것이라고 예측했다. 김정은이 "계몽군주"라면서 우리가 잘 달래주면 핵을 포기할 것이라던 유시민과 같은 한국의 좌파들은 이제 와선, 미국도 핵을 보유하는데 왜 우리는 못 만들게 하냐는 북한의 궤변을 지적하긴 커녕 옹호하는 태도를 보이고 있다. 한마디로 오불관언의 위선이라고 하겠다.

복지냐 이민이냐,
우리 사회 인구 문제 극복 방안은?

리콴유는 한국 사회의 권위 부정과 함께 인구 문제를 부정적 요소로 지적하기도 했는데 역시 무릎을 칠 수밖에 없는 통찰이다. 나 또한 저출산 문제는 단순히 출산 보육 관련 정책 지원만으로는 해결될 수 없다는 입장인데 리콴유 또한 인구 문제는 결국 정책의 문제라기보다는 가치와 문화의 위기로 인한 것이기에 근본적으로 해결이 어렵다고 보았던 것이다.

인구 문제를 해결하려면 결국은 출산 장려책을 쓰던지 아니면 이민을 받는 수밖에 없는데 리콴유는 이민을 받아들여야 한다고 보는 쪽이다. 다민족국가를 위한 사회 안전망 구축과 아울러 우수 인력을 선별해 받아들이는 법치 행정 시스템을 갖추면서 싱가포르를 오늘 날의 성공적인 이민 국가로 만든 자신의 정책이 이러한 사고의 밑바탕에 있을 것이다.

그렇다면 서구식 개인주의의 범람으로 출산률이 더더욱 떨어질 것으로 예상되는 한국 사회는 어떤 이민 정책을 고민하고 있을까? 이와 관련해서는 하루 빨리 이민청을 설립해 우수 인력을 한국 사회에 유치하고 정착시키는 제도를 만들어내야 한다는 한동훈 법무부장관의 말만 들릴 뿐이다. 한국 좌파들이나 민주당은 한동훈 악마화에만 몰두하거나 외국 노동자 유입으로 자국민의 일자리가 줄어들 거라는 식의 선동만 할 뿐 국가 미래는 안중에도 없어 보인다.

리콴유는 유럽 사회가 쇠퇴한 이유을 다음과 같이 분석한다. 출산 장려를 위한 복지를 하려면 북유럽처럼 문을 닫고 자국민들만의 복지를 해야 한다는 것. 그런데 EU 국가들은 이민으로 문을 개방한 상태에서 과도한 사회주의적 복지를 동시에 추구하는 바람에 여러가지 부작용에 직면하게 됐다는 것이다. 미국으로 가는데 유럽에는 주로 복지와 워라밸을 원하는 이민자들이 들어오기 때문에 국가 경쟁력의 차이를 불러왔다는 것이다. 리콴유는 유럽에 대해서, 기득권이 굳어지고 계층간 이동성이 없어지면서 평온하게 늙어가고 있다고 총평했다. 또 개미(독일 같은 나라)와 배짱이(그리스 같은 나라)가 공존하는 모순적 체제를 구축했지만 바로 그 내재적 모순으로 인해 빠르게 쇠퇴하고 갈등이 심화될 것이라고 전망했다. 그의 말대로 벌써부터 유럽 각국에서 좌우 극단의 정치적 양극화가 심화되고 있으며 EU체제 또한 위기를 맞고 있는 형국이다. 새삼 리콴유의 날카로운 예지력에 소름이 돋을 정도다.

단일민족 국가를 국가 정체성으로 삼는 한국으로서는 "복지냐 개방이냐"의 문제는 참 어려운 이슈일 수밖에 없다. 한동훈의 '이민청'은 그래서 매우 중요하다. 우리나라는 미국식의 자유 경쟁 모델을 선호하는 국민성을 가졌는데, 그래서 복지를 하면 할수록 세금도둑만 늘게 되는 구조가 된다. 즉 선의로 시작된 복지가 결국 '복지사냥꾼'들의 놀이터로 변질되는 구조적 모순을 가지고 있는 것이다. 그렇다면 가장 바람직한 것은 미국이나 호주, 싱가포르처럼 철저한 국가 관리 시스템을 통해 이민을 받아들이는 것인데 여기에도 문제는 많다. 손님에게는 깎듯하게 대하지만, 민족과 언어가 다른 외부인과 진정한 파트너십을 구축해 본 적 없고 우리끼리만 살아온 한국 사회의 배타적이고 관료적인 마인드 때문이다.

우리나라 국민들이 과연 한국 땅에서 이방인들과 경쟁하면서 잘 살아갈 수 있을까? 리콴유는 뛰어난 국가였던 일본의 국력이 쇠한 것이, 복지도 이민도 실패하면서 인구 감소를 극복하지 못했기 때문이라고 분석한다. 이 같은 리콴유의 분석에서 힌트를 얻으면, 일본에 비해 더 개방적이고 융통성 있는 국민성을 가진 한국은 적극적인 우수 인력 유치를 중심으로 하는 이민 정책과 인력 확충을 지향하는 것이 더 효과적인 방향이라고 생각된다. 더욱이 급변하는 인구 감소 속에 한국 사회는 위기를 맞고 있다. 미래를 향한 사회 구조 개혁의 토대를 지금 마련하지 않으면 국력은 빠르게 쇠하고 세금 도둑들과 권위에 냉소적인 선동꾼들에게 국가 기강은 엉망이 될 것이다. 북한과 중국의 눈치를 보며 미국에 매번 아쉬운 소리를 하는 신세로 전락할 수는 없다. 새로운 세대의 파워엘리트들에 의한 시대전환, 즉 강건한 국가 시스템의 리뉴얼이 무엇보다 절실하고 시급한 시대적 과제일 것이다.

'파랑새'는 없다, 주체적으로 우리 안의 문제를 통찰해야

재외 학자로서 여러 나라를 거치면서 교편을 잡고 학계 활동을 하다보니 웬만한 나라들은 거의 다녀보게 된 것 같다. 이런 나에게 여행이나 해외 한 달 살기 등에 진심인 한국 지인들은 종종 부럽다는 말을 하기도 한다. 지방 도시에서 사는 한 전문직 지인은 세계 각국을 돌아다니면 그만큼 견문이 넓어질 것 아니냐는 말을 하기도 한다.

물론 다양한 문화권을 경험하면서 한국 사회와는 다른 인식과 통찰을 얻을 기회가 있다는 건 분명 특권이다. 그러나 내가 15년간 해외 생활을 하면서 얻은 결론은 모든 문화권은 장단점이 있으며 특정한 부분에 대한 상대적 우위만 있을 뿐, 절대적인 우위는 없다는 것이다. 한국 사회는 한국 사회만의 장단점이 있고 미국과 유럽, 싱가포르와 호주 다 자기들만의 개성이 있으며 그 사회만의 고유한 특성이 때로는 장점이 될 수도 있고 다른 면에서는 단점으로 작용한다는 게 내 결론이다.

그렇다면 한국인들은 급변하는 세계 정세 속에서 어떤 태도를 가져야 할까? 너무나 당연한 말이지만 국력에 걸맞게 지나친 문화 사대주의와 변방의식을 벗고 우리사회의 문제 해결을 위해 세계 변화에 명민하게 대처해야 한다. 타문화의 장점은 받아들여 벤치마킹하고 선진국이 먼저 겪었던 부작용에 대해서는 미리 백신을 마련하는 실용적이고 합리적인 자세를 갖추는 게 정답에 가까울 것이다.

나 또한 외국 생활을 했다고 해서 특별히 각 국가의 문화와 정치상황에 대해 일반인들의 범주를 넘는 특별한 식견과 통찰을 가졌다고 볼 순 없다. 그러나 내가 경험하고 인식한 한에서 한국인은 전 세계적으로도 유례없는 서구식 산업화와 민주화를 이룩한 혁신의 끝판왕격인 국가라는 건 부인할 수 없는 사실이다. 한국인으로서 주눅들지 않고 자부심을 갖고 당당하게 행동해도 뭐라 할 사람이 아무도 없는 것이다. 특별히 외국의 기준에 맞춰서 우왕좌왕할 필요가 없다는 말이다. 특히 한국 사회와 비슷한 아시아 국가인 일본, 중국, 대만, 홍콩 그리고 싱가포르 등의 성공과 실패 사례를 유심히 살펴 우리 현실에 맞게 변용하는 전략이 바람직하다고 본다.

많은 부분에서 싱가포르의 독특한 정치 사회 문화를 주요한 레퍼런스로 제시했지만, 내 주장의 요지는 우리가 무조건 싱가포르처럼 해야 한다는 말이 아니다. 다만, 소국으로서 자신들의 강점을 십분 발휘해 경쟁력을 갖춘 국가 모델을 보여준 그들처럼, 우리도 우리만의 생존과 성공 모델을 '주체적'으로 모색해야 한다는 점은 아무리 강조해도 지나침이 없을 것이다.

끝마치며

2023년 8월 하순쯤 집필을 시작해 탈고하기까지 3개월여가 지났다. 그 사이 한국 정치권은 쉴 새 없는 사건들로 요동쳤다. 이재명 구속기각, 강서구청장 재보궐 선거 패배, 인요한 혁신위 출범 등이 불과 3개월 만에 일어났고 앞으로도 총선까지 수많은 정치적 변수들이 남아있다. 한동훈의 정치 데뷔도 머지않아 현실화될 듯한 분위기다. 극단적 여소야대를 타개하기 위한 총선 승리가 절박해지면서 한동훈의 등판을 요구하는 당과 지지층의 여론이 들끓고 있다.

지금 한동훈의 상황은 윤과 완전히 정반대이다. 윤은 대중적 인기를 업고 정치신인으로 등장한 풍운아이며, 당내 기득권자들에게 텃세와 핍박을 받았다. 한은 탄탄한 팬덤과 당내 주류의 절대적 지지, 핵심지지층을 구축했으나, 정부·여당에 대한 지지율과 누적된 비토심리를 정치적으로 돌파해야 하는 상황이다. 그러나 정치권의 요구에 따라 자의 반 타의 반 급격하게 정치 무대로 불려 나왔다는 점과 불확실성에 따른 기대심리로 많은 주목을 받고 있다는 점은 비슷하다.

그렇다면 지금 한동훈이 해야 할 일은 무엇일까?

우선, 많은 대중에게 한 장관이 정부 여당의 가장 강력한 '정치적 카드'로 인식되는 상황에서 그에 걸맞은 자연스러운 '애티튜드'를 보여줄 것으로 기대한다. 더도 덜도 아닌, 지금까지 보여준 '한동훈다운' 안정감과 한결같음, 그런 담백한 처신으로 말이다.

둘째로, 보수 진영을 위해 직에 연연하지 않고 헌신하는 모습을 기대한다. '황태자'가 꽃가마를 타고 특별대우를 받으면 반감을 사게 마련이다. 그러나 높고 귀하신 황태자가 직접 말을 몰고 백병전에 참여해 선두에 서서 용감무쌍하게 싸우는 모습을 보이면 지지층은 물론이거니와 일반 대중 또한 열광할 것이다. 무모하게 험지로 나가 정치적 에너지를 소모할 필요도 없지만, 정치 신상의 신선함으로 혁신적이고 과감한 도전을 주저할 이유도 없다. 특히 80년대, 90년대생 보수 청년정치인들에게 합리적인 모습으로 말이 잘 통하면서도 듬직한 상사의 모습, 즉, '만형 리더십'을 보여주는 70년대생 뉴리더의 모습을 기대해 본다.

또한, '20·30·40 뉴보수'를 잡을 수 있는 한동훈만의 확장성을 기대한다. 아버지의 유산을 넘어 새로운 먹거리를 개척해 나가는 새 시대 리더의 모습 말이다. 이건희가 반도체 사업을 키워 아버지 이병철을 넘어섰듯, 이민정책, 치안, 법치 등 '사법과 행정의 선진화와 효율화'를 통해, 민생과 관련된 자신만의 정책 브랜드를 강화하길 기대한다.

당내 비윤-반윤들과 '불가근 불가원'의 원칙을 고수해야 한다. 항상 갈라치기나 이간질로 연명하는 정치기술을 보여온 일부 세력들이 한동훈과 다른 대권 후보들간의 이간질은 물론이거니와 윤 대통령과의 이간질 등에 나설 것은 불보듯 뻔하다. 이에 대한 한동훈의 의연한 대처는 더욱 돋보일 것이다. 그들이 어떤 술수를 부리든 간에 절대 곁을 주지 말아야 한다. 그들의 '자가발전'은 '셀프 희망 고문'으로 그칠 것이다.

현재 당내 상황을 보면 당내 주류나 비주류 모두 한동훈 등장에 대한 기대감을 높이고 있다. 비주류들은 체제 전환으로 자신들의 정치적 공간이 열리길 바라며 주류는 확고한 차기 카드를 통해 당내 리더십이 공고해지길 기대한다. 이처럼 쉽지 않은 정치 환경 속에, 한동훈이 보여준 자신만의 중심을 잡는 '단단함'에서 희망을 본다.

마지막으로, 원희룡-오세훈-안철수-홍준표 등 대권 잠룡들과 우호적 경쟁관계를 형성하길 기대한다. 모든 대권 주자들이 페어플레이를 하면서 생산적인 경쟁을 해야 보수 정치 자체가 건

강해지고 탄탄해진다.

반윤빅텐트냐 반명빅텐트냐? 총선 패러다임이 바꼈다.

애초에 총선은 대선의 연장전으로 보였다. 윤석열이냐 이재명이냐? 그런데, 양 진영 모두 핵심지지층을 다지며 정치적으로 연명하는 상태일 뿐, 중도층의 비토와 피로감이 누적되며 여전히 정국은 불안정하다. 30%의 무당층을 두고 이제는 싸움의 룰이 바뀌었다. '리더십' 전쟁에서 '빅텐트' 전쟁으로.

국민의힘은 이미 당에 합류한 조정훈을 비롯해 야권에서 이탈한 중도 성향 인사들을 포용할 정치적 공간을 확장해야 할 것이다. 또 '지역 거점 교육 도시,' '메가 시티 이슈' 등 지역 정가 이슈로 오세훈, 박형준, 홍준표 등 지자체장 등과도 긴밀한 협력 모델을 구축해야 한다. 이재명은 당장 사법리스크를 무마하기 위해 당내 절대 패권을 유지하는데 급급한 처지이기 때문이다.

이번 총선이 '반윤' 혹은 '반명,' 즉 누군가를 '더 많이' 싫어하는 다양한 사람들의 '빅텐트'를 구축하는 싸움이 된다면 승산은 어느 쪽에 있을까? 결론적으로 말하자면, 국민의힘으로선 최대 정적인 이준석과 이재명의 당장 살고 보겠다고 발악하는 '셀프 정치 고립' 전략을 역으로 활용해야 할 것이다. 결국 국민의힘이 어떤 정치적 역동성과 확장성을 보이느냐에 따라 입법독재나 다름없는 현재의 극단적 '거야' 정국이 민주당에게는 승자의 저주가 될지도 모를 일이다.

에필로그

이 책은 70년대생으로서 가장 좌편향된 세대로 꼽히는 40대인 내가 왜 보수가 되었나에 대한 물음으로 시작했습니다. 그래서 73년생 한동훈에 대해 책을 쓰겠다고 했더니 남편이 물어봅니다. "아니 한동훈을 만나지도 않고 한동훈에 대한 책을 쓴다고?"

그래도 직업이 마케팅 커뮤니케이션 교수인지라 그럴 듯한 말로 대꾸해 봅니다.

"요즘은 highjack marketing이 유행이야."

Highjack Marketing은 기업이 논란이나 트렌드를 이용하여 빠르게 주목을 받고 홍보하는 전략적 마케팅 기법입니다. 이는 대중의 관심을 사로잡고 브랜드 가시성을 높이는데 중점을 둡니다.

쉽게 말하면 "숟가락 올리기" 수법인 거죠.

그러나 제가 이 책을 쓰는 동기가 그저 얄팍하게 한동훈 장관의 대중적 인기에 편승하려는 것만은 아닙니다. 한동훈이라는 아이콘을 통해 저를 포함한 대한민국 X세대가 경험한 정치적 격변과 인식의 변화를 기록하고자 했습니다. 이를 통해 '시대 전환'의 필요성도 이야기 하고 싶었습니다. 더불어, 미디어 정치가 대세인 요즘, 어떤 정치인보다도 레토릭과 네러티브 및 브랜드 이미지가 돋보이는 한동훈은 학자의 관점에서도 매력적인 연구대상이었습니다.

한동훈의 등장은 베이비부머 세대와 586 운동권 세대가 지배해온 우리 정치사에서 동원의 대상으로만 머물렀던 X세대가 드디어 정치적 주역으로 등장했다는 선언적 의미가 있다고 봅니다. 아직은 정치적 소수자이지만, 4050 보수를 이끌고 있는 전향자 보수, 정통 보수 분들은 물론 진영 정치를 넘어 새로운 정치에 대한 희망을 가진 일반 유권자 분께도 이 책이 공감과 영감의 원천이 될 수 있다면 저자로서 행복할 것입니다.

이 책이 출간되기까지 많은 분들이 도움을 주셨습니다.

매번 첫 독자의 입장에서 냉철한 비판을 아끼지 않았던 남편, 항상 즐거운 정치 수다 파트너가 되어주시고 저를 정치평론의 길로 이끌어주신 서민 교수님, 청년 정치에 대한 여러 인사이트를 제공해주신 블로거 윈브라이트님과 송서율님, 마지막으로 미흡한 원고가 세상에 나오기까지 많은 수고를 해주신 전익균 새빛 대표님께도 감사의 말씀을 드립니다.

73년생 한동훈

초판 1쇄 인쇄 2023년 12월 20일
초판 4쇄 발행 2024년 1월 6일

지은이 심규진
발행인 전익균

이사 김영진, 김기충
기획 권태형, 조양제
편집 송희옥
디자인 최윤정
관리 이지현, 정정오
유통 새빛북스

펴낸곳 (주)새빛컴즈
전화 (02) 2203-1996, (031) 427-4399 **팩스** (050) 4328-4393
출판문의 및 원고투고 이메일 svcoms@naver.com
등록번호 제215-92-61832호 **등록일자** 2010. 7. 12

가격 22,000원
ISBN 979-11-91517-64-4 03340

* 도서출판 새빛은 (주)새빛컴즈, 새빛에듀넷, 새빛북스, 에이원북스, 북클래스 브랜드를 운영하고 있습니다.
* 파본은 구입처에서 교환해 드리며, 관련 법령에 따라 환불해 드립니다.
다만, 제품 훼손 시에는 환불이 불가능합니다.